应急管理信息系统分析与设计

张瑞蕾　单维锋　李　忠　编著

北京交通大学出版社
·北京·

内容简介

随着经济的迅速发展，地球的负担日益加重，社会愈加复杂，城市化进程加剧，各类自然灾害、生产安全事故、公共安全事件等突发事件频发。加强应急管理，提高预防和处置突发事件的能力，显得尤为重要。而应急管理信息系统在应急管理工作中扮演着尤为重要的角色。本书应用系统工程的思想集成管理科学与信息技术，详细阐述了应急管理信息系统的分析与设计过程，并结合相应的案例分析形象地展现应急管理信息系统建立的过程。

本书可作为高等院校相关专业的教材。

图书在版编目（CIP）数据

应急管理信息系统分析与设计/张瑞蕾，单维锋，李忠编著．—北京：北京交通大学出版社，2021.9（2026.2 重印）

ISBN 978－7－5121－4533－7

Ⅰ．①应…　Ⅱ．①张…　②单…　③李…　Ⅲ．①突发事件－公共管理－管理信息系统　Ⅳ．①D035－39

中国版本图书馆 CIP 数据核字（2021）第 143327 号

应急管理信息系统分析与设计

YINGJI GUANLI XINXI XITONG FENXI YU SHEJI

责任编辑：韩素华

出版发行：北京交通大学出版社　　电话：010－51686414

地　　址：北京市海淀区高梁桥斜街 44 号　　邮编：100044

印 刷 者：北京华宇信诺印刷有限公司

经　　销：全国新华书店

开　　本：185 mm×260 mm　印张：12.75　字数：318 千字

版 印 次：2021 年 9 月第 1 版　2026 年 2 月第 5 次印刷

定　　价：39.00 元

本书如有质量问题，请向北京交通大学出版社质监组反映。对您的意见和批评，我们表示欢迎和感谢。

投诉电话：010－51686043，51686008；传真：010－62225406；E-mail：press@bjtu.edu.cn。

前　言

本书是根据应急管理、信息系统与信息管理专业的课程“应急管理信息系统”的教学大纲编写而成的。本课程的学习目标是：使学生系统地掌握应急信息系统开发的基本理论知识、开发技术和方法，建立应急信息系统开发的总体思路，培养具有开发信息系统的初步能力，为今后从事应急信息管理和信息系统的开发打下坚实的理论基础。

应急管理信息系统是一门综合了应急技术、管理科学、信息科学、系统科学、行为科学、计算机科学和通信技术的新兴学科。随着应急信息技术的不断发展、社会信息化进程的不断深入，信息系统建设的理论和方法也在不断地发展。本书吸取了国内同类教材先进的教学思想和教学内容，反映了这一领域的新发展。

本书分为 8 章。第 1 章介绍了与应急管理信息系统有关的基本概念，阐述了信息科学与现代系统科学的关系。第 2 章介绍了应急管理信息系统的技术基础，主要内容有计算机硬件、软件、网络通信及数据库技术等。第 3 章简要介绍了应急管理信息系统开发的常用方法。第 4 章介绍了信息系统规划的重要性、目标、工作内容及信息系统规划的常用方法。第 5、6 章详细介绍了信息系统结构化的分析与设计方法。第 7 章介绍了信息系统项目实施的具体内容及信息系统项目的组织和管理方法。第 8 章具体介绍了某应急指挥中心管理信息系统、环境污染应急管理信息系统、地震应急管理信息系统和铁路突发事件应急管理信息系统等典型应用。

本书由防灾科技学院张瑞蕾博士、单维锋教授和李忠教授共同编写。第 1~3 章由张瑞蕾编写，第 4~5 章由单维锋编写，第 6~7 章由李忠编写，第 8 章由三人共同编写。全书大部分插图由硕士研究生田益博绘制，大部分文稿由硕士研究生弓子阳录入。在此，对他们的辛勤工作表示衷心感谢。

由于作者水平有限，书中错误在所难免，恳请各位同行和读者批评指正。

编者

2021 年 7 月

前言

目　　录

第1章

应急管理信息系统概论

随着以计算机和现代通信技术为代表的现代信息技术的飞速发展，计算机及网络的应用已经全面地进入了人类社会生活的方方面面，人们的思想、行为和生活方式发生了深刻的变革，人类已经进入了信息社会。

信息系统是信息社会和信息资源开发、利用和管理的一种必不可少的工具。目前，各级各类信息系统的建设已经成为一类普遍性的工程项目。如何切实有效地建立起各种类型的、以现代信息技术为支撑的、能较好地满足用户需求的信息系统已经成为广大信息系统工程技术人员所关心的问题，也是有关专家、学者一直在研究和探讨的问题。

随着信息系统建设工作的不断发展，一门新的学科逐渐形成，即信息系统开发的方法学。它是信息系统建设规范、标准、过程、技术、环境及工具的集成，是将具体的方法与技术融合在一起形成的一个完整体系。生命周期法、原型法、结构化开发方法及面向对象的方法等就是它所涉及的具体方法。作为一项涉及多种技术、多种因素的社会系统工程，信息系统的建设需要科学的理念作指导，需要广阔的学科与技术作支持。除了系统工程的一般原则之外，信息系统工程还有许多需要研究的特殊规律与具体方法。本课程的主要目的和内容就是介绍这些理念和方法，为准备进入这一领域的技术与管理人员提供帮助。

在介绍具体的方法和技术之前，需要首先明确与信息系统有关的一些基本概念和观点，本章的目的就是对这些基础性的问题给予简要的说明与概括，为以后各章的学习奠定基础。

1.1 信息和信息化

1.1.1 信息的概念及分类

“信息”一词源于拉丁文 information。“信息”一词已经成为一个含义非常深刻而且内容相当丰富的概念。

目前，信息没有明确而权威的准确定义。至今关于信息的定义有数十种之多，较有影响的是信息论创始人之一的维纳（N. Wiener）对“信息”的定义：“信息是人们在适应外部世界并且使这种适应反作用于世界的过程中，同外部世界进行交换的内容的名称。”

不同的信息有不同的作用、不同的地位及不同的处理方法，所以有必要搞清楚信息的分类。

按照信息源的类型，信息可分为自然信息、社会信息和思维信息等。

按照反映形式，信息可分为数字信息、文字信息、图像信息和语言信息等。

按照应用领域，信息可分为管理信息、社会信息、科技信息、文化信息、体育信息、军事信息等。

按照加工顺序，信息可分为原始信息、二次信息和三次信息等。

按照信息稳定性，信息可分为固定信息和流动信息。

按照重要性，信息可分为战略信息、战术信息和业务信息等。

由于各应用领域相互关联，所以各类信息在范围及内容上相互交叉与重叠。

1.1.2 信息与数据、知识的关系

信息和数据、知识是不同的，但它们又相互联系。从不同的角度来看，有以下两种关系。

1. 从形成上看

数据、信息、知识这三者是依次递进的关系，代表人们认知的转化过程。数据指的是未经加工的原始素材，表示的是客观的事物。而我们通过对大量的数据进行分析，可以从中提取出信息，帮助我们决策。用信息论的奠基者香农的话说就是“信息是用来消除随机性的不确定性的东西”。当人们有了大量的信息的时候，再对信息进行总结归纳，将其体系化，就形成了知识。

综上所述，三者是递进的关系。如图 1-1 所示的金字塔模型表示了这种递进关系。

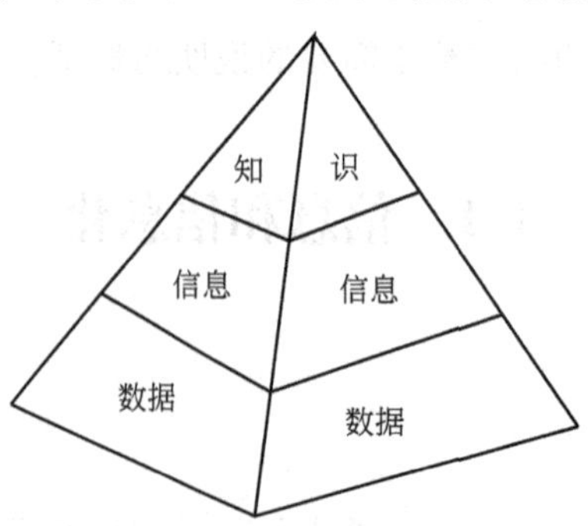

图 1-1　数据、信息与知识的关系

2. 从载体上看

知识离不开具体的应用场景，可以称之为半结构化。信息是知识的原料和基础，信息是客观存在的，不管是否发现它、是否理解它、是否认识到它的重要性；而知识是人类认识世界、改造世界、进行实践的结果，存在于人们的大脑中，属于认识的范畴。

1.1.3 信息的特性

1. 可量度

信息可采用某种度量单位进行度量，并进行信息编码，如现代计算机使用的二进制。

2. 可识别

信息可采取直观识别、比较识别和间接识别等多种方式来把握。

3. 可转换

信息可以从一种形态转换为另一种形态，如自然信息可转换为语言、文字和图像等形态，也可转换为电磁波信号或计算机代码。

4. 可存储

信息可以存储，大脑就是一个天然的信息存储器。人类发明的文字、摄影、录音、录像及计算机存储器等都可以进行信息存储。

5. 可处理

人脑就是最佳的信息处理器。人脑的思维功能可以进行决策、设计、研究、写作、改进、发明、创造等多种信息处理活动。计算机也具有信息处理功能。

6. 可传递

信息传递是与物质和能量的传递同时进行的。语言、表情、动作、报刊、书籍、广播、电视、电话等是人类常用的信息传递方式。

7. 可再生

信息在经过处理后，可用其他形式再生，如自然信息在经过人工处理后，可用语言或图形等方式再生成信息。输入计算机的各种数据、文字等信息，可用显示、打印、绘图等方式再生成信息。

8. 可压缩

信息可以进行压缩，可以用不同的信息量来描述同一事物。人们常常用尽可能少的信息量描述一件事物的主要特征。

9. 可利用

信息具有一定的实效性和可利用性。

10. 可共享

信息具有扩散性，因此可以共享。

1.1.4 信息化

20世纪60年代以来，随着信息技术的突飞猛进和广泛渗透，全球掀起了三次大的信息化浪潮。1981年，全球第一台个人计算机诞生，这标志着信息化进入第一次浪潮，也就是以数字化为主要特征的自动化阶段。在这个阶段，信息技术第一次揭开了神秘的面纱，开始被应用到人们的工作里，人们不再使用各种费时费力的纸质审批，而是采用电子化的方式进行业务处理。信息化可以记录所有环节、各个节点的数据，能做到随时可查、可追溯、可管理。1992年，美国提出了“信息高速公路”，这标志着信息化进入了第二次浪潮，也就是以互联网应用为主要特征的网络化阶段。在这个阶段里，大量的信息互相连接、互相交互，因此涌现出了海量的数据。2006年，“云计算”出现，这标志着海量数据的存储和调取速度得到极大地加强。所以，我们会看到两个新的关键变量出现了，一个是数据资源越来越丰富，另一个是计算能力越来越强，新的条件，必然会孕育出新的事物。所以，信息化的第三次浪潮就出现了，也就是以数据驱动的智能应用阶段，也被称为数据智能化阶段，也就是我们现在所处的这个阶段。那什么是信息化？信息化的特点又是什么？实施信息化有什么作用？本节简单介绍关于信息化的基本知识。

信息化是充分利用信息技术，开发利用信息资源，促进信息交流和知识共享，提高经济增长质量，推动经济社会发展转型的历史进程。

信息化在带来巨大效益的同时也带来了许多不可忽视的消极影响。从目前来看，在信息化建设中应当注意下面几点。

1. 信息安全与相关权益的保证（国家、企业、公民）

信息安全问题涉及很多方面，如封建迷信、信息泄露、隐私数据安全，黑客攻击甚至造成通信中断、网络瘫痪等。

2. 计算机犯罪

计算机犯罪可分为几种类型：侵入计算机系统罪、破坏计算机系统罪，利用计算机进行经济犯罪、窃取计算机数据及应用程序罪和利用计算机实施的其他犯罪。社会对计算机的依赖程度越高，计算机犯罪活动造成的损失就越大。在使用计算机的同时，一定要做到防患于未然。

3. 青少年教育和心理健康

网络给青少年带来了很多的好处，青少年可以通过网络了解世界、进行学习、扩展自己的知识面。但是，由于缺乏科学性的引导，网络的普及给青少年的心理健康也带来严峻的考验，出现了很多的问题，如沉迷于网络游戏、网络交友等。

4. 计算机病毒

为了减少计算机病毒的侵害，不仅要重视杀毒软件的研发和应用，也要注重个体内心的道德建设。

1.2 信息资源和信息管理

信息资源是指人通过一系列的认识和创造过程，采用符号形式储存在一定载体（包括人的大脑）之上的、可供利用的全部信息。

1.2.1 信息资源

我们通常所说的信息资源包括广义的信息资源和狭义的信息资源。

广义的信息资源既包括信息内容本身，还包括有关提供信息的设施、设备、组织、人员和资金等，也就是信息资源及其有关的各种资源的总和。

狭义的信息资源就是信息内容本身所构成的信息有序化集合，是广义的信息资源的基础和主要构成。

信息资源具有以下特征。

1. 潜在性

信息作为生产要素是以一种潜在的方式存在的，只有在被利用后，其作用才能体现出来。例如，档案馆中的档案信息，作为馆藏资料被存放着，只有当查阅者借阅之后，这些档案信息才会发生作用。

2. 可塑性

信息的价值不只取决于信息本身，还取决于利用信息的目的和手段。同样一个信息，利用的目的和方式不同，所产生的价值也不同。如果一个信息不被利用，则不会产生任何价值。信息还可以被重复和综合利用。

3. 共享性

共享性是信息的本质特性。同一信息，可以被多人重复利用。

4. 时效性

所有信息资源的价值均有确定的时间限度，超出这个时间范围，信息就失去了其利用价值。不同信息资源的时效性不同。信息资源的时效性与信息使用者有关，当一个信息对某些人没有使用价值时，但对另外一些人可能仍有使用价值。

5. 驾驭性

信息资源具有驾驭其他资源（包括物质资源和能源资源）的能力，不论是物质资源还是能源资源，其开发和利用都依赖于信息的支持。例如，没有支票、凭证、账簿等财务信息，就无法实施财务管理；一台新设备若没有说明书，工人就无法使用。信息对人类社会的作用日趋重要，而这正是源于信息的驾驭性。

6. 整体性

信息资源之间存在有机联系，并在发挥其作用的过程中表现出了高度的整体性。一个企业的信息资源的各个部分构成了该企业信息资源的整体，缺少其中任一部分都不完整，都会影响到企业的运行和发展。一个设备的信息资源也具有整体性，缺少其中的必要部分，将影响该设备的运行和维护。

1.2.2 信息管理

“信息管理”是为了确保信息资源被有效收集、处理和利用而进行的社会活动。信息管理的兴起不是偶然的，它是科学技术的发展、社会环境的变迁、人类思想进步所造成的必然结果和必然趋势。目前，我国的信息化已从信息资源建设阶段进入信息资源管理阶段。

信息管理是由活动主体、活动对象、活动手段等要素构成的。在信息管理活动中，表现为信息人员利用掌握的信息技术控制和利用信息资源来达到组织目标的活动过程。

在国内外经济知识化、社会信息化迅速发展和激烈竞争的形势下，信息管理、信息科学、信息技术、信息产业与信息教育共同成为信息社会在战略上需要优先发展的行业。

有人把网络比作信息高速公路，计算机软硬件比作在高速公路上跑的“车”，信息资源比作“货”。当前的问题是“车”严重空载和“货”的质量不高。信息管理就是“加工生产”大量优质信息产品的知识工具，而问题的症结就在于需要培养出大批高素质的信息管理人才。信息管理是信息时代的要求，是信息化建设的具体体现，是现代化管理的基础、是其不可缺少的组成部分。

1. 信息管理在企业中的作用

（1）促进组织结构扁平化改造。传统企业多实行层级化管理，管理框架如同金字塔型，层层递增，这种管理机构有很大的弊端，信息得不到及时反馈、问题得不到及时解决等。信息管理将有效解决这种结构混乱的问题。

（2）推动企业业务流程再造。企业管理主要局限在企业自身的管理，而在信息有效管理的条件下，这种局限性被打破，使得企业开始重视外部的资源，不再局限于传统的封闭管理的状态，更加注重于企业与企业之间的沟通交流及合作。电子商务的兴起标志着一个新时代的到来，它使得更多企业有了新的战略规划和长期目标，促进了企业内部与外部共同的流程再造，创造新的利润增长点。

（3）降低企业的人力和信息成本。信息管理方法的运用将有效解决以往结构混乱问题，大部分岗位将会实行人工智能，减少了一部分不必要的人工岗位，减少了一些不必要的管理层级，达到了精简人员、压缩管理层级的目的。这种人员损耗的避免减少了成本，同时也带来了利润的增加，提高了工作效率，强化了企业对信息的处理能力。

2. 信息管理对企业的长期作用

(1) 加快信息反馈和经营决策的速度。信息管理使得原本分散的企业各部门紧密而合理地结合在一起，再加上先进信息技术的鼎力相助，使得信息反馈和经营决策的过程大大缩减，效率显著提高。

(2) 提高企业管理水平。信息管理有助于将企业的各种知识整合在一起，使企业管理人员在综合的知识基础上进行处理和决策，提高管理的科学性与准确性。

(3) 促使企业向市场经济转变。信息管理使得企业更加实时地获得市场变化的信息，从而能够根据市场的变化，及时地做出响应和调整，最终使企业能根据市场来进行各种资源的配置。

3. 信息管理对宏观经济的影响

信息管理促进了价值链和中间环节的变化。企业中所有互不相同但又相互关联的生产经营活动构成创造价值的一个动态过程，即价值链。信息管理提出了一些新的价值链，如知识价值链，即知识的采集与加工—知识的存储与积累—知识的传播与共享—知识的使用与创新。成功的价值链管理不仅在于对价值链中的各个环节进行管理，而且在于优化各个环节之间的关联。加快知识的流动速度，使知识成为组织永不枯竭的资源。

信息使产业结构发生变化，新的信息服务机构不断出现，信息管理的发展，带动信息产业的蓬勃发展，使通信与网络设备制造业、计算机产业、软件与系统集成服务业、广播电视设备制造业、消费类电子工业等逐渐成为全球经济新的、重要的增长点。现代信息服务业成为当今最具活力的新型产业之一，成为最终实现国际经济一体化不可替代的现代化因素。各种提供信息服务的机构如雨后春笋般涌现出来。信息服务按照服务商提供给用户服务内容的不同划分为 6 类，分别是维护与支持服务、运营管理服务、网络服务、IT 咨询服务、系统集成服务和 IT 教育与培训服务。在我国，近年来维护与支持服务增长稳定，而网络服务市场则最为迅猛，出现了很多依附于网络给用户提供服务的组织，如淘宝、京东、拼多多、苏宁易购等著名的电子商务网站。

社会经济运转速度加快，效率提高。随着 21 世纪的信息化发展，技术在迅速更新，各级各类信息系统的建设和管理任务将更多、更大、更复杂，我们必须不断研究新问题，促使信息化建设事业得到健康发展。

1.3 信息系统

随着自然的演化和发展，逐步出现了生命、智能动物以至于人类。客观事物中的信息蕴量和信息加工处理能力也逐步由低级向高级、由简单向复杂发展。尤其是现代信息技术的产生和发展，把信息处理能力提高到了空前的水平。这样，在客观世界中就出现了许多以信息的收集、整理、转换、存储、传输、加工为主要特征的客观系统。在这些系统中，虽然存在一定的物质活动，但物质活动总是处于从属和条件地位，信息活动是系统的主要特征。像人、组织、社会、收音机、电视机、计算机、通信系统等都属于这类客观系统。这类系统以信息活动为其主要特征，并能够对信息进行复杂的加工处理。在这种情况下，物质系统和信息系统已经不仅仅是人们在观测客观系统时采取的两种不同观点，而是反映了两种不同类型的客观系统。

1.3.1 信息系统的概念

信息系统（information system，IS）是由人、硬件、软件和数据资源等一系列相互关联的元素或部件组成的集合，其目的是及时、正确地收集（输入）、处理、存储、传输和输出信息。

（1）输入：获取和收集原始数据（源数据）的活动。输入既可以是手工的，也可以是自动的。

（2）处理：对数据进行处理，使其获得新的结构与形态或产生新的数据。

（3）存储：采用信息存储技术，将有用的信息进行存储保管，以便系统随时调用。

（4）传输：把信息从一处传到另一处，不改变信息本身的内容。

（5）输出：将系统处理后获得的有用信息按一定的格式和要求输出到某种介质上。通常是以文档、报告、数据文件或数据库里的业务数据等形式出现的信息。

1.3.2 信息系统的分类

我们可以把组织中的信息系统划分为 4 个层次，即运行层系统、知识层系统、管理层系统及战略层系统。这 4 个层次的系统主要包含如图 1-2 所示的 6 种主要类型的信息系统。

1. 事务处理系统

事务处理系统（transaction process system，TPS）是服务于企业中运行层（作业层）的、执行和记录组织运营过程中每天所必需的例行事务的计算机化的系统。系统的主要关注点是收集、验证并记录事务处理数据，如财务上的应收应付、库存的进出、销售情况的记录、员工工作情况的记录等。

运行层上所处理问题的任务、目标、资源都是预先定义好的，TPS 的输入具有重复性、可预测性、客观性等特点，输出是详细的、高度结构化的准确信息。系统解决的问题是高度结构化的问题。

TPS 有以下特点。

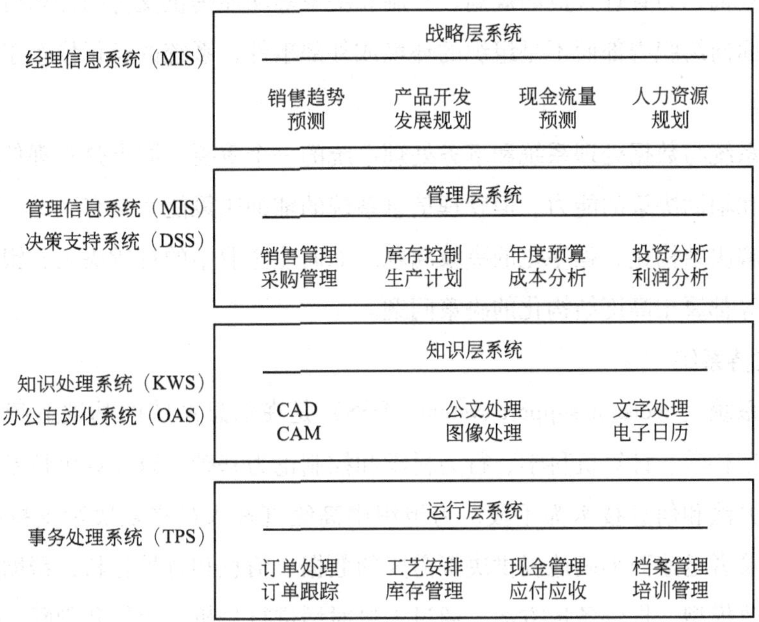

图 1-2　组织中 6 种主要类型的信息系统

（1）与外界环境进行最基本、最直接的信息交换，接受环境的输入，向外输出信息。

（2）TPS 是其他信息系统的主要信息提供者，在 TPS 中既可得到企业运行的实时信息，又可得到企业过去长期的记录。

（3）不涉及全局，对管理控制与战略计划很少涉及。

事务处理系统对任何企业来说都是不可缺少的信息系统。它提高了事务处理效率和管理水平，实现了原来手工无法实现的功能，是组织中其他层次信息系统应用的基础。

2. 知识处理系统和办公自动化系统

知识处理系统和办公自动化系统（knowledge work system and office automation system，KWS OAS）都是服务于知识层的信息系统。

知识处理系统给知识处理人员提供支持。知识处理人员是指特定领域的、高水平的专业工作人员，如工程师、医生、律师、科研人员，他们的主要工作就是进行新知识和新信息的创造，知识处理系统帮助他们加快知识的创造并保证新知识和技术经验应用到组织中，如支持产品设计和制造的 CAD、CAM 和 CAPP 等系统就是企业中常用的知识处理系统。

办公自动化系统是为组织中的公文管理、行程安排、收发电子邮件及文字编辑等日常事务提供支持的计算机系统。

3. 管理信息系统

管理信息系统（management information system，MIS）对企业的基本运行状况进行概括、总结和报告，将 TPS 中的数据进行压缩，按固定的周期生成报表并提供当前运行状况和历史记录的在线查询，为管理人员的规划、控制和决策等功能提供支持的计算机信息系统。这类信息系统是面向组织内部而不是组织的环境或外部事件，系统的运行依赖于事务处理系统所提供的数据。

管理信息系统与数据处理系统和事务处理系统的一个重要不同点是管理信息系统具有提供分析、计划和辅助决策的能力。但管理信息系统的辅助决策能力是有限的。它主要用于帮助企业和组织解决结构化、程序化的决策问题。如商业企业中的订货决策、银行评价和确定企业的信用度等都属于高度结构化的决策问题。

4. 决策支持系统

决策支持系统（decision support system，DSS）是在信息系统的基础上产生和发展起来的，它是以管理科学、计算机科学、行为科学和控制论为基础，以计算机技术、人工智能技术、经济数学方法和信息技术为手段，为组织中高级管理人员提供决策支持的一种人机系统。它能为决策者迅速而准确地提供决策需要的数据、信息和背景材料，帮助决策者明确目标，建立和修改模型，提供备选方案，通过人机对话进行分析、比较和判断，为正确决策提供有力支持。

5. 经理信息系统

经理们面对的许多问题处在变化多端的复杂环境中，并且这些问题多是非结构化的、战略性的问题。经理完成自身工作对所需信息的及时性、完整性和准确性的要求越来越高，经理越来越需要利用计算机信息系统收集、分析数据的能力，在这种情况下产生了经理信息系统（executive information systems，EIS）。

经理信息系统是服务于组织的战略层，通过先进的图形技术和通信技术帮助高层管理人员进行非结构化决策问题的解决，并由高层管理人员亲自使用的计算机信息系统。EIS 除了需要从组织内部 MIS 和 DSS 中抽取概括性数据外，还必须使用大量的外部环境中的数据，如税法的改变信息、竞争对手的信息等。

经理信息系统的开发是为了抽取、筛选和跟踪组织内部和外部环境中的关键信息，能够将多个信息源的数据和图形快速传送到经理办公室或董事的会议室。系统侧重于减少经理获得有用信息的时间和精力，同时系统还应能给经理的电子通信、时间日程的安排提供支持。EIS 应具有非常友好的用户界面，使经理不需培训或接受很少的培训就能直接使用系统。

EIS 与其他各类系统有着本质的区别。事务处理系统处理组织中例行性的日常办公事务，它的基本功能决定了它不能为高层管理和决策提供信息支持，而只是生成一些例行的报表或解决一些可按固定程序解决的问题，对上层管理的影响非常小。DSS 最初出现的时候原以为 DSS 可以给经理管理决策提供支持，但实际表明经理很少使用 DSS，这主要是由于以下几个原因。

（1）经理所需解决问题的特点。经理应具有洞察力，应从周围环境的分析中发现问题，经理信息系统的设计是用来帮助经理解决他们所面临的各种管理和决策问题，而不是解决具体特定问题的。DSS 则是设计帮助一个或一群决策者解决一个特定的半结构化或非结构化的问题。

（2）系统的复杂性。DSS 是将数据处理和复杂的分析模型结合起来进行半结构化或非结构化问题的解决，DSS 必须具有较强的适应性，因此一般来说 DSS 比较复杂，经理不可能花费太多的时间在这么复杂的系统使用上。

（3）DSS 只能对某一类特定的问题提出可选方案，并进行分析比较，决策支持系统辅助解决的问题往往是重复出现的。而经理需要解决的不只是某一类特定的问题，他们需要面对企业面临的各种环境挑战，经理信息系统辅助高层决策者解决的问题往往是不断变化的。

（4）DSS 开发是以问题为导向的。系统所解决的是重复出现的某一类决策问题，系统一般需借助模型解决问题，而 EIS 的开发是以决策者为导向的，系统在开发中必须充分考虑决策者的特点和偏好，系统所面对的是不断变化的环境，在系统中更多是以图形的方式进行各类信息的表示，且系统应集成通信功能和日程安排功能。

1.3.3 各类信息系统之间的联系

图 1-3 表明组织中各种不同类型的信息系统彼此之间是相互联系的，TPS 直接与外界进行最基础的数据交换，是企业内基本运行数据的直接输入，TPS 是组织中其他系统的主要数据来源，EIS 则是下层信息的接收者，其他类型的系统之间往往存在相互的信息交换。

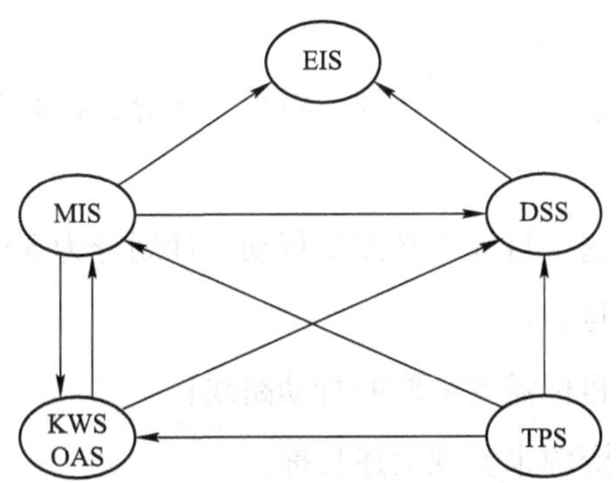

图 1-3 组织中各类信息系统之间的关系

服务于不同功能领域的信息系统之间也存在大量的信息交换，如销售部门接收的订单必须传送到生产部门和库存部门。

另外，各个系统所服务的用户并不是绝对的，企业中各个层次的人员都有可能会使用办公自动化系统。而战略层和管理控制层上的信息系统经常使用相同的数据，如在市场营销信息系统中，市场调研方面的信息和竞争对手方面的信息是两个管理层上都需要使用的信息，只是他们使用信息的目的不同而已。再如在企业的财务会计信息系统中的很多信息也都是战略层和管理控制层同时需要使用的信息，如采购原材料的信息，管理控制层需要此信息进行生产成本的控制，而上层需要此信息进行企业财务计划的制订。

组织中的各类信息系统之间是否应该集成或应该有多大程度上的集成？这是一个很难回答的问题。采取适当的策略将这些系统集成以便组织内部不同部门之间形成系统化的信息流，这显然会给组织带来便利，但集成需要费用，并且将不同类型的系统集成起来是一项复杂且耗时的工程。为此必须认真分析比较集成给组织带来的影响及集成的复杂性和费用，在此基础上，对组织内部的信息系统进行适当程度上的集成。

1.4 应急管理信息系统

1.4.1 管理的相关概念

管理（management）是人类不可缺少的社会活动。

管理是指管理者在一定的环境条件下，通过实施计划、组织、领导、控制和创新等职能，以人为中心协调各种资源，有效率和有效果地实现组织目标的过程。

管理的内容是协调，管理的本质是决策，管理的作用在于它的有效性。

管理的职能有哪些，不同的管理学家与不同的管理学著作有不尽相同的说法。自亨利·法约尔（Henri Fayol）提出 5 种管理职能以来，有的提出 6 种、7 种，也有提出 4 种、3 种，甚至 2 种、1 种的。

我们认为管理的基本职能应该是：计划、组织、领导、控制和决策。

1. 计划

制定目标并确定为达成这些目标所必需的行动。计划分为 3 个步骤：

（1）确定组织要追求的目标；

（2）确定为了实现这一目标需要采取的行动路线；

（3）确定如何配置组织资源来实现上述目标。

计划可以减少变化带来的冲击，还可以指明方向，减少重叠性和浪费性活动。

2. 组织

组织是为了达到某些特定目标，经由分工与合作及不同层次的权利和责任制度，而构成的人的集合。

3. 领导

领导是指挥、引导组织成员，为实现组织目标而努力的过程。计划和组织工作做好了也不一定能保证组织目标的实现，全体成员如何一起努力，克服各自在目标、性格、素质、需求等方面的差异，解决在合作过程中的冲突和矛盾，都需要一个有权威的领导人来完成。领导能做到指导人们的行为、统一人们的思想和行动，通过沟通增强人们的理解，为共同的组织目标努力。

4. 控制

控制是指在执行计划过程中由于受到各种因素的干扰，常常使实践活动偏离原来的计划，为了保证目标和为此而制订的计划得以实现，管理者就要采取措施纠正已经发生或可能发生的各种偏差，使实践活动走上正确轨道。

5. 决策

决策是为了达到一定的目的，在两个或两个以上的替代方案中，选择一个有效方案的过程。西蒙将决策界定为组织或个人搜集信息、设计方案、选择方案和修正方案的过程。决策是管理的本质，决策的首要问题是制定目标和界定解决途径，决策的重点是设计方案和选择方案，决策的保证是修正方案。

决策贯穿于管理的全过程，所以我们把“计划”和“决策”都看作是管理的基本职能。

1.4.2 管理系统

1. 什么是管理系统

简单地说，管理系统就是组织为实现预期的管理目标而构成的一个对其内部各种有限资源，按照一定的方式，进行有效控制和管理的系统。它一般由 3 个部分组成：一是管理的客体，即管理对象（生产和服务过程）；二是管理的主体，即管理者和管理机构；三是联系两者的信息系统。

2. 管理系统的管理幅度和管理层次

1）管理幅度的概念

管理幅度是一名领导者直接领导的下属人员数。任何领导人员，因受其精力、知识、经济等条件的限制，能够有效地领导下级的人数是有限度的，超过一定限度，就不能做到具体、有效的领导。一个领导者能直接有效地领导的下属人员数，称为有效管理幅度。决定有效管理幅度的条件主要有：①处理问题的复杂程度和工作量的大小；②领导者及下属的素质水平；③标准化水平和授权程度。

2）管理层次的概念

管理层次就是在职权等级链上所设置的管理职位的级数。当组织规模相当有限时，一个管理者可以直接管理每一位作业人员的活动，这时组织就只存在一个管理层次。而当规模的扩大导致管理工作量超出了一个人所能承担的范围时，为了保证组织的正常运转，管理者就必须委托他人来分担自己的一部分管理工作，这使管理层次增加到两个层次。

管理系统或组织一般划分为3个管理层次：基层管理（操作层管理）、中层管理及高层管理，也可称为作业层、战术层和战略层。

从管理职能上看3个管理层次的侧重点不同。高层管理的主要职能是根据组织内外的全面情况分析（特别是国家政策、市场需求等外部环境分析）制定组织的长远目标、规划及政策。中层管理的主要职能是根据高层管理所确定的总目标，统筹安排系统中的各种资源，制订组织的资源分配计划（经营计划或生产计划）；根据作业进度表组织基层单位来完成计划；根据基层单位任务完成情况进行信息的分类、统计和汇总，完成企业的任务考核并定期向高层汇报。基层管理的主要任务则是按照中层管理制订的计划和进度要求，具体指挥和控制生产，并及时向中层管理汇报作业进度和资源利用情况。在3个层次间，高层向低层布置计划、组织实施和检查监督，低层则向高层定期汇报、提供统计信息及获得资源和任务。3个层次信息处理的尺度也有很大差别，高层规划一般为3~10年或更长，中层计划通常为1年或2年（有的分解至季度），操作层则为日、周或月。由于从高层到操作层，信息处理量越来越大，管理人员也越来越多，因此3个层次呈现为金字塔结构，如图1-4所示。

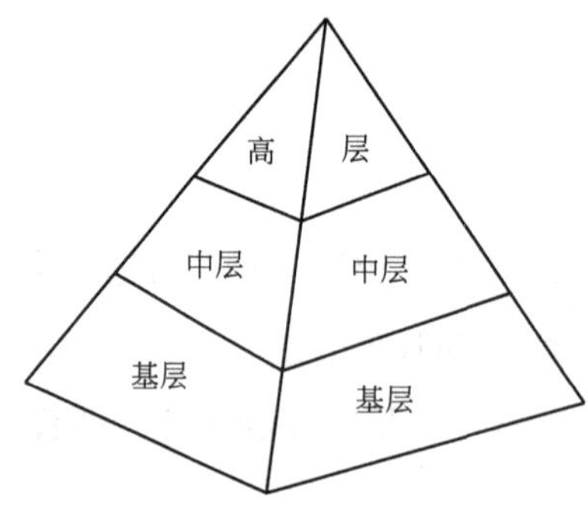

图1-4　组织中的管理层次

1.4.3　管理信息

1. 管理信息的定义

管理信息是指与生产管理、技术管理、经济环境管理等过程直接或间接相关的信息，管理信息渗透到管理的各个领域、各个环节。无论在哪个领域和哪个水平上，都离不开管理信息。

管理信息按照管理的层次可以分为战略信息、战术信息和作业信息（业务信息）。

2. 管理信息在管理中的作用

管理信息在管理中的作用，主要表现在以下几个方面。

（1）管理信息是一种很重要的资源。

(2) 管理信息是决策的基础，是保证决策和计划科学性的前提条件。

(3) 管理信息是管理系统控制的依据和手段。

(4) 管理信息是管理系统中各工作环节和管理层次之间互相沟通、联络的纽带和桥梁。

总之，管理信息在整个管理过程中的决策、计划、组织和控制各个环节都发挥着重要的作用。正是由于管理信息有如此重要作用，现代管理都对管理信息非常重视，并通过建设专门的信息系统来收集和处理管理信息。

1.4.4 管理信息系统

管理信息系统是一个组合词，即管理、信息和系统，它的概念绝不只是3个词汇简单的组合，而是有其内在的含义，不是简单的信息，更不只是计算机。它是以决策为目的，通过信息技术手段来进行计划和控制的系统。一般来说，信息是基础、是作用的对象，管理提供思路和依据，系统提供方法论。

管理信息系统是利用计算机的硬、软件资源、网络通信设备及办公设备，为实现企业整体目标，对信息进行收集、传输、储存、加工、输出，给各级管理人员提供业务信息和决策信息的人机系统。由此可见，管理信息系统绝不仅仅是一个技术系统，而是把人包括在内的人机系统。近年来，一个比较普遍的趋势是用信息系统代替管理信息系统。应当说，信息系统比管理信息系统有更宽、更广的概念，简而言之，用于管理方面的信息系统即为管理信息系统。

由定义可以看出，管理信息系统一般具有以下的特征。

1. 面向管理决策

管理信息系统是继管理学的思想方法、管理与决策的行为理论之后的一个重要发展，它是一个为管理决策服务的管理信息系统，它必须能够根据管理的需要，及时提供所需要的信息，帮助决策者做出决策。

2. 综合性

从广义上说，管理信息系统是一个对组织进行全面管理的综合系统。一个组织在建设管理信息系统时，可根据需要逐步应用个别领域的子系统，然后进行综合，最终达到应用管理信息系统进行综合管理的目标，管理信息系统综合的意义在于产生更高层次的管理信息，为管理决策服务。

3. 人机系统

管理信息系统的目的在于辅助决策，而决策只能由人来做，因而管理信息系统必然是个人机结合的系统。在管理信息系统中，各级管理人员既是系统的使用者，又是系统的组成部分，因而，在管理信息系统开发过程中，要根据这一特点，正确确定人和计算机在系统中的地位和作用，充分发挥人和计算机各自的长处，使系统整体性能达到最优。

4. 现代管理方法和手段相结合的系统

如果只是简单地采用计算机技术以提高处理速度，而不采用先进的管理方法，那么管理信息系统的应用仅仅是用计算机系统仿真还原手工管理系统，充其量只是减轻了管理人员的劳动。管理信息系统要发挥其在管理中的作用，就必须与先进的管理手段和方法结合起来，在开发管理信息系统时，融入现代化的管理思想和方法。

5. 多学科交叉的边缘科学

管理信息系统作为一门新兴学科，其理论体系尚处于发展和完善的过程中。早期的研究者从计算机科学与技术、应用数学、管理理论、决策理论、运筹学等相关学科中抽取相应的理论，构成管理信息系统的理论基础，从而形成一个有着鲜明特色的边缘科学。

1.4.5 应急管理信息系统的发展

1. 应急管理的定义

应急管理可以定义为：组织对于突发公共事件有计划、有组织的管理措施与应对策略，该管理措施与应对策略包含应急准备、处理与复原等过程。

简单地说，应急管理就是应急预警、防范、化解和善后的全过程，其核心是在某种程度上控制突发公共事件的进程，把突发公共事件的危害降到最低限度。

2. 应急管理信息系统的定义

应急管理信息系统是应用计算机技术、信息技术、信息管理技术和辅助决策支持技术，使应急管理部门能够运用现代化手段，掌握重大危险信息变化情况，加强宏观调控，充分发挥其代表政府综合管理安全工作的职能。从技术的角度，应急管理信息系统就是为应急管理者收集、处理和传递信息、并根据信息提供辅助决策的系统。

3. 各国应急管理信息系统的发展

1）美国

美国的突发事件管理系统（national incident management system，NIMS），是美国政府引导所有部门、机构和社会公众等相关主体，以“无缝合作”的方式，应对各种紧急状态和各类突发事件的重要指南。该系统基于多年来美国应对各类突发事件的成功经验，针对几乎所有类型的紧急状况和突发事件，提供了一个综合性的应对框架。

2003 年，美国国土安全部受总统委托负责完成国家突发事件应急管理系统（NIMS）的制定，2004 年 3 月，正式发布国家突发事件应急管理系统，2007 年颁布了修订版，2017 年 10 月，美国联邦政府发布了第三版《全国突发事件管理系统》该系统以“灵活性”和“标准化”作为最基本的原则。NIMS 由五个部分组成，在形式上主要包括预备与准备、通信与信息管理、资源管理、指挥与管理、日常管理和维护等五个部分。

（1）预备与准备。首先明确了其与其他预防准备活动之间的关系，如确认重要基础设施和关键资源（critical infrastructure and key resource，CIKR）及防护优先级等。同时，也根据明确角色和责任的需要，指明了政府官员、非政府组织和私人部门主体在整个 NIMS 中所应扮演的角色。无论是危机预防还是对事件的处置，NIMS 首先秉承的一个理念就是，州和地方政府必须要能够在突发事件应对中居于主导性地位。作为负责预防和应急准备的政府官员，NIMS 明确地提出了个人素质和业务活动两个方面的要求，如必须接受有关 NIMS 的培训与演练、掌握基本的应急管理理论和操作、明晰有关应急管理的法律法规、协助建立与其他应对主体之间的合作关系，以及就 NIMS 的实施给予明确的指导等。在这一部分，NIMS 还特意明确地指出，"一场突发事件可能会带来政治、经济、社会、环境、公共安全、公共卫生，以及金融等方面的各种影响，而且可能会持续较长的时间"。

预防和准备的具体要素包括五个：计划（形成培训的基础、定期演练、定期更新）；程序和方案（反映目的、权限、持续时间和方法等）；培训与演练；个人素质与资格认证；装备认证。最后，该部分还罗列了一些能够针对灾害风险与损失，产生长期持续性影响的缓解措施，如进行公众教育、规划土地利用、执行严格的建筑标准、运用地理空间技术制作并定期更新灾害图集，以及管理历史数据和共享情报等。

（2）通信与信息管理。建立与维持一个共同的操作界面，并确保能够达到和协同操作，是 NIMS 有关沟通与信息管理部分的基本目标。沟通与信息管理计划阐明与事件相关的政策、装备系统、标准，以及为达到综合通信目的所需要的培训等。在这一部分，NIMS 更多的是明确了一个粗略的框架，如指明标准化的通信类型，包括战略通信（高级指示，如资源优先决策、角色与责任，以及总的响应行动过程）、战术通信（介于指令和支持之间）、支持通信（对前两类通信的支持，如对资源的分派和对后勤的跟踪）及公共通信（紧急警报与预告，发布会信息等）。

具体地，在通信与信息管理活动的组织与运行部分，NIMS 进一步明确了事件信息的不同用途如作为计划编制的辅助、公共信息发布的要点、衡量应对成本的参考，以及作为识别安全问题和请求更多信息的依据等。最后，该部分还说明了通信标准与格式：无线电使用程序；术语、兼容性；加密或战术用语、联合信息系统、联网程序，以及信息安全。NIMS 明确地指出，不当的机密信息和较为敏感的涉及公众健康或法律执行的信息的公开发布，可能会导致误解或让本已复杂的问题变得更加的复杂。另外，能够从系统获取信息及向系统输入信息的人员和组织都需要经过审核和鉴定的环节，从而实现对信息的强有力的甄别和保护。

（3）资源管理。NIMS 则将资源管理分为 7 个步骤，从而形成了一个比较完整的资源管理流程，如图 1-5 所示。资源管理的对象可以简单分为两大类：一类是"非消耗性资源"，如人员、消防车可反复使用的装备等；另一类则是"消耗性资源"，如水、食品、燃料和其他一次性使用的供应品。通过这样的7个基本步骤，不论是作为预防要素的资源管理，还是在事件应对过程中的资源管理，事实上NIMS也就提供了如何识别、获取、分配和跟踪资源的框架和标准。

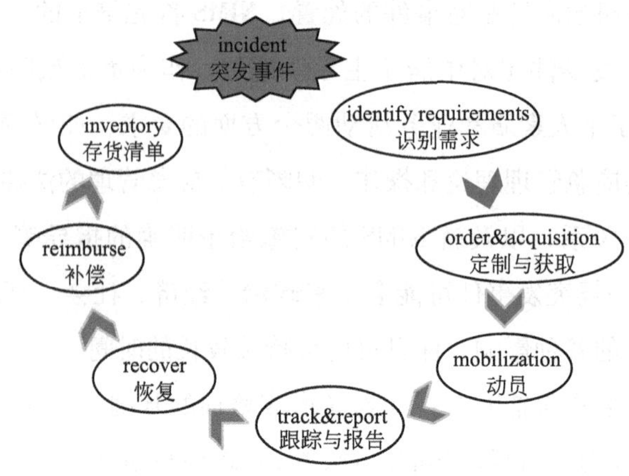

图1-5　突发事件应对过程中的资源管理流程

（4）指挥与管理。在以前述三部分所构成的有关职责、信息和资源管理框架的基础上，NIMS重点对应急指挥系统（incident command system，ICS）、多机构协调系统（multiagency coordinate system，MCS），以及公共信息系统进行了阐释和说明。以模块化组织、目标管理和统一指令等为基本特征的ICS，是一个能够广泛应用的管理系统，它通过整合相关的设施、装备、人员、程序，以及共同组织体系之内的通信操作等，来提高应急管理能力。ICS能够使得管理人员识别出关键的事项，而不用牺牲宝贵的注意力去关注指令系统本身。ICS所提供的应急管理组织结构，适用于各类各级部门和组织，同样也适用于不同的领域，它通常被建设为促进五个功能领域的行动：命令、操作、计划、后勤、财务/行政。图1-6即为NIMS所提供的应急指挥系统的标准化组织结构，这样的组织结构同时也具有较大的伸缩性。

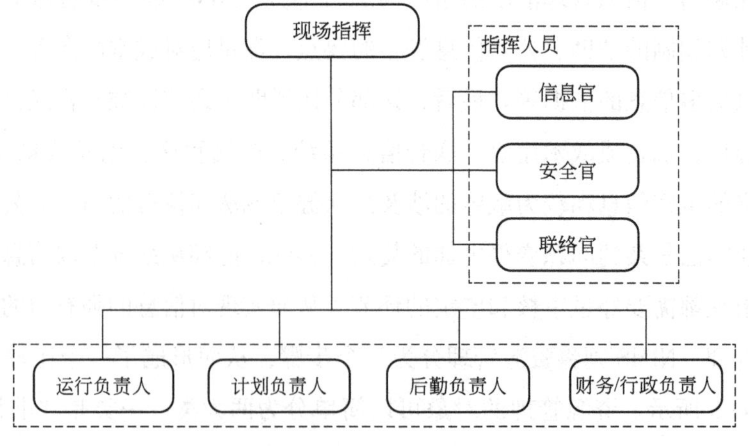

图1-6　应急指挥系统（ICS）的标准化组织结构

(5) 日常管理和维护。这个模块包括了两个部分：一是国家综合中心（National Integration Center，NIC）；二是相关的支持技术（supporting technologies）。国家综合中心 NIC 是依照第 5 号国土安全总统令（HSPD-5）的要求，由国土安全部负责成立的。NIC 主要负责提供基于 NIMS 的战略指导、支持系统及其各个组成部分的常规维护和持续优化。另外，NIC 也按照 NIMS 的要求，负责促进资源分类和资格认证等方面指导标准的制定，支持 NIMS 的培训与演练，并管理各种相关资源的出版事务。

2）英国

1971 年，英国在内政部（Home Office）设立国土防卫与应急服务处（Home Defense and Emergency Services Division），负责国家层面应急工作，2001 年变更为应急计划处（Emergency Planning Division，EPD）。在发生突发事件后，一般由所在的地方政府负责处置，中央政府负责应对恐怖袭击和全国性的重大突发事件。在中央层面，首相是应急管理的最高行政首长；相关机构依次包括内阁紧急应变小组（Cabinet Office Briefing Rooms，COBR）、国民紧急事务委员会（Civil Contingencies Commitment，CCC）、国民紧急事务秘书处（Civil Contingencies Secretariat，CCS）和其他部门。

英国政府于 2004 年颁布了《非军事意外事件法案》，要求各地方政府建立综合应急管理系统（integrated emergency management，IEM），以增强机构间的协调、协作能力，应对大规模突发事件所带来的新挑战。其功能包括：识别潜在的突发事件；评估其发生的可能性与后果；制订相应的应急预案；评估、建设并部署相应的应急能力；检验应急策略、预案和应急能力；提供必要的培训和教育等。IEM 的功能框架如图 1-7 所示。

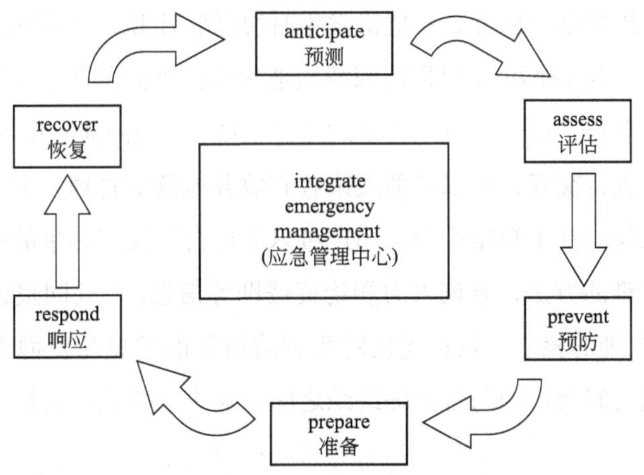

图 1-7　英国 IEM 的功能框架图

在地方层面，英格兰共设有 46 个消防与应急救援控制中心（control center），负责小到个人救援，大到火灾、爆炸、洪水等巨灾救援。结合 GIS，IEM 对应急接报和应急力量调配进行统一管理，根据事件类型在系统中关联不同的救援力量。英国为 IEM 还专门建设了移动应急系统，存储本辖区风险和目标的基本数据，包括建筑结构图、消火栓分布图等，可进行如防护目标位置、周边环境、危险源、应急操作规程、注意事项、装备需求等各类基本信息查询，辅助生成应急方案。

近年来，为了解决国家层面与地方层面的衔接和协调问题，提高全国的应急救援能力，增强诸如恐怖袭击和大规模水灾等近些年常见的突发事件的处置能力，英国地方政府事务部（Department of Communities and Local Government，DCLG）启动了建设英格兰区域应急控制中心的计划。在国家和地方之间设立了区域应急管理机构，在现有英格兰 46 个地方控制中心的基础上，整合资源建设 9 个区域应急控制中心。区域控制中心具有日常应急管理、接报功能，同时具有应急指挥的功能。所有 9 个区域应急控制中心的建筑格局、软硬件条件完全一致，软件统一开发，数据互为备份。

3）德国

在德国，联邦内政部下属的联邦民众保护与灾害救助局（BBK）设有专门负责民事安全、参与民众保护和重大灾害救援的指挥中枢，这个机构开发了“德国紧急预防信息系统”（deNIS German emergency planning information system），还组建了“共同报告和形势中心”（Joint Reporting and Situation Center），成为德国危机管理的两大“武器”。

德国在 2001 年开发的“德国紧急预防信息系统”（也称为“危机预防信息系统”），构造了一个联邦和地方政府的事件响应与公众发布信息网络，可以为突发事件的处置和救援提供信息服务。针对决策者和公众的不同需求，该信息系统分为两个阶段，deNIS Ⅰ和 deNIS Ⅱ。deNIS Ⅱ为改进版本，致力于灾害管理的信息支持。deNIS Ⅱ连接了联邦政府和各州成员，为突发事件援救提供信息服务，在危机发生时协助联邦和州政府的决策者更好地与救援机构和队伍取得联系。与 deNIS Ⅰ只提供因特网地址链接不同的是，deNIS Ⅱ整合了所有相关数据，建立统一的服务中心，并且结合地理信息系统（geographic information system GIS），以图层的方式与用户进行交互，可以帮助决策者有效开展危机管理，大大减轻了决策层的风险评估和资源管理工作。在主数据库中，用户可以获得自然灾害和事故灾难的相关资料，了解规避危险和预防灾难的方法，查询人力和物资援助等信息。“共同报告和形势中心”成立于 2002 年，是危机管理的核心，负责优化跨州和跨组织的信息与资源管理，加强联邦各部门之间、联邦与各州之间及德国与各国际组织之间在灾害预防领域的协调和合作。

4）日本

日本是一个自然灾害频发的国家，非常重视应急系统的建设。日本应急系统的特点是重视监测预警系统的建设，即准确、迅速地收集、处理、分析、传递有关灾害信息。日本政府于 2002 年 6 月通过了《e-Japan 重点计划 2002》，提出“为了迅速收集和传递防灾信息，让国民过上安稳的生活，将构筑由国家、地方公共团体和个人相结合的高度的信息通信体系”

的设想。

日本内阁府防灾担当（机构）为日本政府负责防灾和公共安全事务的最高专业机构，设有专门指挥中心。日本已有完善的气象防灾信息、地域气象观测信息、河川流域信息、道路灾害信息等各种监测预警系统。同时，建立了“全民危机警报系统”，当地震、飓风等自然灾害及其他突发事件发生时，日本政府相关部门可以不用通过各级地方政府，而直接利用“全民危机警报系统”向国民发出警报。日本的灾害信息系统（disaster information system）包括早期评价系统（early estimation system）和应急决策支持系统（emergency measure support system），覆盖范围从首相官邸、内阁府和都道府县等行政机关，一直延伸到市町村。日本分别建立了以政府各职能部门为主，由固定通信线路、卫星通信线路和移动通信线路组成的“中央防灾无线网”；以全国消防机构为主的“消防防灾无线网”；以自治体防灾机构或当地居民为主的都道府县、市町村的“防灾行政无线网”和以解决出现地震、飓风等大规模灾害现场通信的“防灾相互通信网”等专门用于防灾的通信网络。此外，“早期评价系统”于1996年开始运行，能为政府快速、准确地制定减灾政策提供依据；“应急决策支持系统”能够在灾害处置时为相关机构提供共享信息平台，为政府减灾措施的实施提供支持。

5）欧盟

欧盟为便于成员国实现跨国、跨专业、跨警种、高效、及时处理突发事件和自然灾害，于2000年建成了基于卫星通信网络基础架构的e-risk系统，解决在重大事故发生后，救援人员遇到通信系统被破坏、信道严重堵塞等情况，导致救援人员无法与指挥中心和专家小组及时联系情况下出现的问题。考虑到救灾和处理突发紧急事件必须分秒必争，救援单位利用卫星定位技术，结合地面指挥调度系统和GIS，对事故现场进行精确定位，在最短的时间内到达事发现场，开展救援和处置工作。该系统集成了有线语音系统、无线语音系统、宽带卫星系统、数据网络系统、视频系统等多个系统，配合应急管理和处置调度软件，使指挥中心、相关联动单位、专家小组和现场救援人员快速取得联系，并在短时间内解决问题。e-risk系统对应急管理的定义包括突发事件发生前、发生中、发生后三个方面：在事故发生前，系统通过搜集和处理影像资料、图片、地理信息等，开展风险预防；在突发事件发生时，通过收集和发布来自现场的资料、图片等，在救援小组、专家小组和指挥中心之间建立起语音、图像、数据的同步链路，通过各部门的“协同作战”，开展现场救援；在救援工作结束后，对突发事件的发生和处置进行分析与交流，并对有关数据库进行更新，制订新一轮的预案。

6）中国

随着我国通信事业和电子政务的不断发展，各个地区都基本具备了覆盖到市县级的通信和计算机网络，这些基础资源为应急平台的建设提供了基础。

各级政府及其组成部门在信息化建设过程中，大部分已经逐步建立起服务于各自部门的应急指挥系统或应急信息系统，在防御重大灾害和事故方面发挥了重要作用，为全面实施国家应急平台体系建设提供了有利条件，积累了大量的处置经验。

然而，在实际工作中，各地的应急平台建设发展仍不平衡，应用功能还不够完善，信息资源和平台系统也未能有效整合，还不能很好地满足应急业务的要求。

有些地区和部门已经进行了多方面的尝试，建立起来一些各有侧重、各具特色的应急系统，这些前期的系统可以归结为以下几种模式。

（1）多警合一的接出警模式。这种模式开发较早，主要特点是具有统一接警、分类出警功能，实现了各个警种的报警受理，既相对独立，又互通有无，在解决一警多能、最大限度地发挥警力资源，以及资源共享、方便群众报警求助等方面具有积极作用。

（2）多种通信方式相结合的应急指挥通信模式。利用有线通信和无线通信等系统，实现集中指挥调度和无线指挥调度功能，指挥调度方便快捷。一些城市还重点进行了数字集群等系统的建设。

（3）结合图像监控的视频会议模式。这种模式把视频图像资源进行了整合，结合 GIS 等系统对关键场所进行现场监控，并通过视频会议进行会商和异地指挥。

（4）信息管理系统模式。这种模式侧重于信息报送、分类、统计等功能，主要完成对“现时”状态数据的掌控，强调数据库建设，基本上是以事件为中心收集组织信息或以服务为中心提供信息。

（5）应急联动指挥模式。这种模式以快速反应为根本目的，强调大系统概念，利用通信、计算机、网络和视图像等技术，把多警合一等多个系统纳入一个平台，由市政府（或依托某个部门）直接领导，统一指挥协调多个部门，具有综合化调度中心的特点。

这些模式在面向不同对象时，均发挥了其特定的作用。基于以上模式建立的应急系统，仅实现了应急平台的部分功能。应急平台是与应急管理业务流程紧密结合的大系统，应该根据各类突发事件的内在规律和本质特性，以及应急管理工作的需要进行功能设计。随着应急管理工作的深入，以及对突发事件应对处置能力要求的提高，需要建设全体系、全业务、全流程综合集成的应急平台。

2006 年，国家启动了应急平台体系建设，开始构建以国务院应急平台为顶层，以省级、市（地）级、县（区）级应急平台及各级政府部门应急平台为节点，上下贯通、左右衔接、互联互通、信息共享、互有侧重、互为支撑、安全畅通的国家应急平台体系，实现对突发事件的监测监控、预测预警、信息报告、综合判断、辅助决策、指挥调度等主要功能，以满足国家和本地区、本部门应急管理工作的需要。

（1）国务院应急平台。国务院应急平台建设的主要内容是：应急指挥场所、移动应急平台、基础支撑系统、数据库系统、综合应用系统、数据交换与共享系统、安全支撑系统、标准规范等，并与各省（自治区、直辖市）、国务院有关部门应急平台实现互联互通和应急资源整合与共享。

国务院应急平台实现了与省级应急平台、部门应急平台的互联互通。综合应用系统和数据库系统在国家“十一五”科技支撑计划项目的支持下，完成了综合应用系统的研发和上线运行；开展了有关部门预测预警接入与整合，以及建立部门协同工作的机制，实现了在部门提供的专业预测预警的基础上，进行耦合性和次生、衍生灾害的综合预测预警。同时，国务院应急平台数据库内容建设也在不断完善和丰富，整合了全国各省和应急相关部门上报的数据；推出了应急平台建设的一系列标准，为地方和部门应急平台的建设发挥了指导和推进作用。近年来，在我国发生的各类特重大突发事件处置中，国务院应急平台发挥了重要作用。

（2）省级应急平台。根据国家应急平台体系建设规划，各省级人民政府开展了应急平台建设工作。从 2006 年开始开展 10 个示范省级应急平台的建设。

北京市、上海市应急平台建设开展较早，基本完成了图像系统、无线集群系统、视频会议与部分应用软件的开发和建设工作，正在进行平台完善和升级工作。如北京市政府将物联网技术与应急平台进行结合，对应急平台进行升级。

吉林省应急平台一期建设于 2009 年启动，目前已处于运行阶段，并正在进行二期建设。一期建设已基本完成了综合应用系统基础模块的建设及数据库的建设，实现了信息接报等应急值守功能及研究、判断、分析、处置调度等功能。

广东省、陕西省、湖南省等省级应急平台已基本建成并投入使用。建设内容包括：应急指挥场所、移动应急平台、基础支撑系统、数据库系统、综合应用系统、数据交换与共享系统、安全支撑系统等。

另外，天津市、甘肃省、云南省、安徽省、新疆维吾尔自治区、湖北省、内蒙古自治区、宁夏回族自治区、江西省、海南省、福建省、江苏省、河南省、河北省等省级应急平台正在建设或完善之中。

（3）部门应急平台。部门应急系统经过多年建设，具有较好的基础，各有关部门正结合国家的要求，在现有应急系统上进行完善，建设部门应急平台。从 2006 年开始进行示范部门应急平台的建设，示范部门包括：公安部、民政部、农业部、卫生部、水利部、国土资源部、环境保护部、国家安全生产监督管理总局、国家林业局、国家气象局、国家地震局等。以下从自然灾害、事故灾难、公共卫生和社会安全四个方面，对相关应急系统的建设情况进行阐述。

① 自然灾害方面。民政、水利、国土、林业、气象、地震、海洋等部门在应急系统方

面已有较好的基础，有了一些成熟的应用系统，如针对洪灾淹没分析与应急决策的洪灾淹没预测、气象灾害预测预警、地震灾害预测和应急模拟等。

以水利部为例，通过防汛抗旱指挥系统一期项目建设，形成了雨水情的实时报送网络，建成了水利信息网和水利视频会议系统：已经建立了覆盖全国的雨水情监测站、部分关键设施的图像信息点及监测信息数据库；应急业务系统包括实时雨情天气信息系统、热带气旋信息系统、致洪暴雨信息系统、防汛抗旱水情会商系统和中国洪水预报系统等。

为促进地震研究和应用，国家地震局已相应建立全国综合地震数据库、区域数据库和专业数据库及集中管理的分布式数据库系统；建设了地震实时监测和速报系统、地震数据库网络与服务支持系统、震害预测评估与应急决策系统、分析预报与震情会商系统、地震工程应用系统等业务系统。

② 事故灾难方面。国家安全生产监督管理总局、交通部、中国国家铁路集团有限公司、建设部等部门也开展了相关应急系统的规划和建设。

如国家安全生产监督管理总局在“十五”期间，先后实施了“综合政务信息系统”“视频会议系统”、煤矿救援等方面的应急管理工作；先后建成了覆盖各级安监系统的计算机外网和覆盖总局、省级节点的内网，以及覆盖省级的视频会议系统；“十五”“十一五”期间，先后建立了一系列有关安全生产监管与煤矿安全监察的基础数据库和部分专题数据库；在应急救援体系方面，国家矿山救援指挥中心和国家级矿山救援基地已配备了移动卫星基站及相应的配套设备。近年来，已建成国家安全生产应急平台，并配备了小型移动应急平台。

③ 公共卫生方面。我国在公共卫生方面的应急系统建设是从 2003 年“非典”危机后开始的，包括疾病监测系统、卫生监督系统、医疗救治系统和应急决策指挥信息系统四个部分。实现了疫情与突发公共卫生事件搜集、分析、预警管理，从卫生部联通各省市疾病控制中心、医疗机构和其他报告机构，主要依托国家疾病预防控制中心（centers for disease control，CDC）的“公共卫生事件应急反应机制监测信息系统”进行决策。为快速搜集传染病信息，采用了基于互联网构建虚拟专用网络（virtual private network，VPN），数据和应用集中部署在国家 CDC 的方式，各级医疗机构直接向国家 CDC 报送数据。

④ 社会安全方面。公安部建设了与电子政务外网物理隔离的部门专网。面向社会提供服务。公安部至各省厅之间（一级网）具有视频会议系统，省厅至地市级公安局之间（二级网）也建有视频会议系统。在有线调度方面，公安部指挥中心至各省指挥中心建有一套有线调度系统，通过脉冲编码调制（PCM）专线连接，可实现组呼、单呼、电话会议等功能。公安移动通信以 350 MHz 系统为主，部分地区 150 MHz 系统仍然在广泛使用，少部分省市还建有 450 MHz、800 MHz 数字集群。公安部建有覆盖各大中城市的图像监控系统，以道路交通监控为主。公安部已建成与应急业务紧密相关的数据库，主要包括：人口信息库、

警员信息库、安全重点单位信息库等。

(4) 市（地）、县（区）级应急平台。“十一五”期间，一些条件比较好的地（市）和县（市）政府，纷纷进行了应急平台的建设工作。

昆明市2010年完成市政府应急平台建设并投入运行。该平台整合了公安局、安监局、环保局、消防支队、林业局、卫生局、交通局、水利局、农业局等10多个部门的应急基础信息数据，包括救援力量、物资装备、预案、知识案例等。昆明市应急平台综合应用系统包括了综合业务管理系统、风险隐患监测防控系统、综合预测预警与研究判断系统、智能辅助方案系统、指挥调度系统、应急保障系统、应急评估系统和模拟演练与培训系统。应急指挥场所依托市人防部门的指挥厅。

承德市应急平台已经建成并正式运行，建成了应急指挥场所、基础支撑系统、移动应急平台，建设了包括综合业务管理系统、风险隐患监测防控系统、预测预警系统、智能辅助方案系统、指挥调度系统、应急保障系统、应急评估系统、模拟演练系统等的综合应用系统和八个数据库系统，整合了地理信息系统和公安、气象、交通等30多个部门的公共安全信息资源。

黄石市目前已经建成包括基础支撑系统、综合应用系统、数据库系统、安全保障系统、应急指挥场所、移动应急平台的比较完整的突发事件应急平台。黄石市应急平台实现了全市基础地理信息数据和安全数据的管理，并利用监测监控网络、飞艇监控系统、通信保障系统实现了应急指挥中心、应急指挥分中心、突发事件现场间的互联互通、综合协调、应急联动。此外，宁波市、太原市、广州市、乌鲁本齐市、玉林市、吉林市、三亚市、江苏昆山市、山东新泰市、福建武夷山市、广东三水市、四川九寨沟县、山西寿阳县、佛山禅城区、南京建邺区等地市和区县也开展了应急平台建设工作。

1.4.6 应急管理信息系统的建设

1. 应急管理信息系统建设的特点

(1) 应急管理信息系统建设是一个长期的，极其复杂的过程。建立以计算机为主要手段的应急管理信息系统，已经成为现代企业、政府部门等各类组织提高自身素质、实现组织目标的战略措施。但是，国内外历史事实告诉人们，信息系统建设的道路坎坷，许多已建系统带来的效益远远不及预先的承诺、耗资巨大、半途而废或使建设单位背上沉重包袱等情况时有发生。因此，信息系统建设者必须深刻理解信息系统建设工作的复杂性，正确认识其特点与规律，并且运用科学的建设方法。这对于成功地建设信息系统至关重要。

(2) 应急管理信息系统建设是一个不断提高管理水平的过程。现代社会经济与科学技术发展迅速，市场竞争激烈，各类社会组织特别是企业面临的外部环境复杂多变，而这些组织的内部结构一般说来十分复杂，一个组织内各类机构和管理人员的信息需求不尽相同，并且在系统建设过程中也会发生变化。应急管理信息系统建设通常要涉及组织内部各级机构、管理人员及组织面临的外部环境。系统建设者必须十分重视、深刻理解组织面临的内、外环境及发展趋势，考虑到管理体制、管理思想、管理方法和管理手段的相互匹配，相互促进，考虑到人的习惯、心理状态，现行的制度、惯例，以及社会、政治诸多因素。系统的目标、规模、功能和实施步骤必须与组织当前的发展水平（如管理水平、业务水平、职工素质等）、能力（包括经济、技术、文化、心理、习惯等）相适应，所建系统还应有足够的影响力来在一定范围内改革不合理的规章、制度、惯例，促进管理水平的提高和组织目标的实现。

（3）应急管理信息系统建设是一个创新和控制风险的过程。应急管理信息不仅量大、面广，而且形式多样，内容和处理要求涉及广泛的领域，加上组织结构复杂，因此，应急管理信息系统必然是一个规模庞大、结构复杂、具备多种功能、能实现多个目标的大系统。并且应急管理信息系统的建设要利用先进技术和现代管理科学的成果，如计算机硬件与软件技术、数据通信与网络技术、各种信息采集与存储技术、各种控制与决策方法、建模与仿真技术及人工智能技术等。如何合理、有效地应用这些手段、方法和技术以达到预期效果，是应急管理信息系统建设面临的主要问题之一。如果系统建设者对问题的复杂性缺乏认识，对于在建设中遇到的困难没有思想准备，没有有效地克服困难的方法与手段，可能会导致系统建设的失败。

2. 应急管理信息系统建设的要求

应急管理信息系统的建设必须满足以下几个方面的要求。

（1）任何一个信息系统的建立，都必须从解决实际存在的管理问题出发。

（2）系统所提供的信息必须是准确的和高质量的。错误的信息势必导致决策的失误。

（3）信息收集和处理必须及时。

（4）信息量要适中，不可过多。

（5）应急管理信息系统不能包办一切。

3. 应急管理信息系统的生命周期

任何事物都会经历产生、发展、成熟、消亡（更新）的过程，应急管理信息系统也不例外。应急管理信息系统在投入使用后，经过若干年，由于新情况、新问题的出现，人们又提出了新的目标，要求设计新的系统来代替老系统。这种周而复始、循环不息的过程被称为应急管理信息系统的生命周期。应急管理信息系统的生命周期一般包括以下几个阶段。

1）系统规划

系统规划是信息系统的起始阶段。以计算机为主要手段的信息系统是其所在组织的管理系统的组成部分，它的新建、改建或扩建服从于组织的整体目标和管理决策活动的需要。这一阶段的主要任务是，根据组织的整体目标和发展战略确定信息系统的发展战略，明确组织总的信息需求，制订信息系统建设的总体方案，其中包括确定拟建系统的总体目标、功能、大概规模和粗略估计所需资源。根据需求的轻重缓急程度及资源和应用环境的约束，把规划的系统建设内容分解成若干开发项目以分期分批方式进行系统开发，并进行系统的初步调查和系统开发的可行性研究。

2）系统分析

系统分析阶段的主要任务是明确用户的信息需求，提出新系统的逻辑方案。需要进行的工作包括现行系统的详细调查及新系统逻辑模型的提出等。

3）系统设计

系统设计阶段的主要任务是根据新系统的逻辑方案进行软、硬件系统的设计，包括总体结构设计、输出设计、输入设计、处理过程设计、数据存储设计和计算机系统方案的选择等。

4）系统实施

将设计的系统付诸实施，主要工作有软件的程序编制与软件包的购置、计算机与通信设备的购置，系统的安装、调试与测试、新旧系统的转换等。

5）系统运行与维护

每个系统开发项目在完成并经试运行后，进入正常运行和维护阶段。一般来说，这是系统生命周期中历时最久的阶段，也是信息系统实现其功能、发挥其效益的阶段。科学的组织与管理是系统正常运行、充分发挥其效益的必要条件，而及时、完善的系统维护是系统正常运行的基本保证。

第2章

应急管理信息系统的技术基础

2.1 计算机系统简介

计算机系统由硬件（子）系统和软件（子）系统组成。前者是借助电、磁、光、机械等原理构成的各种物理部件的有机组合，是系统赖以工作的实体。后者是各种程序和文件，用于指挥全系统按指定的要求进行工作。

计算机自问世以来，其技术在元器件、硬件系统结构、软件系统、应用等方面，均有惊人进步。现代计算机系统小到微型计算机和个人计算机，大到巨型计算机及网络，其形态、特性多种多样，已广泛用于科学计算、事务处理和过程控制，日益深入到社会各个领域，对社会的进步产生深刻影响。

2.1.1 计算机发展历程

1. 计算机硬件的发展

从1946年世界上第一台电子数字计算机（electronic numerical integrator and computer，ENIAC）问世以来，计算机的发展已经经历了五代。

（1）第一代计算机（1946—1957年）——电子管时代。特点：逻辑元件采用电子管；使用机器语言进行编程；主存用延迟线或磁鼓存储信息，容量极小；体积庞大，成本高；运算速度较低，一般只有每秒几千次到几万次。

（2）第二代计算机（1958—1964年）——晶体管时代。特点：逻辑元件采用晶体管；运算速度提高到每秒几万次到几十万次；主存使用磁芯存储器；软件开始使用高级语言，如FORTRAN，有了操作系统的雏形。

（3）第三代计算机（1965—1971年）——中小规模集成电路时代。特点：逻辑元件采用中小规模集成电路；半导体存储器开始取代磁芯存储器；高级语言发展迅速，操作系统也进一步发展，开始有了分时操作系统。

(4) 第四代计算机（1972—1979 年）——超大规模集成电路时代。特点：逻辑元件采用大规模集成电路和超大规模集成电路，产生了微处理器，诸如并行、流水线、高速缓存和虚拟存储器等概念用在了这代计算机中。

(5) 第五代计算机（1980 年至今）是把信息采集、存储、处理、通信同人工智能结合在一起的智能计算机系统。它能进行数值计算或处理一般的信息，主要能面向知识处理，具有形式化推理、联想、学习和解释的能力，能够帮助人们进行判断、决策、开拓未知领域和获得新的知识。人机之间可以直接通过自然语言（声音、文字）或图形图像交换信息。第五代计算机又称新一代计算机，特点：模拟人类视神经控制干扰，称为“视感控器”或“空间电路计算机”。基本技术：结构与功能和现有计算机概念完全不同，具有模拟-数字混合的机能，本身具有学习机理，能模仿人的视神经电路网工作。

2. 计算机软件的发展

计算机软件技术的蓬勃发展，也为计算机系统的发展做出了很大的贡献。

计算机语言的发展经历了面向机器的机器语言和汇编语言、面向问题的高级语言。其中高级语言的发展促进软件有了飞跃式的发展，它经历了从科学计算和工程计算的 FORTRAN（formula translation）、结构化程序设计的 Pascal（philips automatic sequence calculator）到面向对象的 C++和适应网络环境的 Java。

与此同时，直接影响计算机系统性能提升的各种系统软件也有了长足的发展，特别是操作系统，如 Windows、UNIX、Linux 等。

3. 计算机的分类与发展方向

电子计算机可分为电子模拟计算机和电子数字计算机。

数字计算机又可按用途分为专用计算机和通用计算机。这是根据计算机的效率、速度、价格及运行的经济性和适应性来划分的。

通用计算机又分为巨型机、大型机、中型机、小型机、微型机和单片机 6 类，它们的体积、功耗、性能、数据存储量、指令系统的复杂程度和价格依次递减。

此外，计算机按指令和数据流还可分为：

① 单指令流和单数据流系统（SISD），即传统冯·诺依曼体系结构；

② 单指令流和多数据流系统（SMD），包括阵列处理器和向量处理器系统；

③ 多指令流和单数据流系统（MISD），这种计算机实际上不存在；

④ 多指令流和多数据流系统（MMD），包括多处理器和多计算机系统。

计算机的发展趋势正向着“两极”分化：一极是微型计算机向更微型化、网络化、高性能、多用途方向发展；另一极是巨型机向更巨型化、超高速、并行处理、智能化方向发展。

2.1.2　计算机系统层次结构

1. 计算机系统的组成

硬件系统和软件系统共同构成了一个完整的计算机系统。硬件是指有形的物理设备，是计算机系统中实际物理装置的总称。软件是指在硬件上运行的程序和相关的数据及文档。计算机系统性能的好坏，很大程度上是由软件的效率和作用来表征的，而软件性能的发挥又离不开硬件的支持。对某一功能来说，其既可以用软件实现，又可以用硬件实现，则称为软硬件在逻辑上是等效的。在设计计算机系统时，要进行软/硬件的功能分配。通常来说，一个功能若使用较为频繁且用硬件实现的成本较为理想，则使用硬件解决可以提高效率。而用软件实现可以提高灵活性，但效率往往不如用硬件实现高。

2. 计算机硬件的基本组成

1）早期的冯·诺依曼机

冯·诺依曼在研究 EDVAC 机时提出了“存储程序”的概念，“存储程序”的思想奠定了现代计算机的基本结构，以此概念为基础的各类计算机通称为冯·诺依曼机，其特点如下。

① 计算机硬件系统由运算器、存储器、控制器、输入设备和输出设备五个部件组成。

② 指令和数据以同等地位存储在存储器中，并可按地址寻访。

③ 指令和数据均用二进制代码表示。

④ 指令由操作码和地址码组成，操作码指出操作的类型，地址码指出操作数的地址。

⑤ 指令在存储器内按顺序存放。通常，指令是顺序执行的，在特定条件下可根据运算结果或根据设定的条件改变执行顺序。

⑥ 早期的冯·诺依曼机以运算器为中心，输入/输出设备通过运算器与存储器传送数据。

典型的冯·诺依曼计算机结构如图 2-1 所示。

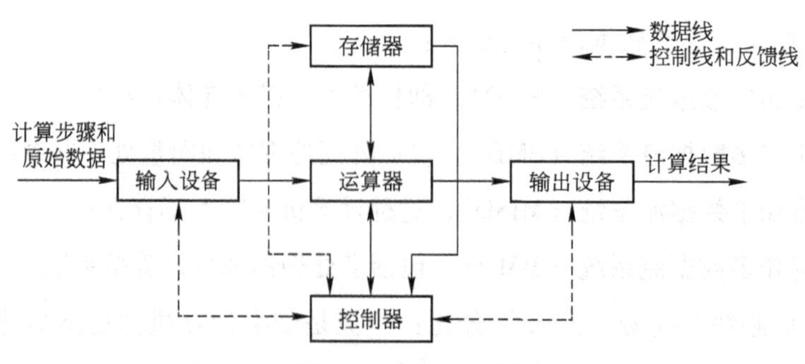

图 2-1　典型的冯·诺依曼计算机结构图

注意："存储程序"的概念是指将指令以代码的形式事先输入计算机的主存储器，然后按其在存储器中的地址执行程序的第一条指令，以后就按程序的规定顺序执行其他指令，直至程序执行结束。

2）现代计算机的组织结构

在微处理器问世之前，运算器和控制器分离，而且存储器的容量很小，因此设计成以运算器为中心的结构，其他部件都通过运算器完成信息的传递。

而随着微电子技术的进步，同时计算机需要处理、加工的信息量也与日俱增，大量I/O设备的速度和CPU的速度差距悬殊，因此以运算器为中心的结构不能够满足计算机发展的要求。现代计算机已发展为以存储器为中心，使I/O设备操作尽可能地绕过CPU，直接在I/O设备和存储器之间完成，以提高系统的整体运行效率，其结构如图2-2所示。

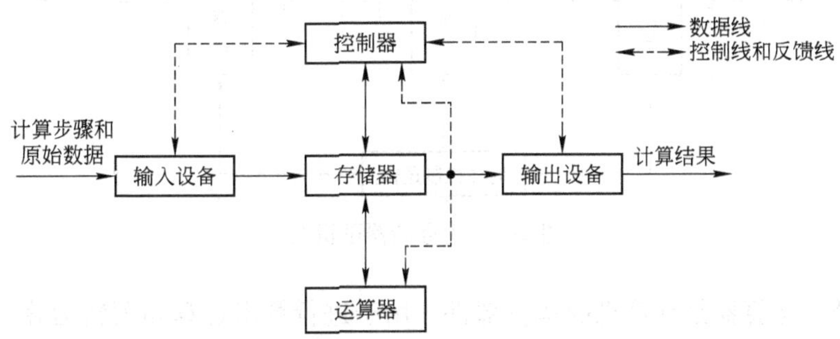

图2-2 以存储器为中心的计算机结构图

目前绝大多数现代计算机仍遵循冯·诺依曼的存储程序的设计思想。

3）计算机的功能部件

传统冯·诺依曼计算机和现代计算机的结构虽然有所不同，但功能部件是一致的，它们的功能部件包括以下几种。

① 输入设备。输入设备的主要功能是将程序和数据以机器所能识别和接受的信息形式输入计算机。最常用也最基本的输入设备是键盘，此外还有鼠标、扫描仪、摄像机等。

② 输出设备。输出设备的任务是将计算机处理的结果以人们所能接受的形式或其他系统所要求的信息形式输出。最常用、最基本的输出设备是显示器、打印机。计算机的输入/输出设备（简称I/O设备）是计算机与外界联系的桥梁，是计算机中不可缺少的重要组成部分。

③ 存储器。存储器是计算机的存储部件，用来存放程序和数据。

存储器分为主存储器（简称"主存"，也称"内存储器"）和辅助存储器（简称"辅存"，也称"外存储器"）。CPU能够直接访问的存储器是主存储器。辅助存储器用于帮助主存储器记忆更多的信息，辅助存储器中的信息必须调入主存后，才能为CPU所访问。

主存储器的工作方式是按存储单元的地址进行存取，这种存取方式称为按地址存取方式（相联存储器是按内容访问的）。

主存储器逻辑图如图 2-3 所示。存储体存放二进制信息，地址寄存器（MAR）存放访存地址，经过地址译码后找到所选的存储单元；数据寄存器（MDR）用于暂存要从存储器中读或写的信息；时序控制逻辑用于产生存储器操作所需的各种时序信号。主存储器由许多存储单元组成，每个存储单元包含若干存储元件，每个存储元件存储一位二进制代码“0”或“1”。因此存储单元可存储一串二进制代码，称这串代码为存储字，这串代码的位数为存储字长，存储字长可以是 1B（8 bit）或是字节的偶数倍。

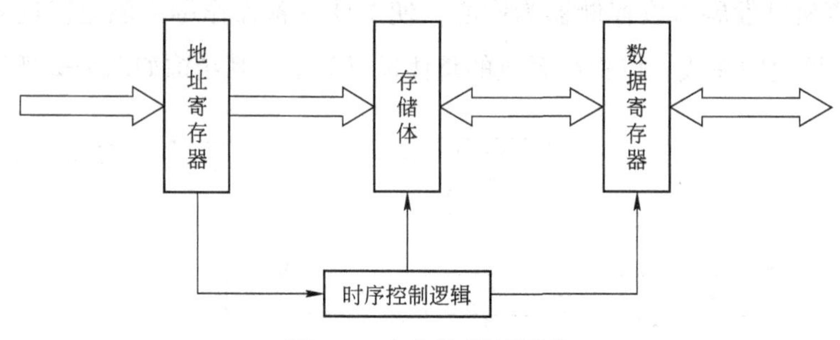

图 2-3　主存储器逻辑图

④ 运算器。运算器是计算机的执行部件，用于进行算术运算和逻辑运算。算术运算是按算术运算规则进行的运算，如加、减、乘、除；逻辑运算包括与、或、非、异或、比较、移位等运算。

运算器的核心是算术逻辑单元（arithmetic and logical unit，ALU）。运算器包含若干通用存储器，用于暂存操作数和中间结果，如累加器（AC）、乘商寄存器（MQ）、操作数寄存器（X）、变址寄存器（IX）、基址寄存器（BR）等，其中前 3 个寄存器是必须具备的。

运算器内还有程序状态寄存器（PSW），也称标志寄存器，用于存放 ALU 运算得到的一些标志信息或处理机的状态信息，如结果是否溢出、有无产生进位或借位、结果是否为负等。

⑤ 控制器。控制器是计算机的指挥中心，由其“指挥”各部件自动协调地进行工作。控制器由程序计数器（PC）、指令寄存器（IR）和控制单元（CU）组成。

PC 用来存放当前欲执行指令的地址，可以自动加 1 以形成下一条指令的地址，它与主存的 MAR 之间有一条直接通路。

IR 用来存放当前的指令，其内容来自主存的 MDR。指令中的操作码 OP（IR）送至 CPU，用以分析指令并发出各种微操作命令序列；而地址码 Ad（IR）送往 MAR，用以取操作数。

一般将运算器和控制器集成到同一个芯片上，称为中央处理器（CPU）。CPU 和主存储器共同构成主机，而除主机外的其他硬件装置（外存、I/O 设备等）统称为外部设备，简称外设。

3. 计算机软件的分类

1）系统软件和应用软件

软件按其功能分类，可分为系统软件和应用软件。

系统软件是一组保证计算机系统高效、正确运行的基础软件，通常作为系统资源提供给用户使用。系统软件主要有操作系统（OS）、数据库管理系统（DBMS）、语言处理程序、分布式软件系统、网络软件系统、标准库程序、服务性程序等。

应用软件是指用户为解决某个应用领域中的各类问题而编制的程序，如各种科学计算类程序、工程设计类程序、数据统计与处理程序等。

注意：数据库管理系统（DBMS）和数据库系统（DBS）是有区别的。DBMS 是位于用户和操作系统之间的一层数据管理软件，是系统软件；而 DBS 是指计算机系统中引入数据库后的系统，一般由数据库、数据库管理系统、数据库管理员（DBA）和应用系统构成。

2）三个级别的语言

① 机器语言。又称二进制代码语言，需要编程人员记忆每条指令的二进制编码。机器语言是计算机唯一可以直接识别和执行的语言。

② 汇编语言。汇编语言用英文单词或其缩写代替二进制的指令代码，更容易为人们所记忆和理解。使用汇编语言编辑的程序，必须经过一个称为汇编程序的系统软件的翻译，将其转换为计算机的机器语言后，才能在计算机的硬件系统上执行。

③ 高级语言。高级语言（如 C、C++、Java 等）是为方便程序设计人员写出解决问题的处理方案和解题过程的程序。通常高级语言需要经过编译程序编译成汇编语言程序，然后经过汇编操作得到机器语言程序，或者直接由高级语言程序翻译成机器语言程序。

4. 计算机系统的多级层次结构

现代计算机是一个由硬件与软件组成的综合体。由于面对的应用范围越来越广，因此必须有复杂的系统软件和硬件的支持。由于软/硬件的设计者和使用者从不同的角度、用不同的语言来对待同一个计算机系统，因此他们看到的计算机系统的属性对计算机系统提出的要求也就各不相同。

计算机系统的多级层次结构的作用，就是针对上述情况，根据从各种角度所看到的机器之间的有机联系来分清彼此之间的界面，明确各自的功能，以便构成合理、高效的计算机系统。关于计算机系统层次结构的分层方式，目前尚无统一的标准，这里采用如图 2-4 所示的层次结构。

第 1 级是微程序机器层，这是一个实在的硬件层，它由机器硬件直接执行微指令；第 2

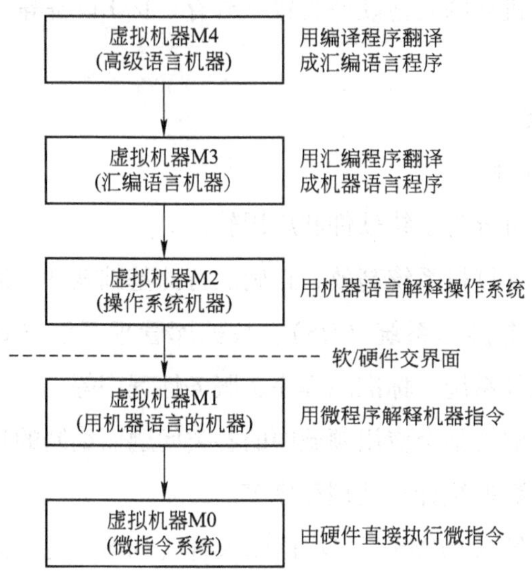

图 2-4　计算机系统的多层次结构图

级是传统机器语言层，它也是一个实际的机器层，由程序解释机器指令系统；第 3 级是操作系统层，它由操作系统程序实现。操作系统程序是由机器指令和广义指令组成的，这些广义指令是为了扩展机器功能而设置的，是由操作系统定义和解释的软件指令，所以这一层也称混合层；第 4 级是汇编语言层，它为用户提供一种符号化的语言，借此可编写汇编语言源程序。这一层由汇编程序支持和执行；第 5 级是高级语言层，它是面向用户的，是为方便用户编写应用程序而设置的。该层由各种高级语言编译程序支持和执行。

在高级语言层之上，还可以有应用程序层，它由解决实际问题和应用问题的处理程序组成，如文字处理软件、数据库软件、多媒体处理软件和办公自动化软件等。

通常把没有配备软件的纯硬件系统称为“裸机”。第 3 层到第 5 层称为虚拟机，简单来说就是软件实现的机器。虚拟机只对该层的观察者存在，这里的分层和计算机网络的分层类似，对于某层的观察者来说，只能通过该层次的语言来了解和使用计算机，而不必关心下层是如何工作的。

层次之间的关系紧密，下层是上层的基础，上层是下层的扩展。随着超大规模集成电路技术的不断发展，部分软件功能将由硬件来实现，因而软/硬件交界面的划分也不是绝对的。

2.1.3　计算机的性能指标

1. 机器字长

机器字长是指计算机进行一次整数运算（定点整数运算）所能处理的二进制数据的位数，通常与 CPU 的寄存器位数、加法器有关。因此，机器字长一般等于内部寄存器的大小，字长越长，数的表示范围越大，计算精度越高。计算机字长通常选定为字节（8 位）的整数倍。

注意：机器字长、指令字长、存储字长的区别和联系。

机器字长：计算机能直接处理的二进制数据的位数，机器字长一般等于内部寄存器的大小，它决定了计算机的运算精度。

指令字长：一个指令字中包含的二进制代码的位数。

存储字长：一个存储单元存储的二进制代码的长度。

它们都必须是字节的整数倍。

指令字长一般取存储字长的整数倍，若指令字长等于存储字长的 2 倍，则要 2 次访存来取出一条指令，因此取指周期为机器周期的 2 倍；若指令字长等于存储字长，则取指周期等于机器周期。

2. 数据通路带宽

数据通路带宽是指数据总线一次所能并行传送信息的位数。这里所说的数据通路宽度是指外部数据总线的宽度，它与 CPU 内部的数据总线宽度（内部寄存器的大小）有可能不同。

注意：各个子系统通过数据总线连接形成的数据传送路径称为数据通路。

3. 主存容量

主存容量是指主存储器所能存储信息的最大容量，通常以字节来衡量，也可用字数×字长（如 524 288×16 位）来表示存储容量。其中，MAR 的位数反映存储单元的个数，MAR 的位数反映可寻址范围的最大值（而不一定是实际存储器的存储容量）。

例如，MAR 为 16 位，表示 $2^{16}=65\ 536$，即此存储体内有 65 536 个存储单元（可称为 64K 内存，1K=1 024），若 MDR 为 32 位，表示存储容量为 64K×32 位。

4. 运算速度

（1）吞吐量和响应时间。吞吐量指系统在单位时间内处理请求的数量。它取决于信息能多快地输入内存，CPU 能多快地取指令，数据能多快地从内存取出或存入，以及所得结果能多快地从内存送给一台外部设备。几乎每步都关系到主存，因此系统吞吐量主要取决于主存的存取周期。

响应时间指从用户向计算机发送一个请求，到系统对该请求做出响应并获得所需结果的等待时间。其通常包括 CPU 时间（运行一个程序所花费的时间）与等待时间（用于磁盘访问、存储器访问、I/O 操作、操作系统开销等的时间）。

（2）CPU 时钟周期和主频。CPU 时钟周期通常为节拍脉冲或 T 周期，即主频的倒数，它是 CPU 中最小的时间单位，执行指令的每个动作至少需要 1 个时钟周期。

主频（CPU 时钟频率）是机器内部主时钟的频率，是衡量机器速度的重要参数。对于同一个型号的计算机，其主频越高，完成指令的一个执行步骤所用的时间就越短，执行指令的速度就越快。例如，常用 CPU 的主频有 1.8 GHz、2.4 GHz、2.8 GHz 等。

注意：CPU 时钟周期=1/主频，主频通常以 Hz（赫兹）为单位，1 Hz 表示每秒 1 次。

(3) CPI（clock cycle per instruction）。CPI 即执行一条指令所需的时钟周期数。

不同指令的时钟周期数可能不同，因此对于一个程序或一台机器来说，其 CPI 指该程序或该机器指令集中的所有指令执行所需的平均时钟周期数，此时 CPI 是一个平均值。

(4) CPU 执行时间。CPU 执行时间是指运行一个程序所花费的时间。

CPU 执行时间=CPU 时钟周期数/主频=（指令条数×CPI）/主频。

上式表明，CPU 的性能（CPU 执行时间）取决于三个要素：①主频（时钟频率）；②每条指令执行所用的时钟周期数（CPI）；③指令条数。

主频、CPI 和指令条数是相互制约的。例如，更改指令集可以减少程序所含指令的条数，但同时可能引起 CPU 结构的调整，从而可能会增加时钟周期的宽度（降低主频）。

5. 基准程序

基准程序（benchmarks）是专门用来进行性能评价的一组程序，能够很好地反映机器在运行实际负载时的性能，可以通过在不同机器上运行相同的基准程序来比较在不同机器上的运行时间，从而评测其性能。对于不同的应用场合，应该选择不同的基准程序。

使用基准程序进行计算机性能评测也存在一些缺陷，因为基准程序的性能可能与某一小段的短代码密切相关，而硬件系统设计人员或编译器开发者可能会针对这些代码片段进行特殊的优化，使得执行这段代码的速度非常快，以至于得不到准确的性能评测结果。

下面介绍几个专业术语。

(1) 系列机。具有基本相同的体系结构，使用相同基本指令系统的多个不同型号的计算机组成的一个产品系列。

(2) 兼容。指计算机软件或硬件的通用性，即使用或运行在某个型号的计算机系统中的硬件/软件也能应用于另一个型号的计算机系统时，称这两台计算机在硬件或软件上存在兼容性。

(3) 软件可移植性。指把使用在某个系列计算机中的软件直接或进行很少的修改就能运行在另一个系列计算机中的可能性。

(4) 固件。将程序固定在 ROM 中组成的部件称为固件。固件是一种具有软件特性的硬件，固件的性能指标介于硬件与软件之间，吸收了软硬件各自的优点，其执行速度快于软件，灵活性优于硬件，是软/硬件结合的产物。例如，目前操作系统已实现了部分固化（把软件永恒地存储于只读存储器中）。

2.2 计算机网络概述

2.2.1 计算机网络的概念

一般认为，计算机网络是一个将分散的、具有独立功能的计算机系统，通过通信设备与线路连接起来，由功能完善的软件实现资源共享和信息传递的系统。简而言之，计算机网络就是一些互联的、自治的计算机系统的集合。

在计算机网络发展的不同阶段，人们对计算机网络给出了不同的定义，这些定义反映了当时网络技术发展的水平。这些定义可分为以下 3 类。

1. 广义观点

这种观点认为，只要是能实现远程信息处理的系统或能进一步达到资源共享的系统，都是计算机网络。广义的观点定义了一个计算机通信网络，它在物理结构上具有计算机网络的雏形，但资源共享能力弱，是计算机网络发展的低级阶段。

2. 资源共享观点

这种观点认为，计算机网络是“以能够相互共享资源的方式互联起来的自治计算机系统的集合”。该定义包含三层含义：①目的——资源共享；②组成单元是分布在不同地理位置的多台独立的“自治计算机”；③网络中的计算机必须遵循的统一规则——网络协议。该定义符合目前计算机网络的基本特征。

3. 用户透明性观点

这种观点认为，存在一个能为用户自动管理资源的网络操作系统，它能够调用用户所需要的资源，而整个网络就像一个大的计算机系统一样对用户是透明的。用户使用网络就像使用一台单一的超级计算机，无须了解网络的存在、资源的位置信息。用户透明性观点的定义描述了一个分布式系统，它是网络未来发展追求的目标。

2.2.2 计算机网络的组成

从不同的角度，可以将计算机网络的组成分为以下几类。

1. 从组成部分上看

一个完整的计算机网络主要由硬件、软件、协议三大部分组成，缺一不可。硬件主要由主机（也称“端系统”）、通信链路（如双绞线、光纤）、交换设备（如路由器、交换机等）和通信处理机（如网卡）等组成。软件主要包括各种实现资源共享的软件和方便用户使用的各种工具软件（如网络操作系统、邮件收发程序、FTP 程序、聊天程序等）。软件部分多属于应用层。协议是计算机网络的核心，如同交通规则制约汽车驾驶一样，协议规定了网络在传输数据时所遵循的规范。

2. 从工作方式上看

计算机网络（这里主要指 Internet，因特网）可分为边缘部分和核心部分。边缘部分由所有连接到因特网上、供用户直接使用的主机组成，用来进行通信（如传输数据、音频或视频）和资源共享；核心部分由大量的网络和连接这些网络的路由器组成，它为边缘部分提供连通性和交换服务。

3. 从功能组成上看

计算机网络由通信子网和资源子网组成。通信子网由各种传输介质、通信设备和相应的网络协议组成，它使网络具有数据传输、交换、控制和存储的能力，实现联网计算机之间的数据通信。资源子网是实现资源共享功能的设备及其软件的集合，向网络用户提供共享其他计算机上的硬件资源、软件资源和数据资源的服务。

2.2.3 计算机网络的功能

计算机网络的功能很多，现今的很多应用都与网络有关。主要有以下四个功能。

1. 数据通信

它是计算机网络最基本和最重要的功能，用来实现联网计算机之间各种信息的传输，并将分散在不同地理位置的计算机联系起来，进行统一的调配、控制和管理。例如，文件传输、电子邮件等应用，离开了计算机网络将无法实现。

2. 资源共享

资源共享可以是软件共享、数据共享，也可以是硬件共享。它使计算机网络中的资源互通有无、分工协作，从而极大地提高硬件资源、软件资源和数据资源的利用率。

3. 分布式处理

当计算机网络中的某个计算机系统负荷过重时，可以将其处理的某个复杂任务分配给网络中的其他计算机系统，从而利用空闲计算机资源以提高整个系统的利用率。

4. 负载均衡

将工作任务均衡地分配给计算机网络中的各台计算机。

除以上几个主要功能外，计算机网络还可以实现电子化办公与服务、远程教育、娱乐等功能，满足了社会的需求，方便了人们学习、工作和生活，具有巨大的经济效益。

2.2.4 计算机网络的分类

1. 按分布范围分类

（1）广域网（WAN）。广域网的任务是提供长距离通信，传送主机所发送的数据，其覆盖范围通常是直径为几十 km 到几千 km 的区域，因而有时也称远程网。广域网是因特网的核心部分。连接广域网的各结点交换机的链路一般都是高速链路，具有较大的通信容量。

(2) 城域网 (MAN)。城域网的覆盖范围可以跨越几个街区甚至整个城市，覆盖区域的直径范围是 5~50 km。城域网大多采用以太网技术，因此有时也常并入局域网的范围讨论。

(3) 局域网 (LAN)。局域网一般将微机或工作站通过高速线路相连，覆盖范围较小，通常是直径为几十 m 到几 km 的区域。局域网在计算机配置的数量上没有太多的限制，少的可以只有两台，多的可达几百台。在传统上，局域网使用广播技术，而广域网使用交换技术。

(4) 个人区域网 (PAN)。个人区域网是指在个人工作的地方将消费电子设备（如平板计算机、智能手机等）用无线技术连接起来的网络，也常称为无线个人区域网 (WPAN)，覆盖区域的直径约为 10 m。

注意：若中央处理器之间的距离非常近（如仅 1 m 的数量级或更小），则一般称为多处理器系统，而不称为计算机网络。

2. 按传输技术分类

(1) 广播式网络。所有联网计算机都共享一个公共通信信道。当一台计算机利用共享通信信道发送报文分组时，所有其他的计算机都会“收听”到这个分组。接收到该分组的计算机将通过检查目的地址来决定是否接收该分组。

局域网基本上都采用广播式通信技术，广域网中的无线、卫星通信网络也采用广播式通信技术。

(2) 点对点网络。每条物理线路连接一对计算机。若通信的两台主机之间没有直接连接的线路，则它们之间的分组传输就要通过中间结点进行接收、存储和转发，直至目的结点。

是否采用分组存储、转发与路由选择机制是点对点式网络与广播式网络的重要区别，广域网基本都属于点对点网络。

3. 按拓扑结构分类

网络拓扑结构是指由网中结点（路由器、主机等）与通信线路（网线）之间的几何关系（如总线形、环形）表示的网络结构，主要指通信子网的拓扑结构。

按网络的拓扑结构，主要分为总线、星形、环形和网状网络等，如图 2-5 所示。星形、总线和环形网络多用于局域网，网状网络多用于广域网。

(1) 总线网络。总线网络是用单根传输线把计算机连接起来。总线网络的优点是建网容易、增减结点方便、节省线路，缺点是当重负载时通信效率不高、总线任意一处对故障敏感。

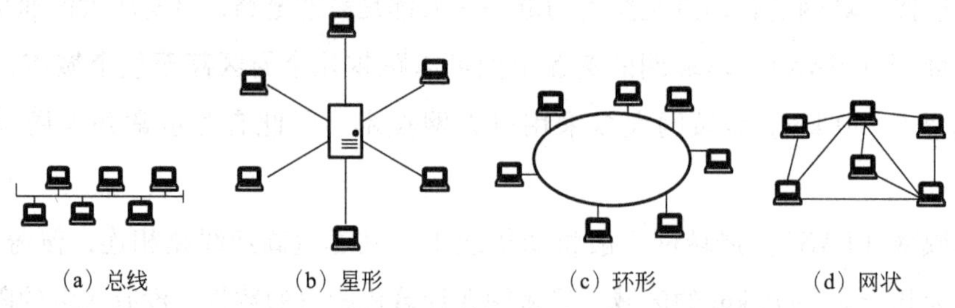

图 2-5 几种不同的网络拓扑结构图

(2) 星形网络。星形网络是每个终端或计算机都以单独的线路与中央设备相连。中央设备早期是计算机，现在一般是交换机或路由器。星形网络的优点是便于集中控制和管理，因为终端用户之间的通信必须经过中央设备，缺点是当成本高、中心设备对故障敏感。

(3) 环形网络。环形网络是所有计算机接口设备连接成一个环。环形网络最典型的例子是令牌环局域网，环可以是单环，也可以是双环，环中信号是单向传输的。

(4) 网状网络。一般情况下，每个结点至少有两条路径与其他结点相连，多用在广域网中，其有规则型和非规则型两种。其优点是可靠性高，缺点是控制复杂、线路成本高。

以上 4 种基本的网络拓扑结构可以互联为更复杂的网络。

4. 按使用者分类

(1) 公用网 (public network)。公用网是指电信公司出资建造的大型网络。“公用”的意思是指所有愿意按电信公司的规定交纳费用的人都可以使用这种网络，因此也称公众网。

(2) 专用网 (private network)。专用网是指某个部门为满足本单位特殊业务的需要而建造的网络。这种网络不向本单位以外的人提供服务。如铁路、电力、军队等部门的专用网。

5. 按交换技术分类

交换技术是指各台主机之间、各通信设备之间或主机与通信设备之间为交换信息所采用的数据格式和交换装置的方式。按交换技术可将网络分为以下几种。

1) 电路交换网络

在源结点和目的结点之间建立一条专用的通路用于传送数据，包括建立连接、传输数据和断开连接三个阶段。最典型的电路交换网是传统的电话网络。

该类网络的主要特点是整个报文的比特流，连续地从源点直达终点，好像是在一条管道中传送。其优点是数据直接传送、时延小，缺点是线路利用率低、不能充分利用线路容量、不便于进行差错控制。

2) 报文交换网络

用户数据加上源地址、目的地址、校验码等辅助信息，然后封装成报文。整个报文传送到相邻结点，当全部存储后，再转发给下一个结点，重复这一过程直到到达目的结点。每个报文可以单独选择到达目的结点的路径。

报文交换网络也称存储-转发网络，主要特点是整个报文先传送到相邻结点，当全部存储后查找转发表，转发到下一个结点。其优点是可以较为充分地利用线路容量，可以实现不同链路之间不同数据传输速率的转换，可以实现格式转换，可以实现一对多、多对一的访问，可以实现差错控制。其缺点是增大了资源开销（如辅助信息导致处理时间和存储资源的开销），增加了缓冲时延，需要额外的控制机制来保证多个报文的顺序不乱序，缓冲区难以管理（因为报文的大小不确定，接收方在接收到报文之前不能预知报文的大小）。

3）分组交换网络

分组交换网络也称包交换网络。其原理是，将数据分成较短的固定长度的数据块，在每个数据块中加上目的地址、源地址等辅助信息组成分组（包），以存储-转发方式传输。其主要特点是单个分组（它只是整个报文的一部分）传送到相邻结点，当存储后查找转发表，转发到下一个结点。除具备报文交换网络的优点外，分组交换网络还具有自身的优点：缓冲易于管理；包的平均时延更小，网络占用的平均缓冲区更少；更易于标准化；更适合应用。现在的主流网络基本上都可视为分组交换网络。

6. 按传输介质分类

传输介质可分为有线和无线两大类，因此网络可以分为有线网络和无线网络。有线网络又分为双绞线网络、同轴电缆网络、光纤网络等，无线网络又可分为蓝牙、微波、无线电等类型。

2.2.5 计算机网络的标准化工作及相关组织

计算机网络的标准化对计算机网络的发展和推广起到了极为重要的作用。

因特网的所有标准都以 RFC（request for comments）的形式在因特网上发布，但并非每个 RFC 都是因特网标准，RFC 要上升为因特网的正式标准需经过以下 4 个阶段。

① 因特网草案（Internet draft），这个阶段还不是 RFC 文档；

② 建议标准（proposed standard），从这个阶段开始就成为 RFC 文档；

③ 草案标准（draft standard）；

④ 因特网标准（internet standard）。

在国际上，负责制定、实施相关网络标准的标准化组织众多，主要有以下 3 个。

（1）国际标准化组织（ISO）。其制定的主要网络标准或规范有开放系统互联网（OSI）参考模型、高级数据链路控制（HDLC）等。

（2）国际电信联盟（TU）。其前身为国际电话电报咨询委员会（CCITT），其下属机构 ITU-T 制定了大量有关远程通信的标准。

（3）国际电气电子工程师协会（IEEE）。世界上最大的专业技术团体，由计算机和工程学专业人士组成。IEEE 在通信领域最著名的研究成果是 802 标准。

2.2.6 计算机网络的性能指标

性能指标从不同方面度量计算机网络的性能。常用的性能指标如下。

1. 带宽（bandwidth）

带宽本来表示通信线路允许通过的信号频带范围，单位是赫兹（Hz）。而在计算机网络中，带宽表示网络的通信线路所能传送数据的能力，是数字信道所能传送的“最高数据传输速率”的同义语，单位是比特/秒（b/s）。

2. 时延（delay）

时延是指数据（一个报文或分组）从网络（或链路）的一端传送到另一端所需要的总时间，它由 4 部分构成：发送时延、传播时延、处理时延和排队时延。

（1）发送时延。结点将分组的所有比特推向（传输到）链路所需的时间，即从发送分组的第一个比特算起，到该分组的最后一个比特发送完毕所需的时间，因此也称传输时延。计算公式为：

发送时延=分组长度/信道宽度

（2）传播时延。电磁波在信道中传播一定的距离需要花费的时间，即一个比特从链路的一端传播到另一端所需的时间。计算公式为：

传播时延=信道长度/电磁波在信道上的传播速率

（3）处理时延。数据在交换结点为存储转发而进行的一些必要的处理所花费的时间。例如，分析分组的首部、从分组中提取数据部分、进行差错检验或查找适当的路由等。

（4）排队时延。分组在进入路由器后要先在输入队列中排队等待处理。当路由器确定转发端口后，还要在输出队列中排队等待转发，这就产生了排队时延。

因此，数据在网络中经历的总时延就是以上 4 部分时延之和：

总时延=发送时延+传播时延+处理时延+排队时延。

3. 时延带宽积（bandwidth-delay product，BDP）

时延带宽积是指当发送端发送的第一个比特即将到达终点时，发送端已经发出了多少个比特，因此又称以比特为单位的链路长度，即时延带宽积=传播时延×信道带宽。

4. 往返时延（round-trip time，RTT）

往返时延是指从发送端发送数据开始，到发送端收到来自接收端的确认（接收端收到数据后立即发送确认），总共经历的时延。在互联网中，往返时延还包括各中间结点的处理时延、排队时延及转发数据时的发送时延。

5. 吞吐量（throughput）

吞吐量是指单位时间内通过某个网络（或信道、接口）的数据量。吞吐量受网络带宽或网络额定速率的限制。

6. 速率（speed）

网络中的速率是指连接到计算机网络上的主机在数字信道上传送数据的速率，也称数据传输速率、数据率或比特率，单位为 b/s（比特/秒）（或 bit/s，有时也写为 bps），当数据率较高时，可用 kb/s、Mb/s 或 Gb/s 表示。

在计算机网络中，通常把最高数据传输速率称为带宽。

7. 信道利用率

信道利用率是指某一信道有百分之多少的时间是有数据通过的，即信道利用率=有数据通过时间/（有+无）数据通过时间。

2.2.7 计算机网络分层结构

两个系统中实体间的通信是一个很复杂的过程，为了降低协议设计和调试过程的复杂性，也为了便于对网络进行研究、实现和维护，促进标准化工作，通常对计算机网络的体系结构以分层的方式进行建模。

把计算机网络的各层及其协议的集合称为网络的体系结构（architecture）。换言之，计算机网络的体系结构就是这个计算机网络及其所应完成的功能的精确定义，它是计算机网络中的层次、各层的协议及层间接口的集合。需要强调的是，这些功能究竟是用何种硬件或软件完成的，则是一个遵循这种体系结构的实现（implementation）问题。体系结构是抽象的，而实现是具体的，是真正在运行的计算机硬件和软件。

计算机网络的体系结构通常都具有可分层的特性，它将复杂的大系统分成若干较容易实现的层次。分层的基本原则如下。

① 每层都实现一种相对独立的功能，降低大系统的复杂度。

② 各层之间界面自然清晰，易于理解，相互交流尽可能少。

③ 各层功能的精确定义独立于具体的实现方法，可以采用最合适的技术来实现。

④ 保持下层对上层的独立性，上层单向使用下层提供的服务。

⑤ 整个分层结构应能促进标准化工作。

由于分层后各层之间相对独立，灵活性好，因而分层的体系结构易于更新（替换单个模块）、易于调试、易于交流、易于抽象、易于标准化。但层次越多，有些功能在不同层中难免重复出现，产生额外的开销，导致整体运行效率降低。而层次太少，又会使每层的协议太复杂。因此，在分层时应考虑层次的清晰程度与运行效率间的折中、层次数量的折中。

2.3 应急信息采集技术

应急信息有时也被称为危机信息，两者的定义角度各有不同，但其实质大抵相同。目前，国内尚没有应急信息和危机信息的统一定义，大部分学者习惯于将两者混用，即将应急信息和危机信息视为同一概念，认为是与突发事件应急管理有关的一类特殊信息。

应急信息是指在突发事件发生的前后，为应对和解决因突发事件而引发或带来的一系列相关问题和影响，而收集、产生和公开的有关事件经过、事件进展、政府措施、相关政策等方面的信息。应急信息是一个内涵及外延都极为广泛的概念。就其内涵而言，应急信息涉及突发事件应急工作中的方方面面，从预防和降低突发事件危害的前期准备，到事后的后续处理和恢复工作，凡是与突发事件相关的信息都包含在此概念内。就其外延来说，应急信息并不仅仅是来源于政府内部，而应是个人或社会群体都可以参与、筛选并向政府提供的信息，这些信息涉及政治、经济、社会、自然地理和媒体等多个方面。

应急信息首先必须服务于政府对突发事件的预防、应急指挥和应急处理工作。另外，应急信息的服务范围也不能仅仅局限于政府内部，更要为人民服务，对人民负责，让人民最大程度地了解事件的真相，及时准备、及时预防，从而降低突发事件给人民在物质和精神方面带来的伤害。突发事件具有引发突然性、目的明确性、瞬间聚众性、行为破坏性和状态失衡性的特点，这就决定了政府必须将应急信息采集作为其日常管理工作的重要一环，引起重视，而不能只将其视为一项临时性的应急任务。

2.3.1 应急信息采集概述

应急信息采集是指根据应急管理的需要，通过各种渠道和形式获取相关信息的过程。采集及时、准确、全面的信息，是应急信息管理的基础和前提。“准确及时、先进可靠的信息采集，是危机管理工作的基础，对整个信息系统活动的成败将产生决定性的影响”。由此可以看出，作为服务于应急决策的信息，尤其是在信息沟通不畅、时间紧迫及信息的准确性和有效性难以保证的突发事件的状况下，其来源、渠道、实用性和可靠性等是十分重要的。因此，在收集应急信息时，应该特别注意它的基本源和基本点，其中，基本源是指应急信息的来源和流通渠道，基本点是指应急信息的实用性、可靠性等。

1. 应急信息采集的信息源

（1）政府部门。目前国内已经建立了较为完备的政府应急部门体系，中央政府和地方政府承担应急监测预警、决策指挥等任务。如国家应急管理部在灾难发生后，要进行灾情信息的收集与发布；动物疫情应急信息监测来源主要包括国家、省、市、县四级动物疫病防控机构的信息收集。

（2）民间机构。包括咨询机构、社区组织、企业、学校、公益组织等，存储的应急信息往往具有针对性，各具特色，而机构专家的知识经验也是宝贵财富。

（3）民众。可以填补政府部门、民间机构的信息采集范围的疏漏，发挥群策群防群控的作用。

（4）互联网。

2. 应急信息采集渠道

应急信息采集渠道可以分为制度性渠道和非制度性渠道。

1）制度性渠道

（1）举报渠道。国家政府开设举报渠道，通过单位和个人的举报，及时获取突发事件信息。

（2）报告渠道。在突发事件发生后，各个地区、部门要立即报告，同时及时续报有关情况。

（3）公文渠道。通过行政渠道来收集信息。

2）非制度性渠道

（1）媒体渠道。包括报纸、杂志、广播、电视、互联网等。大众传播媒体具有速度快、范围广、影响大等特点。

（2）口头渠道。

（3）文献检索渠道。

（4）交流互动渠道。包括地区、机构等的交流。

2.3.2 应急信息采集方法

应急信息采集方法包括传统信息采集方法和现代信息采集方法。

传统信息采集方法包括人员值班、应急调查法、咨询法等，主要是人工采集。现代信息采集方法依托于先进科学技术进行采集，包括与专门监测机构的采集系统对接进行采集、舆情信息采集等。其他方法还包括区域交流等。

1. 自然灾害信息采集方法

传统的自然灾害应急信息采集方法包括信息员上报、应急调查、专家咨询等，主要是人工采集。

基层地区的灾情信息获取主要依赖于基层灾害信息员。

应急调查的主要工作内容是灾害现场调查，分析、评估灾害，了解灾情及已经采取的防范措施，可以合理提出应急治理、避险等方面的临时处置建议。

地质灾害的监测难度极大，因此地质灾害监测防治主要依靠群测群防，难以准确及时地预测预警。传统的采集方法消耗大量的人力财力，并且无法全面地满足应对各种自然灾害突发事件的要求，但不应忽视民众的力量，同时要训练专业的高素质的信息员，并确保民众信息交流渠道通畅。

现代应急信息采集方法主要是通过专业的灾害监测机构进行信息采集，如陆海空观测站、卫星观测站、自动气象站、雷达观测站等，再将信息通过数据接口获取后汇总、集成，进行判断决策或建立数据库。

国家的灾害信息监测由专业的灾害监测机构完成，借助较为先进的科学技术手段严密监测，以获得大量零星分散的灾害信息。

电网气象灾害监测方法有自动站实时要素数据监测、地面雷达监测（多普勒天气雷达)、高空卫星云图监测（气象卫星获取的红外波段云图、综合云图信息及相应的地理位置定位信息）等，可以在平台上接入气象监测站数据，在平台上综合形象地展示，提供最快最直观的信息汇集显示。

在数据集成方面，地质灾害应急物联平台用 Gateway 技术进行关键核心类数据的初步接入，实现对较单一的传感器监测仪的采集终端的多协议接入适配和格式转换功能。利用 ADO（ActiveX doota object，ActiveX 数据对象）数据库接口，从自动站数据库获取气象要素观测资料。在信息采集后，可以将数据信息通过关联组织实现信息增值。生命线系统的监测，包括供水、排水、供电、供气、通信、交通等方面的信息。

利用大众传播媒体进行采集也是常见的采集方法。广东省 12322 防震减灾公益服务平台，利用短信服务的方式来进行应急信息的采集，保障率较大，覆盖面更广，且更加具有细节性。

2. 事故灾难信息采集方法

事故灾难突发事件主要包括工矿商贸等企业的各类安全事故、交通运输事故、公共设施和设备事故、环境污染和生态破坏事件等。

中国在矿难事故信息采集方面，采集途径包括现场调查、逻辑推理、全面跟踪、咨询专家。

在交通运输事故应急信息采集方面，真正可投入使用的方式包括电话途径、派人巡逻、机器监视、设立采集点进行采集、GPS 采集等。

在现代应急信息采集方面，利用安全监测终端设备进行化工园区数据采集。值得注意的是通信传输的改进方法，由于传输数字信号的格式协议未统一，数据采集方式可以采用综合运用基于标准协议的主动采集和基于总线监听的被动采集两种方式，以实现化工园区现场前端各类监测数据的集中处理。

3. 公共卫生事件信息采集方法

突发公共卫生事件是指已经发生或可能发生的、对公众健康造成或可能造成重大损失的传染病疫情和不明原因的群体性疫病，还有重大食物中毒和职业中毒，以及其他危害公共健康的突发公共事件。

在传统信息采集方面，食品安全事件采集方法有调查法和观察法，调查法分为访问调查法和问卷调查法；观察法，包括对人的观察和对事的观察两个方面。传统流行病学采用调查方法进行信息收集存在的弊端：实时性差、方法单一、管理效率不高等。

关于现代信息采集，动物疫情应急信息检测方法包括信息直报、舆情检测。同时要配合使用行政网络，并对消费者的申诉和举报进行积极处理，达到对市场全方位监控的目的。关于医学救援应急采集，要利用现代化、智能化采集装备，实现实时信息采集。如将二维码应用于救护车、药物、医疗器材等物资以完成信息的识别。为了实现及时信息提取，应建立救援资料数据平台。

关于应急信息集成方面，在应急专网传输方面还需加大改善力度，同时要扩大省级、市级应急专网的带宽，增加应急专业的接口数目。在现有的公共网络基础上，国家需加快应急专用网络的建设速度，并且快速实现应急专网对公共卫生的实时检测，保证信息的时效性。

关于大众媒体信息采集，对多渠道信息进行分类、整理，形成可以上报的食品药品安全信息，同时使信息与信息源相关联。可以使用搜索引擎进行公共卫生监测，结合 RSS 技术，实现快速从海量媒体信息中捕获危害公共卫生的危机信息。

4. 社会安全事件信息采集方法

社会安全事件一般包括重大刑事案件、重特大火灾事件、恐怖袭击事件、涉外突发事件、金融安全事件、规模较大的群体性事件、民族宗教突发群体事件、学校安全事件及其他社会影响重大的突发性社会事件。

在高校应急信息采集方面，可以通过横向和纵向重大渠道来监测学校安全事件应急信息，横向包括学校的各个职能部门，纵向是指院系学生管理部门到年级到班级再到每个宿舍。

我国对突发事件信息收集传统的方法存在其局限性，对危机事件按照定性在前、应急预案反应在后的形式进行处理，不能够全面地收集信息。

2.3.3 应急数据采集技术

1. RFID 信息采集技术

1）RFID 的基本概念

RFID（radio frequency identification）技术，又称无线射频识别，是一种无线通信技术，

可以通过无线电信号识别特定目标并读写相关数据，而无须识别系统与特定目标之间建立机械或光学接触。无线电的信号是通过调成无线电频率的电磁场，把数据从物品的标签上传送出去，以自动辨识与追踪该物品。某些标签在识别时从识别器发出的电磁场中就可以得到能量，并不需要电池；也有标签本身拥有电源，并可以主动发出无线电波（调成无线电频率的电磁场）。标签包含了电子储存的信息，数米之内都可以识别。与条形码不同的是，射频标签不需要处在识别器视线之内，也可以嵌入被追踪物体之内。

2）RFID 技术的应用

射频标签可以附着于物品上并用于对库存、资产、人员等的追踪与管理。在图书馆、档案馆、生产线都有较为普遍的应用。在档案馆遭遇水灾或其他危机事件后，可以利用射频识别技术的无屏障读取功能，快速采集档案相关信息，定位档案的地理位置信息，及时挽救档案。在应急信息的组织集成阶段，组件知识图技术被利用。通过将应急管理过程中的算法、模型组件化，并建立组件库，通过组件搭建的方式来构建应用系统，再通过知识图描述灾害事件、主题、业务逻辑和应用流程，关联主题相关的这种信息、数据和知识，组织业务应用，形成主题应用知识图。

在生产线上，将标签附着在一辆正在生产中的汽车，厂方便可以追踪此车在生产线上的进度。射频标签也可以附于牲畜与宠物上，方便对牲畜与宠物的积极识别（防止数只牲畜使用同一个身份）。射频识别的身份识别卡可以使员工得以进入建筑锁住的部分，汽车上的射频应答器也可以用来征收收费路段与停车场的费用。

3）射频识别标签的分类

（1）被动式。被动式标签没有内部供电电源，其内部集成电路通过接收到的电磁波进行驱动，这些电磁波是由 RFID 读取器发出的。当标签接收到足够强度的信号时，可以向读取器发出数据。这些数据不仅包括 ID 号（全球唯一代码），还可以包括预先存在于标签内 EEPROM（electrically erasable programmable read-only menory，电可擦除可编程只读存储器）中的数据。

由于被动式标签具有价格低廉、体积小巧、无需电源等优点，目前市场所运用的 RFID 标签以被动式为主。

被动式射频标签借由读取器发射出的电磁波获得能量，并回传相对应的反向散射信号至读取器。然而在传播路径衰减的环境下，限制了标签的读取距离。

（2）半被动式。一般而言，被动式标签的天线有两种作用：接收读取器所发出的电磁波，以驱动标签内的 IC。

在标签回传信号时，需要借由天线的阻抗作信号的切换，才能产生 0 与 1 的数字变化。关键是，想要有较好的回传效率的话，天线阻抗必须设计在“开路与短路”，这样又会使信号完全反射，无法被标签的IC接收，半被动式的标签设计就是为了解决这样的问题。半被动式的规格类似于被动式，只不过它多了一颗小型电池，电力恰好可以驱动标签内的IC，若标签内的IC仅收到读取器所发出的微弱信号，标签还是有足够的电力将标签内的内存资料回传到读取器。这样的好处在于，半被动式标签的内建天线不会因为读取器电磁波信号的强弱而无法执行任务，并且有足够的电力回传信号。相较之下，半被动式标签比被动式标签在反应上速度更快、距离更远及效率更好。

（3）主动式。主动式标签又称为有源标签，内建电池，可利用自有电力在标签周围形成有效活动区，主动侦测周遭有无读取器发射的呼叫信号，并将自身的资料传送给读取器。与被动式和半被动式不同的是，主动式标签本身具有内部电源供应器，用以供应内部IC所需电源以产生对外的信号。一般来说，主动式标签拥有较长的读取距离和可容纳较大的内存容量，可以用来储存读取器所传送来的一些附加信息。主动式与半被动式标签的差异为：主动式标签可借由内部电力，随时主动发射内部标签的内存资料到读取器上。

4）技术及性能参数

射频识别标签是目前射频识别技术的关键。射频识别标签可存储一定容量的信息并具一定的信息处理功能，读写设备可通过无线电信号以一定的数据传输率与标签交换信息，作用距离可根据采用的技术从几cm到1 km不等。

识别标签的外形尺寸主要由天线决定，而天线又取决于工作频率和对作用距离的要求。目前有4种频率的标签在使用中比较常见。按照它们的无线电频率划分为：低频标签（125或134.2 kHz）、高频标签（13.56 MHz）、超高频标签（868～956 MHz）及微波标签（2.45 GHz）。由于目前尚未制定出针对超高频标签使用的全球规范，所以此类标签还不能够在全球统一使用。而超高频标签的应用目前也最受人们的注意，此类标签主要应用在物流领域。频率越高，作用距离就越长，数据传输率也就越高，识别标签的外形尺寸就可以做得更小，但成本也就越高。目前面向消费者的识别标签外形尺寸需求，一般以信用卡或商品条形码为准。

鉴于标签和读写设备之间无需建立机械或光学接触，密码技术在整个射频识别技术领域中的地位必将日益提高。随着射频识别的普及，不同厂家的标签和读写设备之间的兼容性也将成为值得关注的问题。

此外，使用寿命、使用环境和可靠性也是重要参数。

2. 3S技术

1）3S的基本概念

“3S”技术是英文遥感技术（remote sensing，RS）、地理信息系统（geographical information system，GIS）、全球定位系统（global positioning system，GPS）这三个技术名词中最后

一个单词首字母的统称。

2）RS

（1）遥感的概念。遥感——借助对电磁波敏感的仪器，在不与探测目标接触的情况下，记录目标物对电磁波的辐射、反射、散射等信息。并通过分析，揭示目标物的特征、性质及变化的综合探测技术。

（2）遥感的发展历史。遥感的产生最早可以追溯到19世纪，伴随照相技术的产生而出现。19世纪法国巴黎从热气球上向地面拍摄照片，可以看作现代遥感技术的雏形。1956年，世界上第一个人造卫星升空，为遥感技术提供了新的平台，使得遥感技术可以周期性、大范围地监测地表动态变化过程。同时，多光谱扫描仪、热红外传感器、雷达成像仪等传感器的出现也使得遥感技术可以从多角度探测地物。另外，计算机技术的发展使得海量图像的存储、处理、分析成为可能。“遥感”作为更加广义和恰当的名词，很自然地于20世纪60年代出现。

1972年7月23日，美国发射第一颗地球资源卫星，后改成陆地卫星（landsat）。1982年，装载TM专题制图仪的landsat-4升空，将光谱波段提升到7个波段，空间分辨率提升到30 m。1986年，法国SPOT卫星升空，其搭载的成像仪，空间分辨率提升为10 m。现今，卫星传感器探测能力达到米级甚至亚米级，例如，快鸟（quick bird）卫星的空间探测能力达到0.61 m。

（3）遥感技术的基本原理。地球上的物体都在不停地发射、反射和吸收电磁波，并且不同物体的电磁波特征是不同的，人们根据电磁波的差异来辨析物体的不同，遥感技术就是在这个原理的基础上发展起来的。

（4）遥感的类别。根据成像方式的不同，可以分成主动式遥感和被动式遥感。其中，主动式遥感主动发射电磁波并接受反射的信号进行成像，以微波遥感为代表。而被动式遥感以可见光遥感为代表，被动接受地物发射或反射的电磁波。

根据传感器感知电磁波波长的不同，遥感又可分为可见光-近红外（visible-near infrared）遥感、红外遥感及微波遥感等。

根据遥感平台进行分类，遥感可分为机载（airborne）遥感和星载（satellite-borne）遥感，其中机载遥感是飞机携带传感器（CCD相机或非数码相机等）对地面的观测，星载遥感是指传感器被放置在大气层外的卫星上。

（5）遥感技术的应用。资源普查，植被分布调查，土地利用调查，掌握火山活动、土砂灾害，天气预测，掌握海面温度、红潮等海洋资讯，农作物生产预测，铁路选线，考古研究，大气成分分析，行星探测等都是遥感技术应用的重要领域。

3）GIS

（1）发展的历史。18世纪，地形图绘制的现代勘测技术得以实现，同时还出现了专题绘图的早期版本，如科学方面或人口普查资料。约翰·斯诺在1854年，用点来代表个例，描绘了伦敦的霍乱疫情，这可能是最早使用地理方法的疫情图。他对霍乱分布的研究指向了疾病的来源——位于霍乱疫情爆发中心区域百老汇街的被污染的公共水泵。约翰·斯诺将泵断开，终止了疫情爆发。

20世纪初期将图片分成层的“照片石印术”得以发展。它允许地图被分成各图层，例如，一个层表示植被，而另一个层表示水。此技术特别用于印刷轮廓绘制，这是一个劳力集中的任务，但它们有一个单独的图层意味着它们可以不被其他图层上的工作混淆。这项工作最初是在玻璃板上绘制，后来，塑料薄膜被引入，具有更轻、使用较少的存储空间、柔韧等优势。当所有的图层完成，再由一个巨型处理摄像机结合成一个图像。在彩色印刷引进后，层的概念也被用于创建每种颜色单独的印版。尽管后来层的使用成为当代地理信息系统的主要典型特征之一，上文所描述的摄影过程本身并不被认为是一个地理信息系统，因为这个地图只有图像而没有附加的属性数据库。

20世纪60年代早期，在核武器研究的推动下，计算机硬件的发展导致通用计算机“绘图”的应用。

1967年，世界上第一个真正投入应用的地理信息系统由联邦林业和农村发展部在加拿大安大略省的渥太华研发。罗杰·汤姆林森博士开发的这个系统被称为加拿大地理信息系统（CGIS），用于存储、分析和利用加拿大土地统计局收集的数据，并增设了等级分类因素来进行分析。CGIS是“计算机制图”应用的改进版，它提供了覆盖、资料数字化/扫描功能。它支持一个横跨大陆的国家坐标系统，将线编码为具有真实的嵌入拓扑结构的“弧”，并在单独的文件中存储属性和区位信息。由于这一结果，汤姆林森被称为“地理信息系统之父”，尤其是因为他在促进收敛地理数据的空间分析中对覆盖的应用。CGIS一直持续到20世纪70年代才完成，耗时太长，因此在其发展初期，不能与各种商业地图应用软件的供应商竞争。CGIS一直使用到20世纪90年代，并在加拿大创建了一个庞大的数字化的土地资源数据库。它被开发为基于大型机的系统以支持一个在联邦和省的资源规划与管理。微型计算机硬件的发展使得像ESRI和CARIS那样的供应商成功地兼并了大多数的CGIS特征，并把对空间和属性信息的分离的第一种世代方法与对组织的属性数据的第二种世代方法引入数据库结构。

20世纪80年代和90年代信息产业的成长刺激了GIS的UNIX工作站和个人计算机飞速增长。至20世纪末，在各种系统中迅速增长使得其在相关的少量平台已经得到了巩固和规范。并且用户开始提出在互联网上查看GIS数据的概念，这要求数据的格式和传输标准化。

（2）GIS的应用。地理信息系统在地理空间数据管理中的应用，即以多种方式录入的地理数据，以有效的数据组织形式进行数据库管理、更新、维护、进行快速查询检索，以多种方式输出决策所需的地理空间信息。

① GIS 在综合分析评价与模拟预测中的应用。GIS 不仅可以对地理空间数据进行编码、存储和提取，而且还是现实世界模型，可以将对现实世界各个侧面的思维评价结果作用其上，得到综合分析评价结果；也可以将自然过程、决策和倾向的发展结果以命令、函数和分析模拟程序作用在这些数据上，模拟这些过程的发生发展，对未来的结果做出定量的和趋势预测，从而预知自然过程的结果，对比不同决策方案的效果及特殊倾向可能产生的后果，以做出最优决策，避免和预防不良后果的发生。

② GIS 的空间查询和空间分析功能的应用。为了便于管理和开发地理信息（空间信息和属性信息），在建库时是分层处理的。也就是说，根据数据的性质分类，性质相同或相近的归并一起，形成一个数据层。这样 GIS 对单幅或多幅图及其属性数据进行分析和指标量算。这种应用以原始图为输入，而查询和分析结果则是以原始图经过空间操作后生成的新图来表示，在空间定位上仍与原始图一致。因此，也可将其称为空间函数变换。这种空间变换包括叠置分析、缓冲区分析、拓扑空间查询、空集分析（逻辑交运算、逻辑并运算、逻辑差运算）。这方面应用例子有很多，例如，在城市规划过程中，对城市中救护车、救火车的分布位置及行车路线和控制的规划；如何安排多路警车交通路线，以保证在紧急时刻，在任意地方应至少能有一辆警车在事发后在最短时间内赶到出事地点；在环境保护方面，对水土流失导致土地资源的破坏进行评价；在区域环境质量现状评价过程中，对整个区域的环境质量进行客观的、全面的评价，以反映出区域中受污染的程度及空间分布状态。

③ GIS 的输出功能在地图制图中的应用。地理信息系统的发展是从地图制图开始的，因而 GIS 的主要功能之一用于地图制图，建立地图数据库。与传统的、周期长、更新慢的手工制图方式相比，利用 GIS 建立起地图数据库，可以达到一次投入、多次产出的效果。

（3）GIS 中使用的技术。如果能将所在州的降雨和所在县上空的照片联系起来，就可以判断出哪块湿地在一年的某些时候会干涸。一个 GIS 系统就能够进行这样的分析，它能够将不同来源的信息以不同的形式应用。对于源数据的基本要求是确定变量的位置。位置可能由经度、纬度和海拔的 x、y、z 坐标来标注，或者是由其他地理编码系统如 ZIP 码，又或是高速公路千米标志来表示。任何可以定位存放的变量都能被反馈到 GIS。一些政府机构和非政府组织正在生产制作能够直接访问 GIS 的计算机数据库。可以将地图中不同类型的数据格式输入 GIS。GIS 系统同时能将不是地图形式的数字信息转换可识别利用的形式。例如，通过分析，由遥感生成的数字卫星图像可以生成一个与地图类似的有关植被覆盖的数字信息层。

同样，人口调查或水文表格数据也可以在 GIS 系统中被转换成作为主题信息层的地图形式。

GIS 数据以数字数据的形式表现了现实世界客观对象（公路、土地利用、海拔）。现实世界客观对象可被划分为两个抽象概念：离散对象（如房屋）和连续的对象领域（如降雨量或海拔）。这两种抽象体在GIS系统中存储数据主要的两种方法为：栅格（网格）和矢量。

栅格（网格）数据由存放唯一值存储单元的行和列组成。它与栅格（网格）图像是类似的，除了使用合适的颜色之外，各个单元记录的数值也可能是一个分类组（如土地使用状况）、一个连续的值（如降雨量）或是当数据不是可用时记录的一个空值。栅格数据集的分辨率取决于地面单位的网格宽度。通常存储单元代表地面的方形区域，但也可以用来代表其他形状。栅格数据既可以用来代表一块区域，也可以用来表示一个实物。

矢量数据利用了几何图形如点、线（一系列点坐标）或是面（形状决定于线）来表现客观对象。例如，在住房细分中以多边形来代表物产边界，以点来精确表示位置。矢量同样可以用来表示具有连续变化性的领域。利用等高线和不规则三角形格网（TIN）来表示海拔或其他连续变化的值。TIN的记录对于这些连接成一个由三角形构成的不规则网格的点进行评估。三角形所在的面代表地形表面。

利用栅格或矢量数据模型来表达现实既有优点也有缺点。栅格数据设置在面内所有的点上都记录同一个值，而矢量格式只在需要的地方存储数据，这就使得前者所需的存储的空间大于后者。对于栅格数据可以很轻易地实现覆盖的操作，而对于矢量数据来说要困难得多。矢量数据可以像在传统地图上的矢量图形一样被显示出来，而栅格数据在以图像显示时显示对象的边界将呈现模糊状。

除了以几何向量坐标或是栅格单元位置来表达的空间数据外，另外的非空间数据也可以被存储。在矢量数据中，这些附加数据为客观对象的属性。例如，一个森林资源的多边形可能包含一个标识符值及有关树木种类的信息。在栅格数据中单元值可存储属性信息，但同样可以作为与其他表格中记录相关的标识符。

数据采集——向系统内输入数据，它占据了GIS从业者的大部分时间。有多种方法向GIS中输入数据，而数据以数字格式存储。

印在纸或聚酯薄膜地图上的现有数据可以被数字化或扫描来产生数字数据。数字化仪从地图中产生向量数据作为操作符轨迹点、线和多边形的边界。扫描地图可以产生能被进一步处理生成向量数据的光栅数据。

测量数据可以从测量器械上的数字数据收集系统中被直接输入到GIS中。从全球定位系统（GPS）中得到的位置，也可以被直接输入到GIS中。遥感数据同样在数据收集中发挥着重要作用，并由附在平台上的多个传感器组成。传感器包括摄像机、数字扫描仪和激光雷达，而平台则通常由航空器和卫星构成。现在大部分数字数据来源于图片判读和航空照片。软拷贝工作站用来数字化直接从数字图像的立体像对中得到的特征。这些系统允许数据以二维或三维捕捉，它们的海拔直接从用照相测量法原理的立体像对中测量得到。现今，模拟航空照片先被扫描然后再输入到软拷贝系统，但随着高质量的数字摄像机越来越便宜，这一步也就可被省略了。卫星遥感是空间数据的另一个重要来源。这里卫星使用不同的传感器包来被动地测量从主动传感器如雷达发射出去的电磁波频谱或无线电波的部分的反射系数。遥感收集可以进一步处理来标识感兴趣的对象和类。例如，土地覆盖的光栅数据。

除了收集和输入空间数据之外，属性数据也要输入到 GIS 中。对于向量数据，这包括关于表现在系统中的对象的附加信息。

在输入数据到 GIS 中后，通常还要编辑，进一步处理。对于向量数据必须要“拓扑正确”才能进行一些高级分析。例如，在公路网中，线必须与交叉点处的结点相连；像反冲或过冲的错误也必须消除。对于扫描的地图，源地图上的污点可能需要从生成的光栅中消除。例如，污物的斑点可能会把两条本不该相连的线连在一起。

GIS 可以通过执行数据重构来把数据转换成不同的格式。例如，GIS 可以通过在具有相同分类的所有单元周围生成线，同时决定单元的空间关系，如邻接和包含，来将卫星图像转换成向量结构。

由于数字数据以不同的方法收集和存储，两种数据源可能会不完全兼容。因此 GIS 必须能够将地理数据从一种结构转换到另一种结构。

财产所有权地图与土壤分布图可能以不同的比例尺显示数据。GIS 中的地图数据必须能被操作以使其与从其他地图获得的数据对齐或相配合。在数字数据被分析前，它们可能得经过其他一些将它们集成到 GIS 的处理，如投影与坐标变换。地球可以用多种模型来表示，对于地球表面上的任一给定点，各个模型都可能给出一套不同的坐标（如纬度、经度、海拔）。最简单的模型是假定地球是一个理想的球体。随着地球的更多测量逐渐累积，地球的模型也变得越来越复杂，越来越精确。事实上，有些模型应用于地球的不同区域以提供更高的精确度（如北美坐标系统，1983-NAD83 只适合在美国使用，而在欧洲却不适用）。

投影是制作地图的基础部分，它是从地球的一种模型中转换信息的数学方法，它将三维的弯曲表面转换成二维的介质（如纸或计算机屏幕）。不同类型的地图要采用不同的投影系统，因为每种投影系统有其自身的合适的用途。如一种可以精确反映大陆形状的投影会歪曲大陆的相对尺寸。

空间分析能力是 GIS 的主要功能，也是 GIS 与计算机制图软件相区别的主要特征。空间分析是从空间物体的空间位置、联系等方面去研究空间事物，以及对空间事物做出定量的描述。一般地讲，它只回答 What（是什么）、Where（在哪里）、How（怎么样）等问题，但并不（能）回答 Why（为什么）。空间分析需要复杂的数学工具，其中最主要的是空间统计学、图论、拓扑学、计算几何等，其主要任务是对空间构成进行描述和分析，以达到获取、描述和认知空间数据；理解和解释地理图案的背景过程；空间过程的模拟和预测；调控地理空间上发生的事件等目的。

空间分析技术与许多学科有联系，地理学、经济学、区域科学、大气、地球物理、水文等专门学科为其提供知识和机理。

将湿地地图与在机场、电视台和学校等不同地方记录的降雨量关联起来是很困难的。然而，GIS 能够描述地表、地下和大气的二维、三维特征。例如，GIS 能够将反应降雨量的雨量线迅速制图。这样的图称为雨量线图。通过有限数量的点的量测可以估计出整个地表的特征，这样的方法已经很成熟。一张二维雨量线图可以和 GIS 中相同区域的其他图层进行叠加分析。

如果所有在湿地附近的工厂同时向河中排放化学物质，那么排入湿地的污染物的数量要多久就能达到破坏环境的数量？GIS 能模拟出污染物沿线性网络（河流）扩散的路径。诸如坡度、速度限值、管道直径之类的数值可以纳入这个模型使得模拟更精确。网络建模通常用于交通规划、水文建模和地下管网建模。

4）GPS

（1）基本概念。全球定位系统（global positioning system，GPS）是具有在海、陆、空进行全方位、实时三维导航与定位功能的新一代卫星导航与定位系统。

（2）GPS 组成。GPS 系统主要由空间星座部分、地面监控部分和用户设备部分组成。

① 空间星座部分。GPS 卫星星座原本设计由 24 颗卫星组成，其中 21 颗为工作卫星，3 颗为备用卫星。24 颗卫星均匀分布在 6 个轨道平面上，即每个轨道面上有 4 颗卫星。卫星轨道面相对于地球赤道面的轨道倾角为 55°，各轨道平面的升交点赤经相差 60°，一个轨道平面上的卫星比西边相邻轨道平面上的相应卫星升交角距超前 30°。这种布局的目的是保证在全球任何地点、任何时刻至少可以观测到 4 颗卫星。

GPS 卫星是由洛克菲尔国际公司空间部研制的，单颗卫星重 774 kg，使用寿命为 7 年。卫星采用蜂窝结构，主体呈柱形，直径为 1.5 m。卫星两侧装有两块双叶对日定向太阳能电池帆板（BLOCK I），全长为 5.33 m，接受日光面积为 7.2 m^2。对日定向系统控制两翼电池帆板旋转，使板面始终对准太阳，为卫星不断提供电力，并给三组 15 Ah 镍镉电池充电，以保证卫星在地球阴影部分仍能正常工作。在星体底部装有 12 个单元的定向天线，能发射张角大约为 30°的两个 L 波段（19 cm 和 24 cm 波）的信号。在星体的两端面上装有全向遥测遥控天线，用于与地面监控网的通信。此外，卫星还装有姿态控制系统和轨道控制系统，以便使卫星保持在适当的高度和角度，准确对准卫星的可见地面。

2011 年 6 月，美国空军成功扩展 GPS 卫星星座，调整 6 颗卫星的位置，并加入 12 颗卫星。这使工作卫星的数目增加至27颗，扩大了GPS系统的覆盖范围，并提高了准确度。截至2018年10月18日，在轨的工作卫星共有31颗，不包括备用卫星。

② 地面监控部分。地面监控部分主要由1个主控站（master control station，MCS）、12个地面天线站（ground antenna）和16个监测站（monitor station）组成。

主控站位于美国科罗拉多州的谢里佛尔空军基地，是整个地面监控系统的管理中心和技术中心。另外还有一个位于马里兰州盖茨堡的备用主控站，在发生紧急情况时启用。

注入站目前有4个，分别位于南太平洋马绍尔群岛的环礁、大西洋上的英国属地阿森松岛、英属印度洋领地的迪戈加西亚岛和位于美国本土科罗拉多州的科罗拉多斯普林斯。注入站的作用是把主控站计算得到的卫星星历、导航电文等信息注入到相应的卫星。

注入站同时也是监测站，另外还有位于夏威夷和卡纳维拉尔角2处的监测站，故监测站目前有6个。监测站的主要作用是采集GPS卫星数据和当地的环境数据，然后发送给主控站。

③ 用户设备部分。用户设备主要为GPS接收机，主要作用是从GPS卫星收到信号并利用传来的信息计算用户的三维位置及时间。

（3）GPS定位原理。GPS的定位原理与“三边测量术”原理相似。不同的是3颗卫星代替了3个村子，地图上平面的圆变成了三维的球面。GPS接收机接收GPS卫星A、B、C传来的信号，计算出接收机与它们之间的距离，然后分别以3颗卫星为球心，以该卫星到接收机之间的距离为半径，“绘制”3个巨大的球体。3个球体会交于两点，其中那个与地球表面相交的点就是这台GPS接收机所处的位置，然后通过计算得到该接收机所处的经纬度。卫星D测量GPS接收机所在的高程。

（4）GPS应用。目前GPS系统的应用已经十分广泛，我们可以应用GPS信号进行海空和陆地的导航、导弹的制导、大地测量和工程测量的精密定位、时间的传递和速度的测量等。

3. 传感器信息采集技术

1）传感器的定义

能感受（或响应）规定的被测量并按照一定的规律转换成可用输出信号的器件或装置。传感器从狭义上讲是能把外界非电信息转换成电信号或光信号输出的器件或装置；从广义角度来看，传感器是利用一定的物质（物理、化学、生物）法则、定理、定律、效应等进行能量转换与信息转换，并且输出与输入严格一一对应的器件或装置。因此，传感器又被称作检测器、换能器、变换器等。

2）传感器的构成

传感器一般由敏感元件、转换元件、转换电路三部分构成，如图2-6所示。

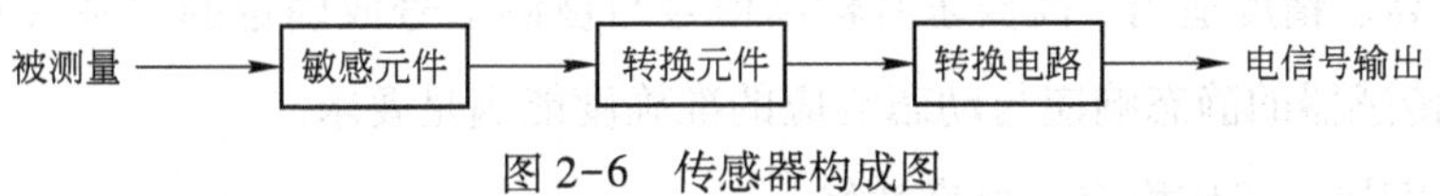

图 2-6 传感器构成图

敏感元件：直接感受被测量，并输出与被测量成确定关系的某一物理量的元件。转换元件：以敏感元件的输出为输入，把输入转换成电路参数。转换电路：将转换电路参数接入转换电路，便可转换成电量输出。有些传感器很简单，仅由一个敏感元件（兼作转换元件）组成，当它感受被测量时直接输出电量。有些传感器由敏感元件和转换元件组成，没有转换电路。有些传感器的转换元件不止一个，要经过若干次转换，如图 2-7 所示的生物传感器。

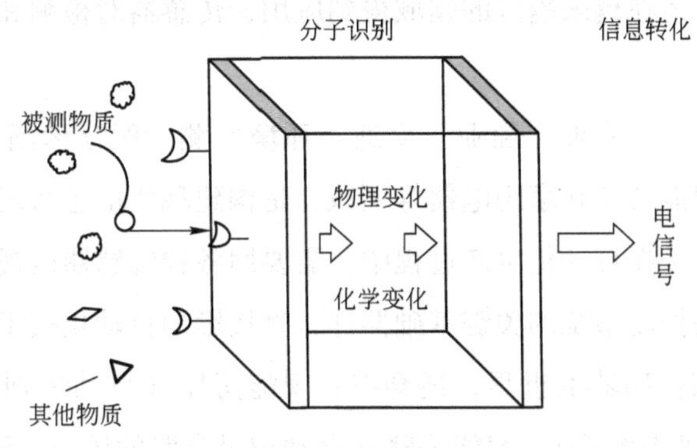

图 2-7 生物传感器原理图

3）传感器的分类

（1）按工作原理分类。按工作原理分类，传感器分为电阻式传感器、电容式传感器、电感式传感器、压电传感器、热电传感器、阻抗式传感器、磁电式传感器、光电式传感器、谐振式传感器、超声波传感器、同位素传感器、电化学传感器、微波传感器等。

（2）按技术分类。按技术分类，传感器分为超声波传感器、温度传感器、湿度传感器、气体传感器、压力传感器、加速度传感器、紫外线传感器、磁敏传感器、磁阻传感器、图像传感器、电量传感器、位移传感器等。

（3）按应用分类。按应用分类，传感器分为压力传感器、温度传感器、湿度传感器、pH 传感器、流量传感器、液位传感器、超声波传感器、浸水传感器、照度传感器、差压变送器、加速度传感器、位移传感器、称重传感器、测距传感器等。

（4）按被测量分类。按被测量分类，传感器分为电阻式、光电式（红外式、光导纤维式）、电感式、谐振式、电容式、霍尔式（磁式）、阻抗式（电涡流式）、超声式、磁电式、同位素式、热电式、电化学式、压电式、微波式等。

4）传感器的一般要求

① 足够的容量。传感器的工作范围或量程足够大，具有一定的过载能力。

② 灵敏度高、精度适当。既要求其输出信号与被测信号成确定的关系（通常为线性），且比值要大；传感器的静态响应与动态响应的准确度能满足要求。

③ 响应速度快、工作稳定、可靠性好。

④ 使用性和适应性强——体积小、质量轻，对被测对象的状态影响小。

⑤ 内部噪声小而又不易受外界干扰的影响。

⑥ 其输出力求采用通用或标准形式。

⑦ 使用经济——成本低、寿命长，且便于使用、维修和校准。

5）传感器的应用领域

目前传感器技术已经在越来越多的领域得到应用，传感器对检测和自动化技术的发展起到巨大的推进作用。

传感器广泛用于工业、农业、商业、交通、环境监测、医疗诊断、军事科研、航空航天、现代办公设备、智能楼宇和家用电器等领域，是构建现代信息系统的重要组成部分。

现代工业生产尤其是在自动化生产过程中，需要用各种传感器监视和控制生产过程的各个参数，传感器是自动控制系统的关键基础器件，直接影响自动化技术的水平。

未来世界是个充满传感器的世界，还会有：智能房屋（自动识别主人、太阳能提供能源）、智能衣服（自动调节温度）、智能公路（自动记录公路的压力、温度、车流量）、智能汽车（无人驾驶、卫星定位）。

传感器已渗透到宇宙开发、海洋探测、军事国防、环境保护、资源调查、医学诊断、生物工程、商检质检甚至文物保护等极其广泛的领域。可以毫不夸张地说：几乎每个现代化项目、各种复杂工程系统，都离不开各种各样的传感器。

由此可见，传感器技术在发展经济、推动社会进步方面的作用是十分明显的。世界各国十分重视这一领域的发展。

4. 物联网信息采集技术

1）物联网概念

物联网（Internet of things，IoT）是一种将计算设备、机械、数字机器相互关联的系统，具备通用唯一识别码（UID），并具有通过网络传输数据的能力，无须人与人或是人与设备的交互。

物联网将现实世界数字化，应用范围十分广泛。物联网可拉近分散的资料，整理物与物的数字信息。物联网的应用领域主要包括：运输和物流、工业制造、健康医疗、智能环境（家庭、办公、工厂）、个人和社会领域等。

物联网为受各界瞩目的新兴领域，但安全性是物联网应用受到各界质疑的主要因素，主要的质疑在于物联网技术正在快速发展中，但其中涉及的安全性挑战、与可能需要的法规变更等，目前均相当欠缺。

2）物联网的发展历史

物联网的概念可以追溯到19世纪80年代初期，全球第一台隐含物联网概念的设备为位于卡内基·梅隆大学的可乐贩卖机，它连接到互联网，可以在网络上检查库存，以确认还可供应的饮料数量。马克·维瑟（Mark Weiser）于1991年发表了《21世纪的计算机》（“*the computer of the* 21*st century*”）论文，当中揭示普及计算的概念，为物联网的发展拓展了重要的道路。

雷扎·拉吉（Reza Raji）于1994年在IEEE发表《可控制的智能网络》（“*smart networks for control*”）论文，当中提出了概念“可将小量的数据包汇集至一个大的节点，这样就可以集成各种设施”。

在1993—1997年，几家公司提出了多种解决方案，例如，Microsoft at Work、Novell NEST。比尔·乔伊（Bill Joy）于1999年在世界经济论坛上提出六网（Six Webs）架构，其中第六项“D2D，device to device”描绘了物联网更具体的发展构想。

最早提出“物联网”这个名称的人可能已经很难断定，但任职于宝洁公司的前瞻技术开发者凯文·阿什顿（Kevin Ashton）说，他自己应该是最早明确使用“物联网”名称的人，1999年他在宝洁公司所做的一次演讲的标题即为*Internet of things*。他表示，相较于“Internet of things”，他自己更喜欢“internet for things”这个名称。当时，他认为射频识别对于物联网至关重要，这将使计算机可以管理所有个别物体。

部分人士认为金属氧化物半导体场效应晶体管（MOSFET）技术的进步是促成物联网快速发展的推手。主要的论点在于，芯片最小制程已经可以缩至纳米等级，大幅降低了功耗，而低功耗设计正是物联网中的传感器可否被广泛运用的关键因素。除了MOSFET之外，绝缘层上覆硅（silicon-on-insulator）与多核心处理器技术的发展，也是促成物联网普及的原因。

3）物联网技术的架构

物联网的架构一般分为三层或四层。三层架构由底层至上层依次为感测层、网络层与应用层；四层架构由底层至上层依次为感知设备层（或称感测层）、网络连接层（或称网络层）、平台工具层与应用服务层。三层与四层架构之差异，在于四层将三层之“应用层”拆分成“平台工具层”与“应用服务层”，对于软件应用做更细致的区分。

4）物联网在灾害管理领域的应用

物联网技术通过提供室内外无线数据、实时信息和动态目标跟踪，增强了应急响应能力。一般来说，在灾害管理中，数据的异构性、数据源的激增及及时响应的敏感性证实了利用物联网技术的迫切性。此外，利用大数据分析（BDA）和物联网技术已经证明了它们在加强灾害管理实践方面的有效性和可用性。因而，物联网目前被广泛地应用于灾害管理的各个方面，并且已经进行了大量的研究来介绍物联网的应用，以加强灾害管理实践。例如，Du 和 Zhu 证明了基于物联网技术的预警系统能够在应急管理中实现有效的监测、控制和预测。此外，Gubbi 等人提出了物联网在应急服务和灾难场景中的应用潜力。至于应急响应，物联网可以为应急响应操作带来四个增强：责任制、态势感知、本地化和共享信息基础设施。此外，惠灵顿和拉梅什提出了一个使用物联网的互联系统，以加强灾害期间灾害管理组织之间的协调。Ray 等人调查了物联网灾难管理系统的研究工作。他们根据灾害管理系统的类型对基于物联网的灾害管理应用进行了分类：面向服务（如众包）、自然（如预警和探测）、人工（如实时监测、警报、预测）和灾后（如定位）管理系统。回顾了为灾害管理应用集成大数据分析和物联网技术的研究，并根据灾害管理的阶段对灾害管理系统应用进行分类，例如，灾前应用如灾害预测、预警、模拟演习，灾后应用如疏散、救援、监控和后勤管理。此外，连接性、数据存储、实时分析、成本效益和多个数据源被视为在灾难管理环境中大数据分析和物联网的主要优势。

2.4 数据处理技术

20 世纪 60 年代，计算机应用由科学计算、自动控制领域逐步扩展到企事业及行政部门的管理领域，数据处理成为计算机的一个主要应用领域。在数据处理中，通常计算比较简单，但处理的数据量很大，因此，数据处理技术作为计算机软件的一个重要分支得到迅速发展。

2.4.1 数据及其表示

1. 数据的含义

数据是信息的载体，是可以被计算机识别、存储并加工处理的描述客观事物的信息符号的总称，是所有能被输入计算机且能被计算机处理的符号的集合，是计算机程序加工处理的对象。客观事物包括数值、字符、声音、图形、图像等，它们本身并不是数据，只有通过编码变成能被计算机识别、存储和处理的符号形式才是数据。

（1）数据的种类很多，按性质分为以下几种：

① 定位的数据，如各种坐标数据；

② 定性的数据，如表示事物属性的数据（居民地、河流、道路等）；反映事物数量特征的数据，如长度、面积、体积等几何量或质量、速度等物理量；

③ 定时的数据，反映事物时间特性的数据，如年、月、日、时、分、秒等。

（2）数据按表现形式可分为以下几种：

① 数字数据，如各种统计或测量数据；

② 模拟数据，由连续函数组成，又分为图形数据（如点、线、面）、符号数据、文字数据和图像数据等。另外，数据按记录方式分为地图数据、表格数据、影像数据、磁带数据、纸带数据等；按数字化方式分为矢量数据、格网数据等。

2. 数据元素

数据元素是数据的基本单位，在计算机程序中通常作为一个整体考虑。一个数据元素由若干个数据项组成，数据项是数据结构中讨论的最小单位。数据元素有两类：若数据元素可再分，则每一个独立的处理单元就是数据项，数据元素是数据项的集合：若数据元素不可再分，则数据元素和数据项是同一概念，如整数“5”、字符“N”等。例如，描述一个学生的信息的数据元素可由下列6个数据项组成，其中的出生日期又可以由3个数据项：“年”“月”“日”组成，则称“出生日期”为组合项，而其他不可分割的数据项为原子项。

数据元素的机内表示（映像方法）：用二进制位（bit）的位串表示数据元素。这种位串通常被称为节点（node）。当数据元素由若干个数据项组成时，位串中与数据项对应的子位串称为数据域（data field）。因此，节点是数据元素的机内表示（或机内映像）。关系的机内表示（映像方法）：数据元素之间的关系的机内表示可以分为顺序映像和非顺序映像，常用的两种存储结构为顺序存储结构和链式存储结构。顺序映像借助元素在存储器中的相对位置来表示数据元素之间的逻辑关系。非顺序映像借助指示元素存储位置的指针（pointer）来表示数据元素之间的逻辑关系。

3. 数据对象

数据对象是具有相同性质的数据元素的集合，是数据的一个子集。例如，整数数据对象是集合 **N**= {0，±1，±2…}。

4. 数据类型

数据类型是一个值的集合和定义在此集合上的一组操作的总称。

① 原子类型。其值不可再分的数据类型。

② 结构类型。其值可以再分解为若干成分（分量）的数据类型。

③ 抽象数据类型。抽象数据组织及与之相关的操作。

5. 数据结构

数据结构是相互之间存在一种或多种特定关系的数据元素的集合。在任何问题中，数据元素都不是孤立存在的，它们之间存在某种关系，这种数据元素相互之间的关系称为结构（structure）。数据结构包括三方面的内容：逻辑结构、存储结构和数据的运算。

数据的逻辑结构和存储结构是密不可分的两个方面，一个算法的设计取决于所选定的逻辑结构，而算法的实现依赖于所采用的存储结构。

2.4.2 数据存储与数据库

1. 数据存储的含义

数据存储是数据流在加工过程中产生的临时文件或在加工过程中需要查找的信息。数据以某种格式记录在计算机内部或外部存储介质上。数据存储命名要反映信息特征的组成含义。数据流反映了系统中流动的数据，表现出动态数据的特征；数据存储反映系统中静止的数据，表现出静态数据的特征。常用的存储介质为磁盘和磁带，数据存储组织方式因存储介质而异。在磁带上，数据仅按顺序文件方式存取；在磁盘上，则可按使用要求采用顺序存取方式或直接存取方式。数据存储方式与数据文件组织密切相关，其关键在于建立记录的逻辑与物理顺序间的对应关系，确定存储地址，以提高数据存取速度。

2. DAS 存储

DAS（direct attached storage），即直接附加存储。DAS 这种存储方式与我们普通的 PC 存储架构一样，外部存储设备都是直接挂接在服务器内部总线上，数据存储设备是整个服务器结构的一部分。DAS 存储方式主要适用于以下环境。

（1）小型网络。因为网络规模较小，数据存储量小，且也不是很复杂，采用这种存储方式对服务器的影响不会很大。另外，这种存储方式也十分经济，适合拥有小型网络的企业。

（2）地理位置分散的网络。虽然企业总体网络规模不大，但在地理分布上很分散，通过 SAN（storage area network，存储区域网络）或 NAS（network attached storoge，网络附属存储）在它们之间进行互联非常困难，此时各分支机构的服务器也可采用 DAS 存储方式，这样可以降低成本。

（3）特殊应用服务器。在一些特殊应用服务器上，如微软的集群服务器或某些数据库使用的原始分区，均要求存储设备直接连接到应用服务器。

在服务器与存储的各种连接方式中，DAS 曾被认为是一种低效率的结构，而且也不方便进行数据保护。直连存储无法共享，因此经常出现的情况是：某台服务器的存储空间不足，而其他一些服务器却有大量的存储空间处于闲置状态却无法利用。如果存储不能共享，也就谈不上容量分配与使用需求之间的平衡。DAS 结构下的数据保护流程相对复杂，如果做网络备份，那么每台服务器都必须单独进行备份，而且所有的数据流都要通过络传输。如果不做网络备份，那么就要为每台服务器都配套备份软件和磁带设备，因而备份流程的复杂度会大大增加。与直连存储架构相比，共享式的存储架构，如 SAN 或 NAS 都可以较好地解决以上问题。于是我们看到，DAS 被淘汰的进程越来越快了。可是到 2012 年为止，DAS 仍然是服务器与存储连接的一种常用模式。事实上，DAS 不但没有被淘汰，近几年似乎还有回潮的趋势。

3. NAS 存储

NAS 方式则全面改进了以前低效的 DAS 存储方式。它采用独立于服务器、单独为网络数据存储而开发的一种文件服务器来连接存储设备，独自形成一个网络。由此，数据存储就不再是服务器的附属，而是作为独立网络节点存在于网络之中，可由所有的网络用户共享。NAS 的优点如下。

（1）真正的即插即用。NAS 是独立的存储节点，存在于网络之中，与用户的操作系统平台无关，真正的即插即用。

（2）存储部署简单。NAS 不依赖通用的操作系统，而是采用一个面向用户设计的、专门用于数据存储的简化操作系统，内置了在与网络连接时所需要的协议，因此使整个系统的管理和设置较为简单。

（3）存储设备位置非常灵活。

（4）管理容易且成本低。

NAS 数据存储方式是基于现有的企业 ethernet 而设计的，按照 TCP/IP 协议进行通信，以文件的 I/O 方式进行数据传输。

4. SAN 存储

SAN 存储方式创造了存储的网络化。存储网络化顺应了计算机服务器体系结构网络化的趋势。SAN 的支撑技术是光纤通道（fiber channel，FC）技术。它是 ANSI 为网络和通道 I/O 接口建立的一个标准集成。FC 技术支持 HIPPI、IPI、SCSI、IP、ATM 等多种高级协议，其最大特性是将网络和设备的通信协议与传输物理介质隔离开，使多种协议可在同一个物理连接上同时传送。

（1）SAN 组成。SAN 的硬件基础设施是光纤通道，用光纤通道构建的 SAN 由以下三个部分组成。

① 存储和备份设备：包括磁带、磁盘和光盘库等。

② 光纤通道网络连接部件：包括主机总线适配卡、光缆、集线器、交换机、光纤通道和 SCSI 间的桥接器。

③ 应用和管理软件：包括备份软件、存储资源管理软件和存储设备管理软件。

（2）SAN 的优势。

① 网络部署容易。

② 高速存储性能。因为 SAN 采用了光纤通道技术，所以它具有更高的存储带宽，存储性能明显提高。SAN 的光纤通道使用全双工串行通信原理传输数据，传输速率高达 1 062.5 Mb/s。

③ 良好的扩展能力。由于 SAN 采用了网络结构，扩展能力更强。光纤接口提供了 10 km

的连接距离，这使得实现物理上分离，不在本地机房的存储变得非常容易。

5. DAS、NAS 和 SAN 三种存储方式比较

存储应用最大的特点是没有标准的体系结构，这三种存储方式共存，互相补充，可以很好地满足企业信息化应用。从连接方式上对比，DAS 采用存储设备直接连接应用服务器，具有一定的灵活性和限制性；NAS 通过网络（TCP/IP，ATM，FDDI）技术连接存储设备和应用服务器，存储设备位置灵活，随着万兆网的出现，传输速率有了很大的提高；SAN 则是通过光纤通道技术连接存储设备和应用服务器，具有很好的传输速率和扩展性能。三种存储方式各有优势，相互共存，占到了磁盘存储市场的 70%以上。

SAN 和 NAS 产品的价格仍然远远高于 DAS。许多用户出于价格因素考虑选择了低效率的直连存储而不是高效率的共享存储。客观地说，SAN 和 NAS 系统已经可以利用类似自动精简配置（thin provisioning）这样的技术来弥补早期存储分配不灵活的短板。然而，它们消耗了太多的时间来解决存储分配的问题，以至于给 DAS 留下了足够的时间在数据中心领域站稳脚跟。

6. 数据库的含义

数据库（database）是按照数据结构来组织、存储和管理数据的仓库。数据库产生于 60 多年前，随着信息技术和市场的发展，特别是 20 世纪 90 年代以后，数据管理不再仅仅是存储和管理数据，而转变为用户所需要的各种数据管理的方式。从最简单的存储数据的表格到能够进行海量数据存储的大型数据库系统，数据库不仅有很多种类型，并在各个方面都得到了广泛的应用。

7. 数据库的类型

数据库是一个单位或是一个应用领域的通用数据处理系统，是属于企业与事业部门、团体和个人的有关数据的集合。数据库中的数据是从全局观点出发建立的，按一定的数据模型进行组织、描述和存储。其结构基于数据间的自然联系，可提供一切必要的存取路径，而且数据不再针对某一应用，而是面向全组织，具有整体的结构化特征。数据库中的数据是为众多用户共享其信息而建立的，已经摆脱了具体程序的限制和制约。不同的用户可以按各自的方法使用数据库中的数据：多个用户可以同时共享数据库中的数据资源，即不同的用户可以同时存取数据库中的同一个数据。数据共享性不仅满足了各用户对信息内容的要求，同时也满足了各用户之间信息通信的要求。

数据库通常分为层次式数据库、网络式数据库和关系式数据库三种。而不同的数据库是按不同的数据结构模型来联系和组织的。

（1）层次结构模型。层次结构模型实质上是一种有根结点的定向有序树。高等学校的组织结构图就像一棵树，校部就是树根（称为根结点），院系、专业、教师、学生等为枝点

（称为结点），树根与枝点之间的联系称为边树根与边之比为 1∶N，即树根只有一个，树枝有 N 个。按照层次模型建立的数据库系统称为层次模型数据库系统。IMS（information management system，信息管理系统）是其典型代表。

（2）网状数据结构模型。按照网状数据结构建立的数据库系统称为网状数据库系统，其典型代表是 DBTG（database task group，数据库任务组）。用数学方法可将网状数据结构转化为层次数据结构。

（3）关系数据结构模型。关系式数据结构把一些复杂的数据结构归结为简单的二元关系（二维表格形式）。例如，某单位的职工关系就是一个二元关系。由关系数据结构组成的数据库系统被称为关系数据库系统。在关系数据库中，对数据的操作几乎全部建立在一个或多个关系表格上，通过对这些关系表格的分类、合并、连接或选取等运算来实现数据的管理。因此，可以概括地说，一个关系称为一个数据库，若干个数据库可以构成一个数据库系统。数据库系统可以派生出各种不同类型的辅助文件和建立它的应用系统。

2.4.3 数据分析

1. 数据分析原理

数据分析是指用适当的统计分析方法对收集来的大量数据进行分析，提取有用信息和形成结论，而对数据加以详细研究和概括总结的过程。这一过程也是质量管理体系的支持过程。在实际应用中，数据分析可帮助人们做出判断，以便采取适当行动。数据分析的数学基础在 20 世纪早期就已确立，但直到计算机的出现才使得实际操作成为可能，并使得数据分析得以推广。数据分析是数学与计算机科学相结合的产物。

在统计学领域，有些人将数据分析划分为描述性数据分析、探索性数据分析及验证性数据分析。其中，探索性数据分析侧重于在数据之中发现新的特征，而验证性数据分析则侧重于对已有假设的证实或证伪。探索性数据分析是指为了形成值得假设的检验而对数据进行分析的一种方法，是对传统统计学假设检验手段的补充，该方法由美国著名统计学家约翰·图基（John Tukey）命名。

2. 数据分析步骤

典型的数据分析可能包含以下 3 步。

（1）探索性数据分析：在数据刚取得时，可能杂乱无章，看不出规律，通过作图、造表、用各种形式的方程拟合、计算某些特征量等手段探索规律性的可能形式，即往什么方向和用何种方式去寻找及揭示隐含在数据中的规律性。

（2）模型选定分析：在探索性分析的基础上提出一类或几类可能的模型，然后通过进一步的分析从中挑选一定的模型。

（3）推断分析：通常使用数理统计方法对所定模型或估计的可靠程度和精确程度做出推断。

3. 数据分析方法

数据分析主要的方法包括以下两种。

（1）列表法。将实验数据按一定规律用列表方式表达出来是记录和处理实验数据最常用的方法。在设计表格时要求对应关系清楚、简单明了、有利于发现相关量之间的物理关系；此外还要求在标题栏中注明物理量名称、符号、数量级和单位等；根据需要还可以列出除原始数据以外的计算栏目和统计栏目等；最后还要求写明表格名称，主要测量仪器的型号、量程和准确度等级，有关环境条件参数如温度、湿度等。

（2）作图法。作图法可以醒目地表达物理量间的变化关系。从图线上还可以简便地求出实验需要的某些结果（如直线的斜率和截距值等），读出没有进行观测的对应点（内插法），或者在一定条件下从图线的延伸部分读到测量范围以外的对应点（外推法）。此外，还可以把某些复杂的函数关系通过一定的变换用直线图表示出来。例如，半导体热敏电阻的电阻与温度关系为：取对数后得到，若用半对数坐标纸，以 $\lg R$ 为纵轴，以 $1/T$ 为横轴画图，则为一条直线。

此外，数据分析还包含这些分析方法：简单数学运算（simple math）、统计（statistics）、快速傅里叶变换（FFT）、平滑和滤波（smoothing and filtering）、基线和峰值分析（baseline and peak analysis）。

4. 数据分析过程

数据分析过程的主要活动由识别信息需求、收集数据、分析数据、评价并改进数据分析的有效性组成。

（1）识别信息需求。识别信息需求是确保数据分析过程有效性的首要条件，可以为收集数据、分析数据提供清晰的目标。识别信息需求是管理者的职责，管理者应根据决策和过程控制的需求，提出对信息的需求。就过程控制而言，管理者应识别需要利用哪些信息支持评审过程输入、过程输出、资源配置的合理性、过程活动的优化方案和过程异常变异的发现。

（2）收集数据。有目的地收集数据，是确保数据分析过程有效的基础。组织需要对收集数据的内容、渠道、方法进行策划。在策划时应考虑：将识别的需求转化为具体的要求，如评价供方时，需要收集的数据可能包括其过程能力、测量系统不确定度等相关数据；明确由谁在何时何处，通过何种渠道和方法收集数据；记录表应便于使用；采取有效措施防止数据丢失和虚假数据对系统的干扰。

（3）分析数据。分析数据是将收集的数据通过加工、整理和分析，使其转化为信息。通常的方法有：老七种工具，即排列图、因果图、分层法、调查表、散布图、直方图、控制图；新七种工具，即关联图、系统图、矩阵图、K 法、计划评审技术、PDPC（process decision program chart，过程决策程序图）法、矩阵数据图。

（4）过程改进。数据分析是质量管理体系的基础。组织的管理者应在适当时，通过对以下这些问题的分析，评估其有效性，即提供决策的信息是否充分、可信；是否存在因信息不足、失准、滞后而导致决策失误的问题；信息对持续改进质量管理体系、过程、产品所发挥的作用是否与期望值一致；是否在产品实现过程中有效运用数据分析；收集数据的目的是否明确，收集的数据是否真实和充分，信息渠道是否畅通；数据分析方法是否合理，是否将风险控制在可接受的范围；数据分析所需资源是否得到保障。

2.4.4 数据挖掘

1. 数据挖掘产生的背景

人类从远古时代走到了现在的网络技术时代和正在跨入的物联网时代，人们通过信息的获取、存储与查询、加工和应用几个环节实现知识传播、继承和发展。从人类有了获取信息的能力开始，便不断对信息进行归纳总结。随着通信、计算机和网络技术的快速发展，以及日常生活自动化技术的普遍使用，人们获取数据、存储数据变得越来越容易。

我们正处在“大数据时代”，数以亿计的人们，无时无刻、不知不觉地在各种场合生产大量数据，如超市 POS 机、自动售货机、信用卡和借记卡、在线购物、自动订单处理、电子售票、射频识别（radio frequency identification，RFID）、客服中心、各种监控设备等。包括通信、银行、交通、零售商等在内的一些企业，已经与客户建立了自动化的交互关系，生成大量交易记录。数据正以空前的速度产生和收集，这些数据是人们工作、生活和其他行为的记录，是企业和社会发展的记录，也是对人与自然界本身的描述，是对我们所研究对象隐含规律的某些侧面的反映。

在各行各业，许多公司已经开始认识到客户对业务非常重要，客户信息是他们的宝贵财富。大量数据在计算机系统中形成了庞大的“数据资源”。对于从事服务业的公司来说，信息意味着竞争优势，“数据就是资源、生产力、财富”。快速增长的海量数据存放在大型和大量数据储存设备中、没有强有力的工具，理解它们已经远远超出了个人的能力。因此，如何将海量的数据以极快的速度加以归纳、计算与分析，找到暗藏于这些数据中的规律也就是挖掘人们工作、生活和社会发展中的规律，挖掘人与自然界的规律，这就是数据资源的开发利用，是非常有价值的工作。

在强大的商业需求驱动下，商家开始注意到有效地解决大容量数据的利用问题具有巨大的商机；学者们开始思考如何从大容量数据集中获取有用信息和知识。然而，面对高维、复杂、异构的海量数据，提取潜在的有用信息成为巨大挑战，这催生了数据挖掘技术。数据收集、海量数据存储与查询、高性能计算等技术的发展进步激发并促进了人们对数据挖掘技术的开发、应用和研究。

近十多年来数据挖掘技术飞速发展，在发达国家，数据挖掘技术正在变成整个信息技术的核心之一。特别是大数据时代的来临冲击着传统行业，包括零售业、电子商务、金融和医疗等行业，同时大数据也正在彻底改变人们的生活、学习和工作方式。在卫生保健、总统竞选、社交网络和保险行业等方面，都已经出现不少利用大数据进行挖掘分析的成功案例。数据挖掘的迅速发展，使商业受益匪浅，如市场营销组织应用客户细分来识别那些有着不同爱好的客户群，许多公司应用数据挖掘技术来识别高价值客户，从而为他们提供所需的服务以留住他们。值得注意的是，很多世界“500强”企业均设立了数据挖掘相关的研发与应用部门，数据挖掘技术已经成为其业务成功的关键因素。

2. 数据挖掘的定义

数据挖掘可以从技术和商业两个层面上来定义。从技术层面上看，数据挖掘就是从大量的、不完全的、有噪声的、模糊的数据中，提取隐含在其中的、人们事先不知道的，但又是潜在有用的信息和知识的过程。从商业层面看，数据挖掘就是一种商业信息处理技术，是一种决策支持过程，高度自动化地分析企业的数据，做出归纳性的推理，从中挖掘出潜在的模式，帮助决策者调整市场策略，减少风险，做出正确的决策。

数据挖掘与传统数据分析方法（如查询、报表、联机应用分析等）有着本质区别：数据挖掘是在没有明确假设的前提下去挖掘信息和发现知识，可以找到过去存在的问题及未来发展的趋势。数据挖掘所得到的信息具有先前未知、有效和实用三个特征。先前未知的信息是指该信息是事先未曾预料到的，即数据挖掘是要发现那些不能靠直觉或是经验而发现的信息或知识，甚至是违背直觉的信息或知识。所挖掘出的信息越是出乎意料，就可能越有价值。在商业应用中最典型的例子是“尿布和啤酒”的故事——尿布和啤酒之间销售关联的发现。

数据挖掘是一门交叉学科，它把人们对数据的应用从低层次的简单查询提升到从数据中挖掘知识，提供决策支持。在市场对数据挖掘人才需求的引导下，集聚了很多领域的研究者投身到数据挖掘这一新兴的研究领域，形成新的技术热点。数据挖掘利用了以下一些领域的思想：

（1）来自统计学的抽样、估计和假设检验。

（2）人工智能、模式识别和机器学习的搜索算法、建模技术和学习理论。数据挖掘也接纳了来自数据库、最优化理论、进化计算信息论、信号处理、可视化、信息检索、分布式技术与高性能计算等领域的思想。图 2-8 是典型的数据挖掘系统的结构框架。

3. 数据挖掘任务

数据挖掘任务通常分为预测型任务和描述型任务。预测型任务就是根据其他属性的值预

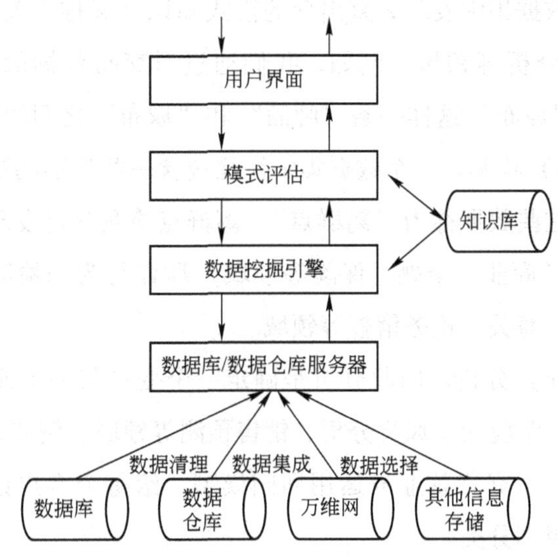

图 2-8　典型的数据挖掘系统的结构框架

测特定属性的值，如回归分析、分类分析、离群点检测、演化分析。描述型任务就是寻找概括数据中潜在联系的模式，提供数据的一般规律，如聚类分析、关联分析、序列模式挖掘、描述和可视化。

（1）分类（classification）分析。分类分析就是找出描述并区分不同类别的模型（可以是显式或隐式），以便能够使用模型预测给定数据所属的类别。它通过分析示例数据库中的数据，为每个类别做出准确的描述或建立分析模型或挖掘出分类规则，然后用这个分类模型或规则对数据库中的其他记录进行分类。分类分析已广泛应用于用户行为分析（受众分析）、风险分析、生物科学等领域。例如，信用卡公司可以将持卡人的信誉度分类为：良好、普通和较差三类。分类分析通过对这些数据类的分析给出一个信誉等级的显式模型："信誉良好的持卡人是年收入在 30 000~50 000 元，年龄在 30~45 岁，居住面积达 90 m^2"。这样对于一个新的持卡人，就可以根据他的特征预测其信誉度。

（2）聚类（clustering）分析。"物以类聚，人以群分"。聚类分析技术试图找出数据集中数据的共性和差异，根据最大化类内的相似性、最小化类间的相似性原则将数据对象聚类或分组，并将具有共性的对象聚合在相应的簇（分组）中。聚类分析可以帮助判断哪些组合更有意义，聚类分析现已广泛应用于客户细分、定向营销、信息检索等领域。例如，"哪一种类的促销对客户响应最好?"对于这一类问题，首先对整个客户做聚类，将客户划分在不同的簇里，然后分析每个不同簇的特征，以发现客户簇与客户响应间的关系。聚类和分类的区别是聚类不依赖于预先定义好的类，不需要训练集；聚类是基于观察的学习，而分类是基于示例的学习。

（3）关联（association）分析。关联分析是发现特征之间感兴趣的关联关系或相互依赖关系，通常是在给定的数据集中发现频繁出现的模式知识（又称为关联规则）。关联分析广泛用于市场营销、事务分析等领域。例如，我们通过对交易数据的分析可能得出86%买“啤酒”的人同时也买“尿布”这样一条“啤酒”和“尿布”之间的关联规则。

（4）离群点（outlier）检测。一个数据集中往往包含一些特别的数据，其行为和模式与一般的数据非常不同，这些数据称为“离群点”。离群点检测就是发现与众不同的数据。离群点检测已广泛应用于（商业、金融、保险等领域）欺诈行为的检测、网络入侵检测，反洗钱、犯罪嫌疑人调查，海关、税务稽查等领域。

（5）回归（regression）分析。回归分析是确定一个变量与一个或多个变量间相互依赖的定量关系的分析方法，常应用于风险分析、销售预测等领域。例如，根据购买模式，估计一个家庭的收入；银行对家庭货款业务运用回归模型，给每个客户记分（score 0～1），然后，根据阈值将贷款按级别分类。

（6）序列模式（sequential pattern）挖掘。序列模式挖掘是指分析数据间的前后序列关系，包括相似模式发现、周期模式发现等，应用于客户购买行为模式预测、Web访问模式预测、疾病诊断、网络入侵检测等领域。例如，超市中客户在购买产品A后，隔一段时间，会购买产品B。

（7）演化（evolution）分析。演化分析是用来描述时间序列数据随时间变化的规律或趋势，并对其建模，包括时间序列趋势分析、周期模式匹配等。例如，通过对交易数据的演化分析，可能会得到“89%的情况下在股票X上涨一周左右后，股票Y会上涨”这样一条知识。

（8）描述和可视化（description and visualization）。描述和可视化是对数据挖掘结果的表示方式。一般指数据可视化工具，是对报表工具和商业智能分析产品的统称。如通过可视化工具进行数据的展现、分析、钻取，将数据挖掘的分析结果更形象、更深刻地展现出来。

4. 数据挖掘过程

数据挖掘是通过分析数据，从大量数据中寻找其规律的技术。数据挖掘过程就是从数据到决策的过程，总体上包括数据准备、规律寻找、结果解释与评估三大步骤。

（1）数据准备。数据准备是从相关的数据源中选取所需的数据并整合成用于数据挖掘的数据集，包括数据收集（集成）和预处理。数据收集看起来是一件非常普通的工作，但它却是数据挖掘的基础。知识是从海量的数据里提取出来的，要挖掘知识必须得收集一定量的数据。收集到的原始数据通常会存在缺失值、错误值、不一致值等问题，许多数据与数据挖掘的目标无关，不能直接用作知识提取的数据源，所以需要对数据进行预处理。

（2）规律寻找（知识提取）。对于预处理过后的数据，使用各种数据挖掘的学习方法（如分类、聚类、关联分析、离群点分析和演变分析等）进行知识提取或寻找出数据集中所隐含的规律，这是数据挖掘的核心部分。

(3) 结果解释与评估。该步骤的目标是尽可能以用户可理解的和直观的方式（如可视化）将找出的规律表示出来，并对挖掘的规律进行评估，以提供给决策者辅助制订相应决策。这是因为数据挖掘寻找出来的是数据中隐藏的规律，其中有些是人们感兴趣的、有用的，还有一些可能是不感兴趣的、没有用的。这就要对寻找出的规律进行评估。这是一个人工步骤，还难以自动化。例如，“跟尿布一起购买最多的商品是啤酒”这样一条规律是否有用呢？这就需要市场调查和评估工程师根据实际情况做出评估判断。

5. 数据挖掘十大经典算法

国际权威的数据挖掘学术会议（the IEEE international conference on data mining，IC-DM）2006年12月评选出了数据挖掘领域的十大经典算法：KNN、Naive Bayes、C4.5、CART、SVM、AdaBoost、EM、K-Means、Apriori 和 PageRank。这些算法对数据挖掘的发展产生了极为深远的影响，下面做一些简单介绍。

(1) KNN。最近邻（k-nearest neighbor，KNN）分类算法，是一个理论上比较成熟的方法，也是最简单的机器学习算法之一。该方法的思路是：如果一个样本在特征空间中的 k 个最相似（特征空间中最近邻）的样本中大多数属于某一个类别，则该样本也属于这个类别。

(2) Naive Bayes。朴素贝叶斯模型发源于古典概率论，有着坚实的数学基础，以及稳定的分类效率。同时，NBC 模型所需估计的参数少，对缺失数据不太敏感，算法也比较简单。理论上，NBC 模型与其他分类方法相比具有最小的误差率。但是在实际上并非总是如此，这是因为 NBC 模型假设属性之间相互独立，而在实际应用中这个假设往往不成立，这会降低 NBC 模型的分类性能。在属性个数比较多或属性之间相关性较大时，NBC 模型的分类效率比不上决策树模型。而当属性相关性较小时，NBC 模型的性能最为良好。

(3) C4.5。C4.5 的目标是监督学习：给定一个数据集，其中的每一个元组都能用一组属性值来描述，每一个元组属于一个互斥的类别中的某一类。C4.5 的目标是通过学习，找到一个从属性值到类别的映射关系，并且这个映射能用于对新的类别未知的实体进行分类。

(4) CART。CART（classification and regression trees）是一种基于决策树的分类与回归算法。应用最为广泛的分类模型是决策树和朴素贝叶斯。决策树分类算法具有产生的分类规则易于理解、准确率较高的优点。

(5) support vector machines，SVM。支持向量机广泛应用于统计分类及回归分析中。支持向量机将向量映射到一个更高维的空间里，在这个空间里建立有一个最大间隔超平面，在分开数据的超平面的两边建有两个互相平行的超平面，分隔超平面使两个平行超平面的距离最大化。假定平行超平面间的距离或差距越大，分类器的总误差越小。

(6) AdaBoost。AdaBoost 是一种迭代算法，其核心思想是针对同一个训练集训练不同的分类器（弱分类器），然后把这些弱分类器集合起来，构成一个更强的最终分类器（强分类器）。其算法本身通过改变数据分布来实现，根据每次训练集中每个样本的分类是否正确，以及上次的总体分类的准确率，来确定每个样本的权值。将修改过权值的新数据集送给下层分类器进行训练，最后将每次训练得到的分类器融合起来，作为最终的决策分类器。

（7）EM。最大期望（expectation-maximization，EM）算法是在概率模型中寻找参数极大似然估计的算法，其中概率模型依赖于无法观测的隐藏变量。

（8）K-Means。K-Means 是基于划分的聚类算法，根据 n 个数据记录的属性分为 k 个簇（k<n）。它与处理混合正态分布的最大期望算法很相似，因为它们都试图找到数据中自然簇的中心。它假设对象属性来自空间向量，并且目标是使各个簇内部的均方误差总和最小。

（9）Apriori。Apriori 算法是第一个关联规则挖掘算法，也是比较经典的算法。它利用逐层搜索的迭代方法找出数据库中项集的关系，以形成规则，其过程由连接（类矩阵运算）与剪枝（去掉那些没必要的中间结果）组成。该算法中项集的概念即为项的集合。包含 k 个项的集合为 k 项集。项集出现的频率是包含项集的事务数，称为项集的频率。如果某项集满足最小支持度，则称它为频繁项集。

（10）PageRank。PageRank 是 Google 搜索排序的一个重要组成部分。2001 年 9 月，它被授予美国专利，数据挖掘基础与应用实例，专利人是 Google 创始人之一拉里佩奇（Larry Page），PageRank 这个等级排序方法是以佩奇来命名的。PageRank 根据网站的外部链接和内部链接的数量和质量衡量网站的价值。PageRank 背后的概念是，每个到页面的链接都是对该页面的一次投票，被链接得越多，就意味着被其他网站投票越多。PageRank 这个概念引自学术中一篇论文被引用的频度越多，一般判断这篇论文的权威性就越高。

6. 数据挖掘应用

正在到来的数据革命改变着政府、商业和人们的生活。通过电话、信用卡、电子商务、互联网、电子邮件、各种传感器等人们留下了很多的生活痕迹，数据不断增长对商业的影响时刻表现出来，例如，智能手机的应用检测到一个人的位置，因此他会收到附近餐厅的服务信息；亚马逊保留了顾客历史购买记录，因此该顾客会收到个性化产品推荐信息。数据挖掘的应用无处不在，如商务管理、生产控制、市场分析、工程设计、科学探索、气象学、石油勘探和天文学等领域。就商业用途而言，今天的谷歌、微软、惠普、思科等，已完全可以通过它们掌握的数以百万计、千万计甚至亿计的数据，经由“超级计算”，准确推断消费者的习惯、电影的票房、流感疫情的发展趋势等。

1）商业领域的应用

在银行、保险、电信、零售、电子商务等行业，由于高度竞争引发了对数据挖掘技术的广泛应用。数据挖掘商业应用的目标是：公司通过大量的客户行为数据的精准分析，更加高效地为用户服务，来改善其市场、销售和客户支持运作。在市场经济环境下，任何有远见的公司都应努力了解每个客户，通过对客户的了解，采取措施促使客户选择与他们进行商业活动，而不是选择他们的竞争对手；通过对客户的了解，并建立学习模型预测每个客户的价值，进而知道哪些客户值得投入资金和人力来保持联系，哪些客户可以放弃。

公司在商业活动中积累了大量的数据，这些数据是宝贵的知识库。数据挖掘是以数据为驱动的一种工具，它能挖掘出公司数据库中隐藏的有用知识。随着互联网与电子商务技术使用的进一步深化，数据挖掘技术在商业领域已经得到了广泛的应用。

数据挖掘在商业领域的应用包括两大类别：第一类是面向宏观规律的数据挖掘。所谓面向宏观规律，就是从一堆数据中，通过一定的数据分析方法，得出一个综合性的知识结论，如一个网站的宏观数据（如淘宝可以知道哪些款式是所谓的爆款等）。第二类是面向微观规律的数据挖掘。所谓面向微观规律，就是从一堆数据中，找出单个或部分个体的有关知识结论，如淘宝可以知道某个用户可能购买的商品等。在商业领域中，典型的应用是商业智能。所谓商业智能（business intelligence，BI）是指能够帮助企业确定客户的特点，从而使企业能够为客户提供有针对性的服务，并对自身业务经营做出正确明智决定的工具。商业智能是目前企业界和软件开发行业广泛关注的一个研究方向。IBM 建立了专门从事 BI 方案设计的研究中心，而 ORACLE、微软等公司纷纷推出了支持 BI 开发和应用的软件系统。商业智能技术的核心之一就是数据挖掘，所能解决的典型商业问题包括：数据库营销（database marketing）、客户群体划分（customer segmentation&classification）、客户背景分析（profile analysis）、交叉销售（cross-selling）、客户流失分析（chum analysis）、客户信用记分（credit scoring）、欺诈检测（fraud detection）等。其主要可分为以下几个方面。

（1）电子商务。通过智能化的电子商务交易平台，实现企业和顾客双向互动。顾客通过网站了解企业提供的服务，企业通过网站了解用户的喜好和行为模式，从而改进网站的结构，为顾客提供更有针对性的营销手段和服务。在电子商务领域，数据挖掘主要应用于以下几个方面：客户关系管理（客户细分、获取与保持）、个性化服务、交叉营销、资源优化等。有效的聚类技术和协同过滤技术有助于识别客户群，将新客户关联到合适的客户群，以推动目标市场的发展。例如，利用聚类技术，根据客户的个人特征和消费数据，可以将客户进行细分，然后针对不同的客户群实施不同的营销和服务方式，从而提高客户的满意度；利用分类技术，可以根据顾客的消费水平和基本特征对顾客进行分类，找出对商家有较大利益贡献的重要客户的特征，通过对其提供个性化服务，从而提高他们的忠诚度。

（2）风险分析。客户信用风险分析和欺诈行为预测对企业的财务安全非常重要，利用数据挖掘中的关联分析、离群点检测技术对企业经营管理数据进行分析，并预测其可能发生的风险，判定哪些因素会导致风险，这些风险主要来自何处。通过准确、及时地对各种信用风险进行监视、评价、预警和管理，评价这些风险的严重性、发生的可能性及控制这些风险的成本，进而采取有效的规避和监督措施，在信用风险发生之前对其进行预警和控制，趋利避害，做好信用风险的防范工作。

(3) 市场分析和管理。数据挖掘技术可以用于市场营销，其基本假定是“消费者过去的行为是其今后消费倾向的最好说明”。通过收集、加工和处理能够反映消费者消费行为的大量信息，来确定特定消费群体或个体的兴趣、消费习惯、消费倾向和消费需求，进而推断出相应消费群体或个体下一步的消费行为，然后以此为基础，对所识别出来的消费群体进行特定内容的定向营销。这与传统的不区分消费对象特征的大规模营销手段相比，大大节省了营销成本，提高了营销效果，从而为企业带来更多的利润。商业消费信息来自市场中的各种渠道，例如，每当人们用信用卡消费时，商业企业就可以在信用卡结算过程中收集商业消费信息，记录下人们消费的时间、地点、感兴趣的商品或服务、愿意接收的价格水平和支付能力等数据；当人们在申办信用卡、办理驾驶执照、填写商品保修单等其他需要填写表格的场合时，人们的个人信息就存入了相应的业务数据库。企业除了自行收集相关业务信息之外，甚至还可以从其他公司或机构购买此类信息为自己所用。

通过融合来自不同数据源的数据，商家可以挖掘出能够用于向特定消费群体或个体进行定向营销的决策信息。在市场经济比较发达的国家和地区，许多公司都开始在原有信息系统的基础上通过数据挖掘对业务信息进行深度加工，以构筑自己的竞争优势，扩大自己的市场份额。利用数据挖掘技术进行精准营销对我国当前的市场竞争具有启发意义，我们经常看到繁华商业街上一些厂商对来往行人不分对象地散发大量商品宣传广告，其结果是不需要的人随手丢弃资料，而需要的人并不一定能够轻松得到。如果家电维修服务公司向在商店中刚刚购买家电的消费者邮寄维修服务广告，药品厂商向医院特定门诊就医的病人邮寄广告，那么其营销效果肯定会比漫无目的的营销效果要好很多。

(4) 企业危机管理。危机管理是管理领域新出现的研究热点，它是以市场竞争中危机的出现为研究起点，分析企业危机产生的原因和过程，研究企业预防危机、应付危机、解决危机的手段和策略，以增强企业的免疫力、应变力和竞争力，使管理者能够及时准确地获取所需要的信息，迅速捕捉到企业可能发生危机的一切可能事件和先兆，进而采取有效的规避措施。在危机发生之前对其进行控制，趋利避害，从而使企业能够适应迅速变化的市场环境，保持长久的竞争优势。但是由于危机产生的原因复杂，种类繁多，许多因素难以量化，很多因素由于没有历史数据和相应的统计资料，很难进行科学的计算和评估。数据挖掘技术在危机识别、分析和控制等方面都可以发挥作用。

利用 Web 挖掘、搜集、整理和分析外部环境信息（包括政策、市场、竞争对手、供求信息等与企业发展有关的信息），利用数据挖掘技术分析企业经营状况（包括企业资金流、生产供销物资流、客户关系等有关信息），获得企业危机的先兆信息，当出现对企业的生存、发展构成严重威胁的信息时，能及时预警，以便企业采取有效措施规避危机，为管理者及时做出正确决策、调整经营战略提供支持。当危机发生时，可以利用 Web 挖掘技术、各种搜索引擎工具、E-mail 自动处理工具等快速地获取危机管理所需要的各种信息，以便向客户、社区、新闻界发布有关的危机管理信息，并在各种媒体尤其是单位或部门的网站上公布详细风险防御和危机管理计划，使相关人员能够及时获取危机管理信息及危机最新的进展情况。

（5）欺诈行为检测和异常模式的发现。利用历史数据建立欺骗行为模型，并使用数据挖掘帮助识别类似例子。基于离群点检测、分类的方法可广泛应用于保险、零售业、信用卡服务、电信等行业。如：

汽车保险：检测出那些故意制造车祸而索取保险金的人；

医疗保险：检测出潜在的病人；

洗钱：发现可疑的货币交易行为；

银行信用卡和保险行业：识别信用卡、保险欺诈者；

股市：在股票交易过程中不良操作、违规交易、异常交易的发现；

电信：电话呼叫欺骗行为检测。

2）互联网技术领域的应用

（1）信息安全。进行入侵检测，垃圾邮件的过滤等。

随着网络上需要进行存储和处理的敏感信息的日益增多，安全问题逐渐成为网络和系统中的首要问题。现代信息安全的内涵已经不局限于信息的保护，而是对整个信息系统的保护和防御，包括对信息的保护、检测、反应和恢复能力等。

传统的信息安全系统概括性差，只能发现模式规定的、已知的入侵行为，难以发现新的入侵行为。人们希望能够对审计数据进行自动的、更高抽象层次的分析，从中提取出具有代表性、概括性的系统特征模式，以便减轻人们的工作量，且能自动发现新的入侵行为。利用数据挖掘、机器学习等智能方法作为入侵检测的数据分析技术，可从海量的安全事件数据中提取出尽可能多的潜在安全信息，抽取出有利于进行判断和比较的与安全相关的普遍特征，从而发现未知的入侵行为。

利用数据挖掘技术也可以分析比较垃圾邮件与正常邮件的异同，建立垃圾邮件识别、过滤模型，结合用户的行为特性过滤无聊电子邮件和商业广告等方面的垃圾邮件。

（2）互联网信息挖掘。互联网信息挖掘是数据挖掘技术在网络信息处理中的应用，是指利用数据挖掘技术从与互联网相关的资源和行为中抽取感兴趣的、有用的模式和隐含信息，它涉及 Web 技术、数据挖掘、计算语言学、信息学等多个领域，是一项综合技术。互联网信息挖掘或 Web 数据挖掘包括 Web 结构挖掘、Web 使用挖掘、Web 内容挖掘。

① Web 结构挖掘：挖掘 Web 上的链接结构，即对 Web 文档的结构进行挖掘。对于给定的 Web 文档集合，应该能够通过算法发现它们之间的连接情况。文档之间的超链接反映了文档之间的包含、引用或从属关系。引用文档对被引用文档的说明往往更客观、更概括、更准确。通过 Web 页面间的链接信息可以识别出权威页面、安全隐患（非法链接）等。

② Web 使用挖掘：Web 使用挖掘是指通过对用户访问行为或 Web 日志的分析，获得用户的访问模式，建立用户兴趣模型。Web 上的 Log 日志记录了包括 URL 请求、IP 地址及时间等用户访问信息。用户在网上冲浪时，会留下大量的网络访问行为信息，通过将数据挖掘算法应用于网络访问日志，对用户的点击及浏览行为进行分析，深层次挖掘用户的兴趣爱好，建立用户的兴趣模型，以便为用户提供个性化服务，如智能搜索、个性化商品推荐等。分析和发现 Log 日志中蕴藏的规律可以识别潜在的客户、跟踪 Web 服务的质量及侦探用户非法访问行为等。

③ Web 内容挖掘：Web 内容挖掘是指对 Web 页面内容及后台交易数据库进行挖掘，从 Web 文档内容及其描述的内容信息中获取有用知识的过程。Web 内容丰富（包含文本、声音、图片等信息），且构成成分复杂（无结构的、半结构的等）。Web 内容挖掘与文本挖掘 Web 搜索引擎、多媒体数据挖掘等领域密切相关，典型的技术包括文档自动摘要、文本聚类、文本分类、数据索引、搜索结果排序、垃圾邮件（网页）过滤、多媒体内容挖掘等。

（3）自动问答系统。自动问答（automatic question answering，Q/A）系统采用自然语言处理技术，一方面完成对用户疑问的理解；另一方面完成正确答案的生成。该研究涉及计算语言学、信息科学和人工智能，它是计算机应用研究的热点之一，其核心是自然语言理解技术。目前，虽然离机器完全理解自然语言尚有很长的距离，但对于一些特定领域，采用一些针对性的方法，已经开发出许多成功的应用。例如，北京理工大学自然语言处理实验室成功完成了银行领域的业务咨询问答系统。百度知道、维基百科（Wikipedia）等利用群体智慧来部分实现自动问答的功能。

目前国内外问答系统的研究方兴未艾，许多大的科研院所和著名公司，都积极参与到该领域的研究中来，其中比较著名的有 Microsoft、IBM、MIT、University of Amsterdam、National University of Singapore、University of Zurich、University of Southern California、Columbia University 等；国内在问答系统方面的研究较国（境）外相对落后，主要研究单位有中科院计算所、复旦大学、哈尔滨工业大学、北京理工大学、沈阳航空工业学院等。在 2011 年 2 月 14 日至 16 日举行的有史以来首次广义性人机智力大赛中，IBM 超级计算机“沃森”（Watson）击败美国颇受欢迎的智力竞赛节目 Jeopardy 中的两位最成功的参赛者肯·詹宁斯（Ken Jennings）和布拉德·鲁特（Brad Rutter）。这一事件充分说明自动问答系统所需技术已经取得了长足的进步。

(4) 网络游戏。在网络游戏中，游戏外挂是对游戏运营商最严重的危害之一。所谓网络游戏的外挂是指玩家利用游戏本身玩法的漏洞或通过作弊程序改变网络游戏软件。外挂会修改、破坏游戏数据，严重的甚至可以造成游戏数据丢失，游戏速度缓慢；外挂为玩家谋取利益，使得游戏运营商遭受损失。通过利用数据挖掘技术分析玩家的特征，发现游戏的漏洞，可以使游戏本身有自动检测外挂的功能，减少游戏运营商遭受损失。

在网络游戏试玩初期，游戏运营商为了测试和完善网络游戏及快速扩大玩家群，通常都会推出一段相对较长的免费试玩期。因此，在网络游戏正式运营前就会存在大量的注册用户，这些注册用户会在网络游戏运行后存在很长一段时间。如何把这些注册用户转化成付费客户，真正为游戏运营商带来收益？数据挖掘技术的应用使网络游戏运营商能够对注册用户采取差异化营销，对不同的注册用户采用差异化的营销手段，从而提高市场营销活动效果，使企业利润得到最大化。

3）在应急领域的应用

(1) 在应急管理中的应用。应急管理对消除事故隐患，最大限度地降低事故危害程度，保障人员生命和财产安全，起到了不可替代的作用。目前，众多企业和单位都拥有了自己的应急救援与辅助决策支持系统（以下简称“应急决策支持系统”）。在日常管理中，该系统进行应急决策资源信息的采集和更新、预案的制订及完善：在突发事件发生时，该系统辅助决策者进行应急指挥决策；在应急处置完成后，该系统及时进行善后处理及对应急救援进行评估和修正，从而不断完善和提升组织应对安全事件的处理能力。

应急决策支持系统在国内安全领域的应用越来越广泛，但目前该系统还存在以下不足：

① 大多数突发事件发生后，情况复杂多变、数据信息量庞大、在应急决策中往往需要高度复杂的知识推理，因此，在应急管理中许多问题难以通过建立数学模型、运用数值计算的方法来求解。如何在海量数据中提取出隐藏在数据背后的模式、趋势和规则，如何在预测未来趋势的数据中自动生成有关模式和异常事件的假设，这都是有待解决的问题。

② 传统的应急决策支持系统对模型的依赖性较强，模型的好坏直接关系到决策支持系统的成败。使用模型库有借鉴专家经验、减少试验次数等优点，但模型库也有致命的缺陷，如模型参数较难确定、模型因子和多种研究模型的选取存在问题等。

③ 应急决策支持系统的开发具有滞后性。现代社会事件日益复杂，变量参数及运行数据越来越庞大，因此应急决策支持系统应具备一定的自主知识学习能力，以应对环境变化和技术更新。

数据挖掘就是从大量的、不完全的、有噪声的数据中，提取隐含在其中的、事先不知道的、但又潜在有用的信息的过程。数据挖掘是一个高度归纳和演绎的过程，挖掘的结果是些未知的模式（知识），未知的模式可能适应不同的业务需求。现阶段，在各种业务应用中的数据信息量巨大，甚至海量，但我们很难从这些数据之中获取对我们有利的潜在内部规律和知识，数据挖掘技术的出现正好解决了这个问题。数据挖掘技术的应用主要包括：概念描述、关联规则、分类和预测、聚类、偏差型五种。数据挖掘技术也包含许多算法，如决策树、关联规则、聚类模式、神经网络、粗糙集、概念格、遗传算法、序列模式、贝叶斯等，每种算法可适用于多个应用领域。

（2）在应急业务中的应用。应急救援决策支持业务包含定性判断、定量计算和半定性半定量分析。由于同一个数据挖掘任务有多种数据挖掘算法满足需求，每种数据挖掘算法又有各自的特点和限制条件，因此靠一种或几种数据挖掘技术不能满足其科学性和实用性。应急业务主要包括应急预测与报警、动态安全风险分析、事故动态演化过程分析和应急业务全流程综合评价等几个部分，但针对每部分，应急业务应根据应急目标选用数据挖掘算法。

① 应急预测与报警。应急预测与报警可以选用神经网络、关联规则、序列模式、分类方法和孤立点分析等数据挖掘方法。关联规则方法应用最为广泛，其目的在于挖掘隐藏在突发事故相关参数中的内在关联关系。序列模式方法与关联规则方法类似，它寻找的是可能发生的事故在时间上的相关性、延续性。分类方法可为每个突发事故或事件归类，然后根据历史数据推测出未来的趋势。孤立点分析可从设备运行数据中发现极端异常记录，而异常记录一般隐含偏离正常运行的安全事件。

② 动态安全风险分析和事故动态演化过程分析。动态安全风险分析可以选用关联规则、序列模式、分类方法和聚类模式等数据挖掘方法。关联规则方法可挖掘隐藏在运行参数之间的关联关系，以此分析事故发生及扩散的过程。序列模式方法可挖掘出事故的相关性、延续性，可以辅助事故的动态演化过程进行分析。分类方法可将动态安全风险水平进行分级，并通过概念描述方法来确定每个等级的内涵与阈值。

③ 应急处置方案辅助决策。应急处置方案辅助决策可以选用决策树、粗糙集理论、关联规则和遗传算法等数据挖掘方法。粗糙集理论可用于数据简化、数据意义评估、对象相似性或差异性分析、因果关系及泛化式数据挖掘等。遗传算法可以求解应急处置方案的组合优化问题，通常用枚举法很难求出最优解，但可以把主要精力放在寻求满意解上，而遗传算法是寻求这种满意解的最佳工具之一。

④ 应急业务全流程综合评价。应急业务评价可以选用关联规则、分类方法和聚类模式等数据挖掘方法。关联规则方法可挖掘应急处置方案之间的关联规则，以此分析事故应急决策的科学性和实用性。聚类模式方法可将几种应急救援方案进行模糊聚类，再比较各类的优劣程度。

4）其他应用领域

（1）数据挖掘在竞技体育中的应用。通过对运动员在相关比赛和训练中的比赛成绩、技术指标、素质指标、心理状况等数据的分析，诊断缺陷、改进训练策略、指导训练；在篮球、排球、网球等对抗性竞技运动中发现对手弱点，制定制胜策略；所有这些数据挖掘可以发挥重要作用，并有许多成功案例。体育竞赛：在美国 NBA 的 29 个球队中，有 25 个球队使用了 IBM 的数据挖掘工具 advanced scout，通过分析每个对手的数据（盖帽、助攻、犯规等数据）来获得比赛时的对抗优势。大数据在运动员比赛中的应用，使得教练员和运动员通过每场赛事背后的技术统计来评价本场比赛发挥的好坏。IBM 智能分析平台 slam tracker，通过“keys to the match”功能为球员制定赢球的策略，“keys to the match”会分析球员双方的历史交锋数据，这些分析为球员制定了比赛制胜的关键指标。而所有这一切，全都是基于对过去 8 年美网全部赛事数据进行的大数据分析。这些数据包含近万场比赛，而对于每场比赛，被分析的数据点将超过 4 100 万个，其中包括比分、回合数、制胜分、发球速度、发球成功率、击球类型、击球数量等。

（2）数据挖掘在生活中的应用。定制爱情：宅男们总幻想为自己定制一个女朋友。现在出现了许多婚恋交友网站，如网易花田、世纪佳缘、百合网、江南情缘、珍爱网、知己网等，通过分析男女嘉宾的性格爱好、习惯、对生活的态度等，提供匹配的候选对象。

总统竞选：奥巴马的总统竞选过程，以 Facebook 等社交网络为代表的互联网媒体，提供了卓有成效的支持，以至于有人戏称为“Facebook 之选”。他们不仅通过社交网络寻找支持者，还在社交网络里召集志愿者，很好地推广了形象、提升了知名度。最终，“黑人平民”战胜强劲的对手，成为美国历史上第一位黑人总统。

（3）生物信息或基因数据挖掘。大规模的生物信息给数据挖掘提出了新的挑战，需要新的思想加入。由于生物系统的复杂性及缺乏在分子层上建立完备的生命组织理论，虽然常规的方法仍可以应用于生物数据分析中，但越来越不适用于序列分析问题。机器学习使得利用计算机从海量生物信息中提取有用知识，发现知识成为可能。机器学习的目的是期望通过采用如推理、模型拟合及从样本中学习的方法，从数据中自动地获得相应的理论。

在医学领域，2003 年是一个里程碑，当年第一例人类基因组完成了测序。那次突破性的进展之后，数以千计的人类、灵长类、老鼠和细菌的基因组扩充着人们所掌握的数据。每个基因组上有几十亿个“字母”，其中隐藏着丰富的有用知识，如何开发这丰富的知识宝藏成为生物信息领域的新挑战，这也催生了生物信息学。这一学科借助软件、硬件及复杂算法之力，支撑着新的学科类型。

（4）医疗保健行业的数据挖掘。美国罗氏制药（ROCHE），通过对现有样本（包括糖尿病患者和非患者）的一些相关检验指标（包括年龄、性别、种族、身高、体重、BMI 值、ADA 值、血压、胆固醇指标）进行深入分析，利用数据挖掘技术找出相关因素与糖尿病发病的关系，预测未来 7 年时间里，体检者患糖尿病的概率。该研究项目的意义体现在以下方面。

对危险人群做出预警提示，以及早采取补救措施，从而大幅度降低患病的概率；可有效提高医疗资源的利用率；为进一步研究糖尿病Ⅱ的发病机理提供有价值的线索。在卫生保健方面，安泰保险为了预测代谢综合征患者，根据海量的代谢综合征检测试验结果、化验结果、索赔事件等数据，分析建立模型，以评估患者的危险因素和重点治疗方案，从而改善病人的健康；处方药管理公司 Express Scripts 通过其管理的覆盖 1 亿美国人和 65 000 家药店的 1.4 亿个处方，建立复杂的模型来检测虚假药品，提醒人们对处方药的使用等。

（5）情报分析挖掘。竞争情报分析是企业赢得竞争优势所必需的核心技术，数据挖掘技术的出现极大地丰富了竞争情报分析的方法和思路，使企业更有针对性地、更高效地进行竞争情报活动。数据挖掘技术在情报收集、处理和分析等环节发挥了强大的威力，为竞争情报分析提供了坚实的基础。在情报收集方面，数据挖掘使得人工的情报获取逐步扩展到机器自动获取，大大降低了人力、物力成本；在情报处理方面，数据挖掘技术的引入使情报分析技术不再局限于传统的结构化、单一数据的处理，可应对复杂多样的数据源；在情报分析方面，数据挖掘技术提供了更多的模式识别方法和工具，如分类、聚类技术可用于分析竞争对手，异常检测技术可用于虚假情报检测等。

（6）天文学。随着先进的数据收集工具的使用，传统的数据分析方法和工具无法应对庞大的天文数据。数据挖掘技术凭借其强大的数据处理和分析能力，在天文学领域得到广泛应用。美国 JPL 实验室和 Palomar 天文台就利用数据挖掘方法建立决策树模型，对上百万天体进行自动分类，利用这些工具还帮助发现了一些新的恒星。

（7）工业过程控制。数据挖掘技术应用到工业过程控制，也能解决生产过程的不少难题。如利用异常检测技术自动发现那些不正常的数据分布，暴露在制造和装配操作过程中的变化情况和各种因素。

（8）农业。数据挖掘技术也可以在传统的农业生产领域发挥重要作用，如作物生产管理、施肥、虫害控制、农业器械故障检测等。

第3章

应急管理信息系统的开发方法

信息系统的开发、实施是一个复杂的系统工程，它涉及计算机处理技术、系统理论、组织结构、管理模式、管理功能、数据的收集和处理过程、计算机软硬件系统的管理和应用、软件系统的开发等方面。需要研究出科学的方法和工程化的开发步骤，以确保整个开发工作能够顺利进行。开发信息系统的方法有很多种，目前生命周期法、原型法、结构化开发方法及面向对象开发方法是开发信息系统的主要方法。生命周期法是最基本的管理信息系统开发方法，也是其他信息系统开发方法依赖的基础。

在生命周期法的基础上发展起来的结构化开发方法和面向对象开发方法是目前开发信息系统的主要方法，本章将对这些方法及其优缺点逐一加以论述。

3.1 生命周期法

生命周期法就是按照信息系统生命周期的各个阶段划分任务，且每个阶段有相对独立的任务，然后按一定的规则和步骤，有效地进行信息系统开发的方法。生命周期按阶段划分，提出的是组织、管理和控制信息系统开发过程的一种基本框架，原则性地指导两部分工作：

① 管理：强调进程安排、资源分配、评估、控制、反馈；

② 开发：强调任务和开发文档。

一般将生命周期法划分为五个阶段，每个阶段有属于自己的任务。

3.1.1 生命周期法的开发流程

生命周期法的开发流程图如图 3-1 所示。

每个阶段都有属于自己独立的任务、独立的模型来进行合理的系统开发。

整体的开发流程是先建立属于信息系统的概念模型—信息系统的逻辑模型—信息系统的物理模型—信息系统。

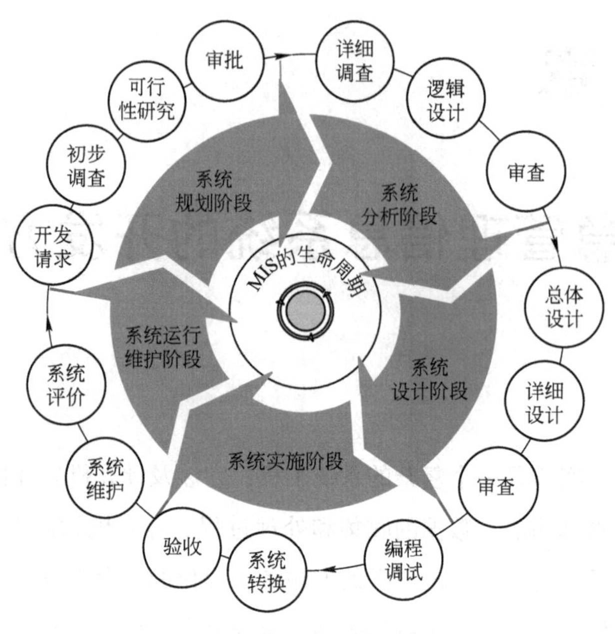

图 3-1　生命周期法开法流程图

系统规划阶段主要是解决要开发的信息系统“是什么”的问题，即为什么要创建新的信息系统，和老的信息系统相比，新信息系统的意义是什么？市面上大家使用的信息系统有什么样的优点，新信息系统和这些信息系统相比又应该是什么样子的？

核心是可行性分析，对技术可行性、法律可行性、经济可行性等多方面进行分析。

可以使用诺兰阶段模型，用三阶段模型进行信息系统规划，使用关键成功因素法、战略目标集转化法、BSP 方法、价值链分析法等从业务流程、企业关键成功因素等多方面将信息系统的目标和企业的发展战略结合，达到信息系统为企业发展战略服务的目的。

系统分析阶段主要解决开发信息系统“做什么”的问题。这是开发一个信息系统十分关键的一步。做需求分析，关键的是要将现实世界的问题转化为计算机世界的问题，然后用计算机的办法解决它。

系统设计是正式步入信息系统的开发阶段，系统设计分为总体设计和详细设计阶段。总体设计是对信息系统的架构、高层结构等进行设计，即系统的架构、程序的运行模式、层次结构、调用关系、规划具体的实现技术类型等，高层结构指子系统的划分、接口的设计等，即 MVC、Spring 等大家常见的架构。详细设计包括很多部分，具体有代码设计、输出设计、输入设计、人机对话设计、模块详细设计、数据库设计和网络设计等。

系统实施阶段包括编码和测试两部分。编码是程序设计及实现的过程，遵循好的编码规范，设计好程序结构。测试是整个一系列的子过程，单元测试—集成测试—验收测试—系统测试，成功的测试就是发现问题的过程，程序是不可能没有问题的，而 80%的问题往往出现在20%的模块，如果在测试中发现了问题，就试图在这些模块中继续发掘更多的问题。还要注意设计好的测试用例（覆盖能力足够强，注意测试边界值），使用白盒、黑盒测试等共同完成整个测试过程。在测试完成后进行系统切换就完成了整个实施阶段。

系统维护严格来说已经不算开发过程，主要要做程序、数据库、代码、机器设备四个方面的内容，进行对系统错误的维护（改正性维护）、开发新功能的维护（完善性维护）、适应新的运行环境的维护（适应性维护）、预防将来可能出现问题的维护（预防性维护）。最多的是完善性维护，约占整个维护的25%，最少的是预防性维护，仅占不到5%。

3.1.2 生命周期法的优缺点

1. 优点

① 开发目标清晰化。

② 开发工作阶段化。

③ 开发文档规范化。

④ 设计方法结构化。

2. 缺点

① 开发周期长。

② 难以适应需求变化。

③ 很少考虑数据结构。

生命周期法是一种面向数据流的开发方法，比较注重功能的分解与抽象，适合于数据处理领域的系统开发。但不适应于规模较大、比较复杂的系统开发。

3.2 原 型 法

原型法是针对生命周期法的主要缺点而发展起来的一种快速、廉价的开发方法。它不要求用户提出完整的需求以后再进行设计和编程，而是先按照用户最基本的需求，迅速而廉价地开发出一个实验型的小型系统，称作“原型”。然后将原型交给用户使用。通过用户的使用，启发出用户的进一步需求，并根据用户的意见对原型进行修改，用户再对改进后的系统提出新的需求。这样不断地反复修改，直至最后完成一个满足用户需求的系统。与生命周期法相比，原型法的用户需求是动态的，系统分析、设计与实现都是随着对一个工作模型的不断修改而同时完成的，相互之间并无明确的界限，也没有明确的人员分工。系统开发计划就是一个反复修改的过程。它把生命周期所有“计划外的修改”变成了“有计划的修正”。

3.2.1 原型法的分类

从原型是否实现功能来分，原型法方法可分为水平原型和垂直原型两种。

（1）水平原型。水平原型也称为行为模型，用来探索预期系统的一些特定功能，主要用在界面上。

（2）垂直原型。垂直原型也称为结构化原型，实现了一部分功能，主要用在复杂的算法实现上。

从原型最终结果来划分，原型法方法可分为抛弃式原型和演化式原型。

① 抛弃式原型。指到达预期目的后，原型本身被抛弃，主要解决需求不确定等问题。

② 演化式原型。逐步将原型演化成最终系统。

3.2.2 原型法的优缺点

1. 优点

① 缩短开发周期，成本风险降低，获得较高的综合开发效益。

② 用户参与程度高，符合用户需求，增加了用户满意度。

③ 由于用户参与了系统开发，熟悉系统功能和结构，利于系统运行和维护。

2. 缺点

① 开发环境要求高。要求开发工具能跟上模型构建的速度。

② 管理水平要求高。系统开发缺乏统一标准，过程难以控制，修改次数多了可能会超成本。

③ 原型法要求开发者与用户密切接触，有时这是不可能的。例如，外包软件开发。

3.3 结构化系统开发方法

结构化系统开发方法是自顶向下地结构化、工程化的系统开发方法与生命周期方法的结合。

结构化系统开发方法的基本思想是：用系统工程的思想和工程化的方法，按用户至上的原则，结构化、模块化、自顶向下地对系统进行分析和设计。具体地说，就是先将整个信息系统开发过程划分出若干个独立的阶段，如系统规划、系统分析、系统设计、系统实施等。在前 3 个阶段坚持自顶向下地对系统进行结构化划分。在系统调查或理顺管理业务时，应从最顶层的管理业务入手，逐步深入至基层。在系统分析阶段，提出新系统方案和系统设计时，应从宏观整体考虑入手，先考虑系统整体的优化，再考虑局部的优化问题。在系统实施阶段，则应坚持自底向上的逐步实施。也就是说，组织人力从基层的模块做起，然后按照系统设计的结构，将模块一个个拼接到一起进行调试，自底向上、逐渐构成整体系统。

3.3.1 结构化方法的特点

1. 目的性

拿来一个问题，要解决它，首先要明确目的，即应该明确达到什么目的。对于信息系统开发来讲，关键就是要明确信息系统建立的目的，要把企业的需求搞清楚，不能含糊。

2. 整体性

在系统的目的弄清楚之后，要从系统整体的角度出发来分析问题和解决问题，不能只顾局部的最优而忽视整体的最优。对于系统开发来说，就是要对系统进行整体的分析，要全系统的分析、规划和设计。这要求从整体上分析原有的旧系统，不提倡单独开发局部的小的部门系统，因为这样做的结果就会使将来的优化成为大问题，达不到系统整体的优化。

3. 用户至上

用户对系统开发的成败是至关重要的，故在系统开发过程中要面向用户，充分了解用户的需求和愿望。

4. 深入调查研究

强调在设计系统之前，深入到实际单位，详细的调查研究，努力弄清实际业务处理过程的每一个细节，然后分析研究，制订出合理的新系统设计方案。

3.3.2 结构化开发的优缺点

1. 优点

① 强调整体性和全局性。

② 严格进行系统分析，避免了开发过程的混乱状态。

2. 缺点

① 侧重点在于数据转换过程而非数据本身。

② 系统的开发周期因为严格的系统分析而变得很长。

3.4 面向对象的开发方法

面向对象方法（object-oriented），简称 OO 方法，是从 20 世纪 80 年代各种面向对象的程序设计（如 smalltalk、C++等）逐步发展而来的。采用面向对象方法的目的是提高软件系统的可重用性、扩充性和可维护性，使软件系统向通用性方向发展。

3.4.1 面向对象方法的开发过程

OO 方法开发过程分为 4 个阶段。

(1) 系统调查和需求分析。对系统面临的问题和用户的开发需求进行调查研究。

(2) 分析问题的性质和求解问题。在复杂的问题域中抽象识别出对象及其行为、结构、属性和方法。这一个阶段一般称为面向对象分析，即 OOA。

(3) 整理问题。对分析的结果进一步抽象、归类整理，最终以范式的形式确定下来，即 OOD。

(4) 程序实现。使用面向对象的程序设计语言将其范式直接映射为应用程序软件，即 OOP（它是一个直接映射过程）。

3.4.2 面向对象设计的准则

在以前的软件设计中人们总结出几条基本原理，这些原理在进行面向对象设计时仍然成立，但是增加了一些与面向对象方法密切相关的新特点，从而具体化为下列的面向对象设计准则。

(1) 模块化。面向对象的软件开发模式，很自然地支持了把系统分解成模块的设计原理：对象就是模块。它是把数据结构和操作这些数据的方法紧密地结合在一起所构成的模块。

(2) 抽象。抽象表示对规格说明的抽象（abstraction by specification）和参数化抽象（abstraction by parametrization）。

(3) 信息隐藏。在面向对象方法中，信息隐藏通过对象的封装性实现：类结构分离了接口与实现，从而支持了信息隐藏。对类的用户来说，属性的表示方法和操作的实现算法都应该是隐藏的。

(4) 弱耦合。在面向对象方法中，对象是最基本的模块，而耦合主要指不同对象之间朴素关联的紧密程度，弱耦合是优秀设计的一个重要标准，因为这有助于使得系统中某一部分的变化对其他部分的影响降到最低程度。当然，对象不可能是完全孤立的，当两个对象必须朴素联系、朴素依赖时，应该通过类的协议（公共接口）实现耦合，而不应该依赖类的具体实现细节。

(5) 强内聚。在设计中使用的一个构件内的各个元素，对完成一个定义明确的目的所做出的贡献程度。在设计时应该力求做到高内聚。

(6) 可重用。软件重用是提高软件开发生产率和目标系统质量的重要途径。重用也叫再用或复用，是指同一事物不作修改或稍加改动就可多次重复使用。重用是从设计阶段开始的，重用有两方面的含义：一是尽量使用已有的类（包括开发环境提供的类库，以及以往开发类似系统时创建的类）；二是如果确实需要创建新类，则在设计这些新类的协议时，应该考虑将来的可重复使用性。

3.5 计算机辅助开发方法

计算机辅助软件工程（computer aided software engineering，CASE）是实现系统开发工作的基于计算机的自动化，是提高系统开发效率与质量的重要途径。如果严格地从认知方法论的角度来看，CASE 技术是一种辅助软件开发工具；但从 CASE 的发展对系统开发过程所支持的程度来看，又不失为一种实用的系统开发方法。

CASE 的主要目标是：使结构化方法可以全面实施，使原型的建立有了高效率的手段，加快系统的开发过程，使系统开发人员的精力集中于开创性工作，通过自动检查提高软件的质量、提高软件的可重用度、简化系统的维护工作。

CASE 的作用可概括为：能提供一个具有快速响应、专用资源和早期查错功能的交互式开发环境，对系统的开发和维护过程中的各个环节实现自动化，通过一个有力的图形接口，实现直观的程序设计。

一个完整的 CASE，必须具备以下功能。

1. 中心信息库

中心信息库是存储和组织所有与应用软件系统有关的信息的一种机构，包括系统的规划、分析、设计、实现和计划管理等信息，如结构化图形、屏幕与菜单的定义、报告的模式、记录说明、处理逻辑、数据模型、组织模型、处理模型、源代码、事务规则、项目管理形式、数据元素及系统信息模型之间的关系等。中心信息库具有对系统信息存储、访问更新、分析和报告的功能，系统开发人员可以直接从中获取所需的信息。

2. 图形功能

图形实际上是软件模型化的语言，它为软件的描述提供了一种简明的、没有歧义的方法，是产生好的系统和程序文档的基础。清晰的图形在复杂系统的开发和编程的过程中起着关键性的作用，它能为开发人员提供清晰的思路，加快工作进度并提高产品的质量。图形更是一种重要的沟通工具，在开发过程中，需要一种规范化的图形技术，使开发人员能够更好地交流思想，才能把系统的各个组成部分精确地集成起来。用交互式方式在计算机屏幕上绘图，可加快图形绘制过程、实现标准化、实现文档自动生成等。

3. 查错功能

在系统开发中，尽早查出错误，并排除错误是降低成本的一种行之有效的方法。CASE

提供了自动检查的功能，其思想是以规格说明（系统说明书）为依据进行检测，达到系统的一致性和完整性。

4. 支持建立系统的原型

CASE 为建立原型提供了各种工具，如屏幕绘图程序、报告生成程序、菜单建立程序、可执行的规格说明语言等。借助于 CASE 模拟工具，系统开发人员可对原型进行模拟运行以证实系统设计模型的正确性。

5. 代码自动生成

CASE 通过由程序设计规格说明生成代码，实现编程阶段的自动化。这种自动生成可能是一个框架、也可能是一个完整的程序。其框架可以是数据库、文件、屏幕和报表描述的代码；其完整程序可以是可执行代码，需要访问的数据库/文件、屏幕求助信息、出错信息及程序文档等。这样大大地提高了系统开发的效率。

6. 有利于应用结构化方法

CASE 提供的若干工具有利于结构化分析、结构化设计和结构化程序设计，从而使结构化方法实现自动化。CASE 工具为画数据流图、E-R 图（实体联系图）等这类结构化图提供了图形支持，同时可自动生成诸如系统说明和伪码等形式的规格说明。CASE 可指导用户正确地使用结构化方法，要求用户按照一定的标准化次序和程序进行系统分析与设计。

由于系统开发涉及复杂的技术背景和管理环境，人在系统开发各阶段中始终处于关键地位。全部开发工作自动化是不切实际的幻想，但采用 CASE 方法可辅助人们更快、更好、更省力地进行系统开发，特别是基于人工智能的 CASE 方法将对系统开发产生重大的影响。

第4章

系统规划

现代企业用于信息化的投资越来越多，如沃尔玛公司的投资达数十亿美元。由于系统建设投资大、周期长，它的成败将对企业经营产生重大影响。

“凡事预则立，不预则废”，科学、有效的系统规划对信息系统建设非常重要。大量事实说明，如果一个操作错误会造成几万元损失的话，那么一个设计错误有可能会损失几十万元，一个计划错误有可能会损失几百万元，而一个规划错误有可能损失几千万元甚至上亿元。调查结果表明，信息系统的失败差不多有70%是由于规划不当造成的。中国ERP第一案、钢铁行业ERP第一案等都可以归咎于系统规划不当。

系统规划的主要目标，就是根据组织的目标与战略制定出信息系统的目标与发展战略，确定信息系统建设的长期发展方案，决定信息系统在整个生命周期内的发展方向、规模和发展进程。若系统规划不当，信息系统的建设就会偏离目标和方向，所以，我们必须把信息系统的规划摆到重要的战略位置。

4.1 信息系统规划概述

4.1.1 信息系统规划的重要性

信息系统规划是信息系统建设的起点，也是信息系统在实践中的主要问题之一。现今，组织用于建设信息系统的投资越来越多，但是，在具体的信息系统建设中一定要根据本组织的实际情况讲究方法。信息系统建设不可能通过一年半载的大规模开发工作就能完全办妥，而是需要随着管理水平的不断提高进行多次的开发和完善。它是个投资巨大、历时很长的工程项目。规划得好可以给组织带来明显的效益，规划得不好不仅自身的投资得不到回报，而且还会给组织带来无法衡量的间接损失。毫不夸张地说，信息系统规划的好坏直接影响信息系统建设的成败和组织的运营情况。所以，应把信息系统规划摆到重要的战略位置。

计算机应用初期，人们建一个信息系统就像农民盖三间瓦房，大体估测一下就马上开工。由于组织内部各部门对信息的需求具有不同的特点，因此随着时间的推移，组织内部采用这种零打碎敲的方式盖起了很多这种“瓦房”，这就是企业里所谓的“信息孤岛”。在信息系统建立之初，这些“信息孤岛”的确提高了工作效率，但随着组织的不断发展、变化，原有的“信息孤岛”很难再适应组织内各个层次对信息的需求，因此组织迫切需要重新整合这些“信息孤岛”，以实现信息资源共享。“信息孤岛”的重新整合，并非提供数据接口就行了。如果只是简单地把这些“瓦房”连成一片，那就是“臭皮匠”+“臭皮匠”+“臭皮匠”等于“臭皮匠”，三个“臭皮匠”加起来，也永远不会等于一个诸葛亮。

现代组织对信息系统的要求已由简单的“瓦房”变成了“摩天大楼”，摩天大楼不可能是简单瓦房的叠加，在动工前需要规划，需要地质勘探，需要画出结构图、效果图、施工图，楼层越高，打地基就越需要下功夫。同样的道理，信息系统在建设之前，需要进行科学的规划和整体设计，要从全局的、长远的、发展的观点出发，来规划整个系统的建设。如果系统规划不得法，后果将是灾难性的，要么是半途而废，要么是推倒重来。所以做好信息系统的规划工作是信息系统建设的首要任务。在信息系统建设中，如果缺乏科学有效的系统规划，将会带来严重问题，具体表现如下。

① 系统建设与组织发展的目标和战略不匹配。

② 在系统建成后对管理与业务状况并无显著改善。

③ 不能适应环境变化和组织变革的需要。

④ 组织结构陈旧，管理落后，主要业务流程效率与效益低下。

⑤ 系统求大、求全，实用性差。

⑥ 系统技术方案不合理，运行不稳定，不可靠。

⑦ 领导不重视，系统使用人员的素质较低。

⑧ 资金短缺，投入太少，而对系统的期望又过高。

科学的系统规划可以减少建设的盲目性，使系统有良好的整体性、较高的适应性。系统规划是决定信息系统建设成功与否的关键因素，它比具体项目的开发更为重要。

好的系统规划+好的开发=优秀的信息系统；

好的系统规划+差的开发=较好的信息系统；

差的系统规划+好的开发=差的信息系统；

差的系统规划+差的开发=混乱的信息系统。

4.1.2 系统规划的作用及原则

信息系统规划的作用主要有以下几个方面。

① 确保信息系统正确的目标和任务。

② 合理分配和利用信息资源（信息、信息技术和信息生产者），以节省信息系统的投资。

③ 指导管理信息系统开发，用规划作为将来考核系统开发工作的标准。

系统规划应遵循以下原则。

1. 支持组织的总目标

组织的战略目标是系统规划的出发点。系统规划从组织目标出发，逐步导出信息系统的战略目标和总体结构。

2. 第一把手参与

系统规划是信息系统建设的第一个阶段。在信息系统建设的起始阶段，争取组织高层领导的参与和支持是保证以后信息系统建设成功的关键。

3. 整体上着眼于高层管理，兼顾各管理层的要求

组织建设信息系统的目的就是要满足管理者对信息的需求，离开管理者对信息的需求，信息系统就会偏离方向。

4. 摆脱信息系统对组织机构的依从性

首先着眼于过程。最基本的活动和决策可以独立于任何管理层和管理职责。例如，“库存管理”可以定义为“原材料、零件和组件的收发控制和库存量的估计过程”。这个过程可以由一个部门单独完成，也可以由多个部门联合完成。组织机构可以有变动，但库存管理的过程大体上是不变的。对企业过程的了解往往从现行组织机构入手，但只有摆脱对它的依从性，才能提高信息系统的应变能力。

4.1.3 系统规划的两个层次

信息系统规划包括两个层次的内容，即 IS 战略规划（information system strategic planning，ISSP）和 IT 战略规划（information technology strategic planning，ITSP）。

IS 战略规划是在充分、深入研究企业的发展远景、业务策略和管理的基础上，形成信息系统的远景、信息系统的组成架构、信息系统各部分的逻辑关系，以支撑企业的战略规划（business strategic planning，BSP）目标的达成。

IT 战略规划是在承接 IS 战略之后，对信息系统各部分的支撑硬件、支撑软件、支撑技术等进行计划与安排，简而言之，是围绕 T 来展开。

BSP、ISSP、ITSP 的关系如图 4-1 所示。

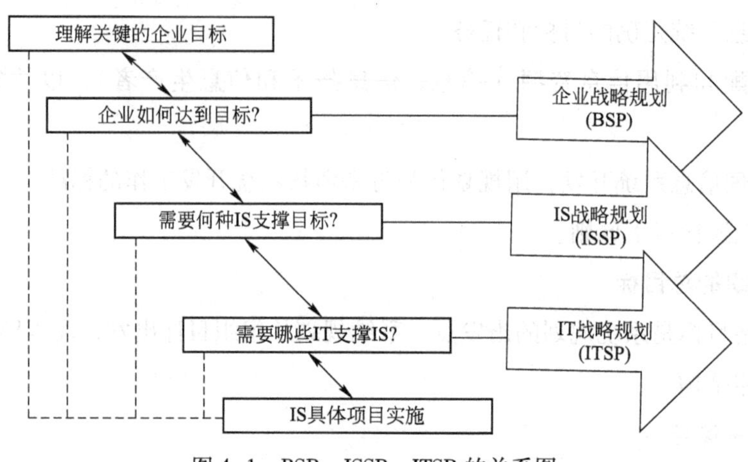

图 4-1　BSP、ISSP、ITSP 的关系图

4.2　信息系统规划的目标和工作内容

4.2.1　信息系统规划的目标与任务

系统规划是信息系统生命周期的第一阶段，是信息系统的概念形成期。这一阶段的主要目标，就是根据组织的目标与战略制定出信息系统的目标与发展战略，确定信息系统建设的长期发展方案，决定信息系统在整个生命周期内的发展方向、规模和发展进程。主要任务如下：

① 根据组织的发展目标与战略制定出信息系统的发展目标与战略。

② 改进或重新设计组织的核心业务流程，确定业务流程改革与创新方案。

③ 确定信息系统的总体结构规划方案。

④ 制订项目实施方案、制订信息系统建设的资源分配方案。

⑤ 可行性研究。

上述任务也规定了信息系统规划工作进程的 5 个主要阶段，形成信息系统规划 5 阶段模型的基本框架如图 4-2 所示。

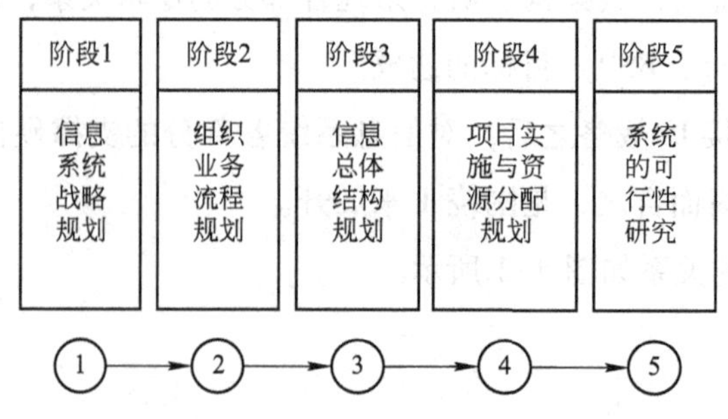

图 4-2　信息系统规划的 5 个阶段

4.2.2 信息系统规划各阶段的工作内容

1. 信息系统发展战略规划

1) 信息系统发展战略规划的目的与任务

战略问题是指关于一个组织生存发展的全局性、关键性和长期性的问题。信息系统的战略规划就是针对上述这些问题提出来的，它通常包括主要发展目标、发展重点、实现目标的途径和措施等。信息系统的战略规划既可以看成是战略规划下的一个专门性规划，也可以看成是战略规划的一个重要组成部分。当制订或调整战略规划与核心业务流程时，可以借助已有的信息系统提供支持，因为信息系统能提供各种必要的信息来支持战略规划制定和核心业务流程的改革与创新。因此，要强调信息系统战略规划与组织的战略规划之间的协调。也就是说，不论信息系统战略规划是作为组织战略规划的一部分，还是一个专门性的规划，它都应当与组织战略规划有机地配合。信息系统必须支持与促进组织的变革与发展。如何使一个组织中的信息系统发展战略与组织本身的发展战略保持一致，是信息系统战略规划工作的核心问题之一。

2) 信息系统发展战略规划的主要内容

信息系统发展战略规划一般既包含 3~5 年长期规划，也包含 1~2 年的短期计划。长期规划部分指出了总的发展方向，而短期计划部分则为作业和资金工作提供依据。一般来说，整个战略规划包含以下主要内容。

(1) 信息系统的目标、约束与结构。信息系统战略规划应根据组织的战略目标，组织的业务流程改革与创新需求及组织的内、外约束条件，来确定信息系统的总目标、发展战略规划。其中，信息系统的总目标为信息系统的发展方向提供准则，而发展战略规划则提出对完成工作的衡量标准。

(2) 对目前组织的业务流程与信息系统的功能、应用环境和应用现状进行评价。了解当前的能力状况，制定改革业务流程，建设信息系统的政策、目标和战略。

(3) 对影响计划的信息技术发展的预测。信息系统发展战略规划无疑要受当前和未来信息技术发展的影响。因此，计算机及其各项技术的影响应得到必要的重视，并在战略规划中有所反映。另外，对信息网络、数据库、软件的可用性、方法论的变化、周围环境的变化及它们对信息系统产生的影响也属于所要考虑的因素。

(4) 近期计划。在发展战略规划适用的几年中，应对即将到来的一段时期做出相当具体的安排，主要应包括：硬件设备的采购时间表、应用项目的开发时间表、软件维护与转换工作时间表、人力资源的需求计划及人员培训时间安排、资金需求等。信息系统的战略规划并不是一经制订就再也不发生变化的，事实上，各种因素的变化都可能随时影响整个规划的适应性。因此，信息系统发展战略规划总是要做不断修改以适应变化的需要。

在信息系统规划中，战略规划阶段的目标是制定同组织机构的目标和战略相一致、支持组织的管理决策与核心业务流程的信息系统目标、目的和战略。一个科学合理的战略规划更多地取决于规划人员对组织内、外环境及其发展趋势的正确估计和深刻理解，对发展目标及实现目标的途径的智谋和远见。各种规划方法可以起到辅助作用。

2. 业务流程规划

1）业务流程

业务流程定义为一个组织在完成其任务、实现其目标的过程中必需的、逻辑上相关的一组活动。例如，仓库收货的业务流程可能是：保管员验收货物并做记录、通知采购员、签收货物发运单、填写入库单入库、分发入库单、填写送验单等。由于业务流程比组织内部的机构相对稳定，面向业务流程的信息系统在组织机构与管理体制变化时能够保持工作能力。然而，只是在 20 世纪 90 年代以来，业务流程才在管理改革与信息系统建设中受到特别关注。在此以前，人们更多关注的是企业管理的层次结构与职能结构。

“成在营销、败在管理”是目前很多中国企业家的共识。对中国的绝大部分企业来讲，在竞争力这个木桶上，管理是所有木板中最短的一块，解决管理问题是企业二次创业的重头戏。解决管理问题就是要建立起有效的企业管理系统或管理模型，使企业的人力、物力、资金及信息得到充分的利用，使企业的物流、信息流、资金流得到有效的计划、协调、调度与控制。在企业管理系统中，建立起面向客户、合理、高效的业务流程体系是其成败的关键。信息系统不仅是一个整体的信息系统，更是一个统一的管理系统，它体现了企业的管理思想和管理方法。面向客户的业务流程体系是企业建设信息系统的基础，这好比翻译名著一样，译著的好坏首先取决于原著的质量。

2）业务流程改进（BPI）与业务流程再造（BFR）

业务流程是管理系统的核心。在手工管理方式下，已形成了一个比较成型的流程和管理方法，而这种传统管理模式下的业务流程，非增值环节多、信息传递缓慢、同一流程各个环节之间和不同流程间关系混乱，特别是完整的业务流程被不同职能部门分割，大大降低了流程的效率与效益。信息技术的应用有可能改变原有信息的采集、加工和使用方式，甚至使信息的质量、获取途径和传递手段等都发生根本性的变化。在信息系统建设中仅仅用计算机系统去模拟原有手工管理系统，并不能从根本上提高企业的竞争力，而必须应用现代信息技术与管理方法，对企业流程进行改革与创新，企业才能在新的经济环境与市场形势下得以生存与发展。

20 世纪 80 年代以来，国际管理学术界和企业界兴起了管理改革的热潮。首先兴起的是业务流程改进（business process improvement，BPI），寻求对企业的业务流程进行连续、渐进的改进。然而，许多企业发现渐进的改进不能从根本上解决企业面临的挑战问题。1990年，美国的迈克尔·哈默（Micheal Hammer）博士把“再造”（reengineering）的思想引入管理领域，提出了业务流程再造（business process reengineering，BPR）的概念。哈默认为，BPR是指对企业的业务流程进行根本性的再思考和彻底的再设计，从而使企业的关键绩效指标如成本、质量、服务、效率等获得巨大的提高。哈默主张“推倒重来”，倡导“在一张白纸上重新开始”。BPR在20世纪90年代成了西方管理界与企业界的热门话题，被认为是现代管理的一场革命。一些大企业，如福特汽车、通用汽车、IBM等从BPR获得了巨大成就。然而，据统计，BPR项目的失败率高达70%。这说明，实行BPI还是BPR，须视企业面临的问题和环境而定。

目前市场上有很多管理信息化软件，但是，我国大部分企业的现有管理模式与市场提供的信息化产品所代表的管理模式是有差距的。如同“没有放之四海而皆准的法则”一样，与千变万化的信息和信息资源紧密相连的企业怎么可能用同样一种模式去竞争呢？不同行业的企业、同一行业的企业，甚至同一企业在不同发展水平、不同发展阶段也不会采用同一种管理模式。IT行业关于国外信息化产品的“流言”也证实了这种观点：“三分之一拿来就能用，三分之一修修改改才能用，三分之一根本不能用。”

出现这种情况也很正常，如果把国外信息化产品比作奔驰车的话，那它对路况的要求就非常高，也就是对企业基础管理的要求特别苛刻，可是麻烦就出在这里，中国企业的基础管理较差。

基于上述原因，在规划信息系统时，必须在现有信息技术的基础上，根据信息技术的特点，借助先进的管理思想和管理方法改进或重新设计出科学的、合理的企业业务流程。

3. 信息系统总体结构规划

信息系统总体结构规划是信息系统规划的中心环节，这一环节要完成的任务是：组织的信息需求分析、系统的数据规划、功能规划与子系统的划分及信息资源配置规划。

（1）组织的信息需求分析。组织的信息需求分析是这一环节的基础工作。组织的业务流程，特别是核心业务流程是由组织的使命、目标与战略决定的。有效地支持业务流程高效率、高效益、高应变的运作，是信息系统的任务。因此，在准确识别和严格定义业务流程的基础上，要准确识别每个流程的高效率、高效益和高应变能力需要什么信息支持，这些流程又会产生哪些信息以支持其他流程的运作。

（2）系统的数据规划。数据是信息系统最重要的资源。科学、系统的数据规划是信息系统成功的基本条件，数据的混乱是导致信息系统失败的重要原因之一。必须在组织的信息需求分析的基础上，分类定义各主题数据，严格确定各类数据的来源、用途与规范，为将来系统开发时的数据管理打下坚实的基础。

（3）功能规划与子系统划分。功能规划与子系统划分是信息系统总体结构规划的核心与关键所在。这一环节的任务是在识别业务流程、明确组织信息需求、定义主题数据的基础上，确定信息系统为支持组织的目标与战略和业务流程的运作所要及时准确提供的信息，以及为提供这些信息而需收集和加工的信息，根据业务流程的性质和范围划分支持与处理有关信息的子系统，明确这些子系统的功能和子系统之间的数据联系。这就形成了功能规划与子系统划分的方案。

（4）信息资源配置规划。对信息系统的软硬件、数据存储与网络系统及信息系统的组织与人员进行规划，为项目实施与资源分配规划打下基础。

4. 项目实施与资源分配规划

用于信息系统开发的各类资源总是有限的，这些有限资源无法同时满足全部应用项目的实施。同时，一个组织内部各部分信息系统建设的需求与具备的条件是不平衡的。应该针对这些应用项目的优先顺序给予合理分配，这就是信息系统规划工作 4 阶段模型中的最后一个阶段——项目实施与资源分配阶段。这一阶段的主要工作如下。

1）制订项目实施规划

通常把规划的整个信息系统划分成若干个应用项目，分期分批实施。即根据发展战略和系统总体结构，确定系统和应用项目的开发次序与时间安排。在确定一个应用项目的优先顺序时应该依据以下 5 个方面进行分析。

① 该项目的实施对组织的改革与发展有显著的推动作用。

② 该项目的实施预计可明显节省费用或增加利润，这是一种定量因素的分析。

③ 无法定量分析其实施效果的项目，如提高职工工资，往往可以激发职工的工作积极性，但这种积极性究竟能产生多大的经济效益则是无法定量估计的。

④ 制度上的因素，即为了保证整个系统的开发研制工作能有条理地进行，有些原先并没有包括在系统开发工作之内的项目也应给予较高优先级。

⑤ 系统管理方面的需要，如有些项目往往是其他一些项目的前提，那么对于这样的项目就应该优先实施。

2）制订资源分配方案

为规划中的每个项目实施所需要的硬、软件资源，数据通信设备、人员、技术、服务、资金等进行分析，提出整个系统建设的概算。

5. 可行性分析

可行性分析的任务就是确定是否值得开发新系统及开发新系统的条件是否具备，即明确新系统开发的必要性和可行性，必要性来自对新系统开发的迫切性，而可行性则取决于开发新系统所具备的资源和条件。可行性分析是建立在对系统进行初步调查的基础之上的。

1）必要性分析

分析新系统开发的必要性，应从“显见”必要性和“预见”必要性两个方面考虑。所谓“显见”必要性是指现实系统已无法满足越来越高的管理需求，必须开发新的系统。例如，管理中要处理的数据量越来越大，无论是增加人力还是提高工作效率，都无法及时、正确地完成任务。而“预见”必要性是指根据对组织和技术发展趋势的预测，必须开发新的信息系统。

2）可行性分析

对新系统开发的可行性分析的内容如下。

（1）管理可行性。管理可行性是指管理人员对新系统开发的态度和管理方面的条件。如果高、中层管理人员不支持新系统的开发，就有必要等一等，积极做工作，创造条件。管理方面的条件主要指管理方法是否科学，相应的管理制度改革的时机是否成熟，规章制度是否齐全及原始数据是否正确等。

（2）经济可行性。经济可行性包括对系统开发费用的分析和系统开发成功之后可能带来经济效益的分析。如果不能提供开发新系统所需的经费，系统的开发显然是不可行的。经济效益应从直接经济效益和间接经济效益两方面综合考虑，直接经济效益是指可以用钱衡量的效益，如加快流动资金周转、减少资金积压等；间接经济效益是指难以用钱表示的，如提供更多、更高质量的信息，提高信息的存取速度等。

（3）技术可行性。技术可行性主要考虑目前信息技术能否支持信息系统的整个开发过程。考虑的因素主要有硬件技术、软件技术及各类技术人员的数量、能力等。

6. 系统总体规划报告和可行性研究报告

系统总体规划报告和可行性研究报告是系统开发人员对现行系统进行初步调查和研究之后的结论，它反映了系统开发人员对新系统开发的看法和设想。系统总体规划报告和可行性研究报告一般要提交到有企业决策者、部门领导、业务人员及系统开发人员等参加的正式会议上讨论，报告一旦正式通过，并且经过有关领导审核批准，系统规划阶段的工作即宣告结束。

4.3 信息系统规划常用的方法

在信息系统规划和设计时都有信息需求，获取信息需求的方法基本相同。这里介绍两种主要的方法：企业系统规划法和关键成功因素法。

4.3.1 企业系统规划法

企业系统规划（business system planning，BSP）是IBM提倡的一套用以定义组织信息需求的方法，该方法的着重点是企业的处理活动。它强调由上而下的识别系统目标、识别企业过程、识别数据，也就是从高层主管开始，了解并界定其信息需求，再依次往下推衍，直到了解整个组织的信息需求，完成整体的系统构架为止（包括子系统与系统界面）。然后再自下而上地设计系统，以支持目标，如图 4-3 所示。

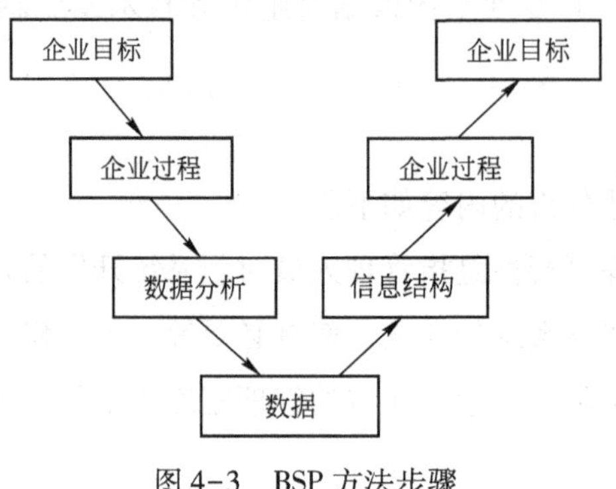

图 4-3　BSP 方法步骤

BSP 是通过全面调查，分析企业信息需求，制订信息系统总体方案的一种方法。主要分为四个基本步骤。

1. 定义管理目标

为确定拟建信息系统的目标，需要调查了解企业的目标和为了达到此目标所采取的方针、措施及某些约束条件等。一个企业的目标可由若干子目标组成，子目标还可以进一步细分。例如，一个企业的总目标是年产值和年利润达到多少，跃居国内同行第一，其子目标可分为产品生产与开发、市场定位、各项管理（财务、设备、材料、人力等）的目标。整个目标可构成一棵目标树。只有明确企业的管理目标，信息系统才可能给企业直接的支持。

2. 定义管理功能

管理功能是管理各类资源的各种相关活动和决策的组合，管理人员通过管理这些资源支持管理目标。BSP 法强调管理功能应独立于组织机构，从企业的全部管理工作中分析归纳出相应的管理功能。这样设计的信息系统可以相对独立于组织机构，较少受体制变动的影响。

3. 定义数据分类

在总体规划中，把系统中密切相关的信息归成一类数据，称为数据类。如客户、产品、合同等，都可称为数据类。识别数据类的目的在于了解企业目前的数据状况和数据要求，查明数据共享的关系，为定义信息结构提供基本依据。

一般采用实体法和功能法来定义数据类。实体是与企业有关的可以独立描述的事物，如客户、产品、人员、现金、材料等，每个实体可用四种类型来描述，即文档型、事务型、计划型和统计型。文档型数据反映实体的现状，仅与一个数据或实体有关；事务型数据反映由于获取或分配活动引起文档型数据的变化；计划型数据反映目标、资源转换过程等计划值；

统计型数据反映历史和综合数据，用作对企业的度量和控制。功能法是对每个功能都标出其输入、输出数据类，再进行比较调整，最后归纳出系统的数据类。

4. 定义信息结构

定义信息结构也就是划分子系统，确定信息系统各个部分及其相关数据之间的关系，确定各子系统实施的先后顺序。一般来讲，对企业贡献大的、需求迫切的、容易开发的子系统优先开发。

4.3.2 关键成功因素法

关键成功因素（critical success factor，CSF）是 MIT 提出的一套用以定义组织信息需求的方法，其着重点是企业成功的关键因素。在每一个企业组织中，都存在对该组织的成功起关键作用的因素，称之为关键成功因素，决策的信息就往往来自这些关键成功因素。CSF 的前提是：假定任何一个企业经营成功，必须掌握若干关键因素（一般来说，成功与否的关键因素是 6~10 个）。例如，就总裁层面而言，一个汽车工业经营成功的关键因素可能有：省油、形象、销售网络、生产成本控制；一个软件公司经营成功的关键因素可能有：产品创新、产品性能、全球销售服务网络等。同样，在组织中每位主管都有相应的成功关键因素。

在采用 CSF 法规划信息系统时，要做到三个“必须”：系统必须要适合企业或组织所属的行业及它采用的特殊策略；系统必须要能够识别那些企业为使自身成功而在管理上要经常给予认真关注的成功因素；在系统提供给各管理层的报告中必须要突出有关成功因素的情况。

CSF 法源自企业目标，通过目标分解和识别、关键成功因素识别、性能指标识别，一直到产生数据字典。这好像建立了一个数据库，一直细化到数据字典。CSF 就是要识别联系于系统目标的主要数据类及其关系。

CSF 方法的一般步骤如下：

① 了解企业目标；

② 识别所有成功因素；

③ 确定不同行业的关键成功因素；

④ 明确各关键成功因素的性能指标和评估标准。

CSF 法主要适合在高层领导人员中使用，因为高层领导总在考虑什么是关键成功因素。当然，在中层管理者中，采用 CSF 也具有较大的作用。CSF 法有助于管理者们确定哪些因素值得注意，以保证那些关键性的因素得到有效的管理和监督，并迫使管理者们为那些因素确定度量的方法，制定有关度量的报告。

第5章

系统分析

系统分析工作是系统规划工作的继续。系统分析是应用系统的思想和方法，把复杂的对象分解成简单的组成部分，找出这些部分的基本属性和彼此间的关系。本章要讲的系统分析是具体的、详细的系统分析。它是信息系统建设中一个十分重要的阶段，这一阶段的主要成果是得到系统的逻辑模型，为后续的系统设计提供依据。

5.1 系统分析的任务

系统分析的任务就是要在充分认识原信息系统的基础上，通过问题识别、详细调查、系统化分析，最后完成新系统的逻辑方案设计或称逻辑模型设计。逻辑方案不同于物理方案，前者解决“做什么”的问题，是系统分析的任务；后者解决“怎么做”的问题，是系统设计的任务。要解决系统“做什么”的问题，系统分析人员必须与用户进行友好的沟通和协商，这是系统分析工作的特点之一。根据现在信息系统与计算机信息系统各自的特点，认真调查和分析用户的需求。所谓用户需求，是指目标系统必须满足的所有性能和限制，通常包括功能要求、性能要求、可靠性要求、安全保密要求及开发费用、开发周期和可使用的资源等方面的限制。

用户需求包括用户明确表达出来的和用户没有明确表达出来的需求，以及潜在的需求。系统分析人员要善于挖掘出用户没有明确表达出来的需求，要善于通过系统分析修正用户提出的要求，要弄清哪些工作交由计算机完成，哪些工作仍由人工完成，以及计算机可以提供哪些新功能。这样就可以在逻辑上确定目标系统的功能，而不涉及具体的物理实现，也就解决了系统“做什么”的问题。

5.2 系统的初步调查

系统初步调查是系统分析阶段的第一项活动。其主要目标是了解现实需求，提出新系统开发的目标和规模。系统分析人员根据系统规划的总体目标对组织的现状进行调查。调查的主要内容是现有系统的运行情况，包括设备配置、运行的信息系统、业务的需求，并对此进行分析，即现有什么，需要什么，随着发展有哪些问题需要解决，目前又难以解决的问题是什么，是否有必要开发新系统；若开发，提出新系统的大致目标、规模和主要功能，并对投资作初步估算。系统初步调查的基本内容包括以下几点。

（1）计算机应用现状：现有硬件情况、现有网络操作系统及数据库管理系统的类型和现有应用系统的种类、主要功能及存在的问题等情况。

（2）组织机构：有哪些主要的职能部门及各职能部门的主要职能是什么。

（3）态度：指组织中各类管理人员对开发信息系统的态度，主要包括对开发新系统的支持和关心的程度，对信息系统的认识程度和看法。

5.3 系统的详细调查

要想开发出一个既实用又先进的系统，就要进一步对现行系统作全面、深入的调查和分析，包括现行系统的运行状况、主要功能、组织结构、业务流程和数据流程等，明确要解决的具体问题。

在此基础上，形成详细调查报告。其主要内容包括主要功能和目标、组织结构图、业务流程图、数据流程图、现行系统的问题分析和新系统的解决方案等。

5.3.1 详细调查的原则

1. 用户参与

由组织的业务人员、主管人员和设计部门的系统分析人员共同进行。由于设计人员熟悉计算机技术但对组织的业务不够清楚，而管理人员熟悉本身业务但不一定了解计算机技术，所以只有将两者结合在一起，相互合作，共同协商，才能更深入地发现系统存在的问题，共同研讨解决的方案。

2. 自顶向下全面展开

系统调查工作应严格按照自顶向下的系统化观点全面展开。首先从组织管理工作的最顶层开始，然后再调查下一层（第二层），完成了这两层的调查后，再深入调查下一层（第三层）。依次类推，直到摸清组织的全部管理工作。这样做的目的是使调查者既不会被组织内部庞大的管理机构搞得不知所措，又不会因调查工作量太大而顾此失彼。

3. 分析有无改进的可能性

组织内部的每一个管理部门和每一项管理工作都是根据组织的具体情况和管理需要而设

置的，调查工作的目的正是要搞清这些管理工作存在的目的、环境条件及工作的详细过程，然后再通过系统分析讨论其在新的信息系统支持下有无优化的可行性。所以系统分析人员在系统调查时最好是保持头脑冷静和持开放态度，实实在在地搞清现实工作和它所在的环境条件。如果调查前脑子里已经有了许多的“改革”或“合理化”设想，那么这些设想势必会先入为主，妨碍接收调查的现实情况信息，以致无法客观地了解实际问题。

4. 工程化的工作方式

对于任何一个工业企业来说，其内部的管理机构都是庞大的，这就给调查工作带来了一定的困难，一个大型系统的调查一般都是由多个系统分析人员共同完成的，按工程化的方法组织调查是可以避免调查工作中的一些可能出现的问题。所谓工程化的方法，就是将工作中的每一步工作事先都计划好，对多个人的工作方法和调查所用的表格、图例都统一规范化处理，以使群体之间能相互沟通、协调工作。另外，所有规范化调查结果（如表格、问题、图和所收集的报表等）都应整理后归档，以便下一步工作的使用。

5. 主动沟通与亲和友善的工作方式

系统调查涉及组织内部管理工作的各个方面和各种不同类型的人。故调查者主动地与被调查者在业务上进行沟通是十分重要的。创造出一种积极、主动、友善的工作环境和人际关系是调查工作顺利开展的基础，一个好的人际关系可以使调查和系统开发工作事半功倍，反之则有可能根本进行不下去。但是这项工作说起来容易，做起来却很难。在主观上，它对开发者有积极主动和行为心理方面的要求。

6. 全面铺开与重点调查相结合

如果是开发整个组织的信息系统，开展全面的调查工作是必然的。如果近期内只需开发组织内部某一局部的信息系统，就必须坚持全面铺开与重点调查相结合的方法。即自顶向下全面展开，但每次都只侧重于与局部相关的分支。

5.3.2 详细调查的方法

为了全面及时地完成调查分析工作，调查组应拟订详细的调查计划，规定调查研究的范围和方法，明确调查组每个成员的工作任务。通常采用的调查方法有以下 5 种。

1. 开调查会

开调查会是一种集中征询意见的办法，适于对系统的定性调查。可按两种组织方式进行：一是按职能部门召开座谈会，了解各个部门业务范围和工作内容、业务特点及对新系统的想法和建议；二是召集各类人员联合座谈，着重听取使用单位对目前作业方式存在问题的介绍和对新系统解决问题的要求等。调查会要求技术骨干参加。

2. 发问卷调查表

发问卷调查表是由系统分析人员将与系统开发有关的问题以问卷的形式，发给组织中的有关人员，通过回答问题的方式，了解系统现状和系统需求。其原则是：问卷的信息量不要太大，问题要简单、明确、直接，突出主题和中心思想。切忌表述不清、出现容易产生二义性的问题。问卷方式可以采用自由式问卷或选择式问卷。

3. 访问

访问是一种征询个别意见的办法，是收集数据的主要渠道之一。通过调查人员与被访问者的自由交谈，听取各方面的要求和希望，获得较为详细的定性、定量信息。在访问时应从系统的输出、输入，信息的来源、去向，组织及处理等方面提出问题。

4. 直接参加业务实践

直接参加业务实践是系统分析人员深入、准确、完整了解系统中一些复杂环节的最佳方法。通过参加业务实践，系统分析人员可以深入地了解和掌握原系统数据的产生、输入传递、处理、存储及输出的具体过程和内容，并能体验和找出系统中的各种缺陷、有可能出现的问题等。

5. 收集资料

收集资料是系统开发者针对系统开发中组织应提供的必备资料而采取的某些形式。系统开发中所要的资料清单能够提供给用户，让用户尽量支持。收集人员要有高度的责任感，有些需要保密的要遵守保密纪律。可以说，资料是大量的，但要收集到有用的资料。收集的资料要保证准确、全面、符合现实应用。对资料要分类、归纳、分析。

5.3.3 详细调查的内容

系统调查的内容十分广泛，涉及组织的生产、经营、管理、资源与环境等各个方面，一般可从系统的定性调查和定量调查两个方面进行。

1. 系统的定性调查

定性调查主要是对现有系统的功能进行总结，包括组织结构的调查、管理功能的调查、业务流程的调查、数据流程的调查和系统环境的调查等。

（1）组织结构的调查。调查系统的组织机构、领导关系、人员分工和配备情况等。不仅可以了解系统的构成、业务分工，而且可以进一步了解人力资源状况。

（2）管理功能的调查。所谓功能，指的是完成某项工作的能力。为了实现系统目标，系统必须具有各种功能。各子系统功能的完成，又依赖于下面更具体的功能。管理功能的调查是要确定系统的这种功能结构。

（3）业务流程的调查。不同系统有不同的功能，它们进行着不同的处理。分析人员需要尽快熟悉业务，全面细致地了解整个系统各方面的业务流程，主要是为发现和消除业务流程中不合理的环节。

（4）数据流程的调查。在业务流程的基础上舍去物质要素，对收集的数据及统计和处理数据的过程进行分析和整理，绘制原系统的数据流图，为下一步分析做好准备。

（5）系统环境的调查。系统环境是指不直接包括在计算机信息系统之中，但对计算机系统有较大影响因素的集合。环境不是设计的对象，但对设计有所影响和限制。环境调查的内容包括处理对象的数据来源，处理结果的输出时间与方式等。

2. 系统的定量调查

定量调查的目的是弄清楚数据流量的大小、时间分布和发生频率，掌握系统的信息特征，据此确定系统规模，估计系统建设的工作量，为下一阶段的系统设计提供科学依据。

（1）收集各种原始凭证。通过凭证的收集，统计单据的数量，了解各种数据的格式、意义、产生时间、地点和系统输入的方式，并对每张单据信息所占字节数做出估计，得出每月、每日、每时的系统数据流量。

（2）收集各种输出报表。通过输出报表的收集，统计各种报表存储的字节数和印刷行数，分析其格式的合理程度。

（3）统计各类数据的特征。通过对各类数据平均值、最大值、最大位数及其变化率等的统计，确定数据类型，重点是弄清对系统影响较大的静态数据的存储格式和存储量。

（4）收集与新系统对比所需的资料。收集系统的各类业务工作量、作业周期和差错发生数等，供新旧系统在对比时使用。

5.4 组织结构与管理功能分析

组织结构与管理功能分析是整个系统分析工作中最简单的一环。组织结构与管理功能分析主要有三部分内容：组织结构分析、组织业务分析及管理功能分析。

5.4.1 组织结构分析

组织结构分析主要根据系统调查的结果，给出组织结构图。据此分析组织各部门间的内在联系，判断各部门的职能是否明确，是否真正发挥作用。根据同类型组织的国际、国内先进管理经验，对组织结构设置的合理性进行分析，找出存在的问题。根据计算机管理的要求，为决策者提供调整机构设置的参考意见。

一个组织（企业、公司、部门等）的机构设置，自上而下一般是按级别、层次构成的，呈树状结构，表示各组成部分之间的隶属关系或管理与被管理的关系，图 5-1 给出了某企业的组织结构图。

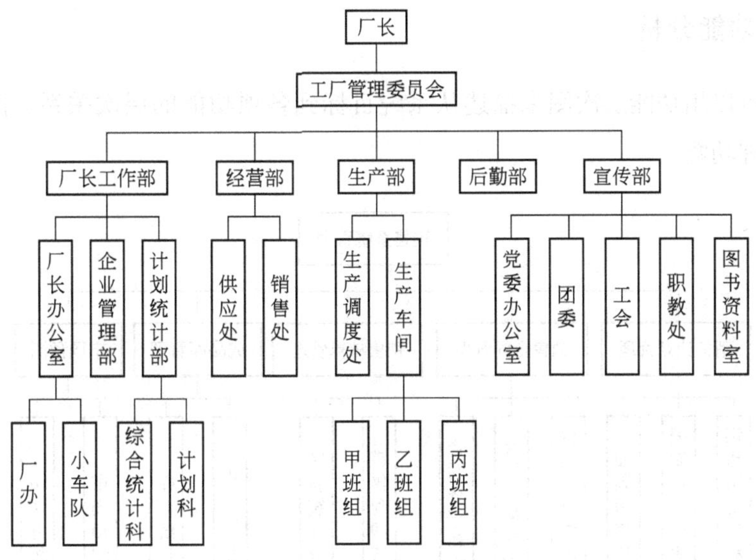

图 5-1　某企业的组织结构图

5.4.2　组织业务分析

组织结构图反映了组织内部和上下级关系。但是对于组织内部各部分之间的联系程度、组织各部分的主要业务职能和它们在业务过程中所承担的工作等却不能反映出来。这将会给后续的业务、数据流程分析和过程/数据分析等带来困难。为了弥补这方面的不足，通常增设组织/业务关系表来反映组织各部分在承担业务时的关系，见表 5-1。组织/业务关系表中横向表示各组织名称，纵向表示业务名称，中间栏填写组织在执行业务过程中的作用。

表 5-1　组织/业务关系表

功能	序号	业务名称	计划科	质量科	设计科	工艺科	机动科	总工室	研究所	生产科	供应科	人事科	总务科	教育科	销售科	仓库	⋮
功能与业务	1	计划	*					√		×	×				×	×	
	2	销售		√											*	×	
	3	供应	√							×	*					√	
	4	人事										*	√	√			
	5	生产	√	×	×	×		*		*	×				√	√	
	6	设备更新				*	√	√	√	×							
	7	…															

注：“ * ”表示该项业务是对应组织的主要业务（主持工作的单位）；
“×”表示该单位是参加协调该项业务的辅助单位；
“√”表示该单位是该项业务的相关单位（或称有关单位）；
空格表示该单位与对应业务无关。

5.4.3 管理功能分析

在调查中可以用功能层次图来描述从系统目标到各项功能的层次关系，图 5-2 表示某销售系统的管理功能。

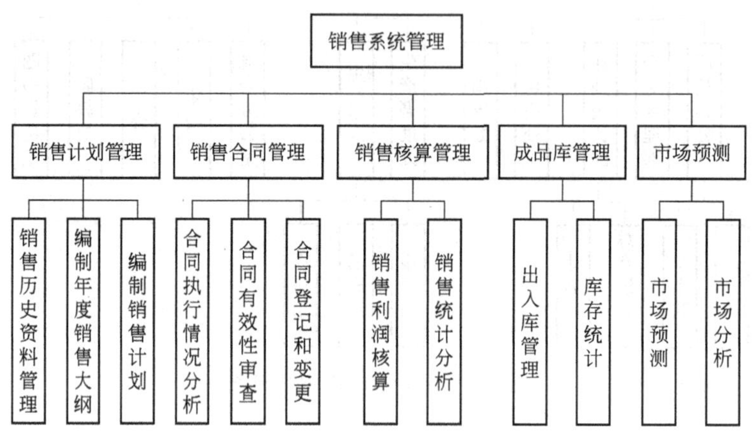

图 5-2 某销售系统的管理功能图

5.5 业务流程分析

在对系统的组织结构和功能进行分析时，需要从实际业务流程的角度将系统调查中有关该业务流程的资料都串起来，以便进一步的分析。业务流程分析可以帮助了解该业务的具体处理过程，发现和处理系统调查工作中的错误和疏漏，修改和删除原系统的不合理部分，在新系统的基础上优化业务处理流程。

业务流程图（transaction flow diagram，TFD）是用一些规定的符号及连线来表示某个具体业务的处理过程。业务流程图的绘制基本上按照业务的实际处理步骤和过程绘制。换句话说，就是用图形方式来反映实际业务处理过程的“流水账”。绘制出这本“流水账”对于开发者理顺和优化业务过程是很有帮助的。

业务流程图的画法尚不统一。但若仔细分析就会发现它们都是大同小异的，只是在一些具体的规定和所用的图形符号方面有些不同，而在反映业务流程方面是非常一致的。由于它的符号简单明了，所以易于阅读和理解业务流程。但它的不足是对于一些专业性较强的业务处理缺乏足够的表现手段，它比较适用于反映事务处理类型的业务过程。

1. 基本符号

业务流程图的绘制没有统一的标准，不同的教材所采用的符号也不尽相同。本书推荐使用的符号，如图 5-3 所示。

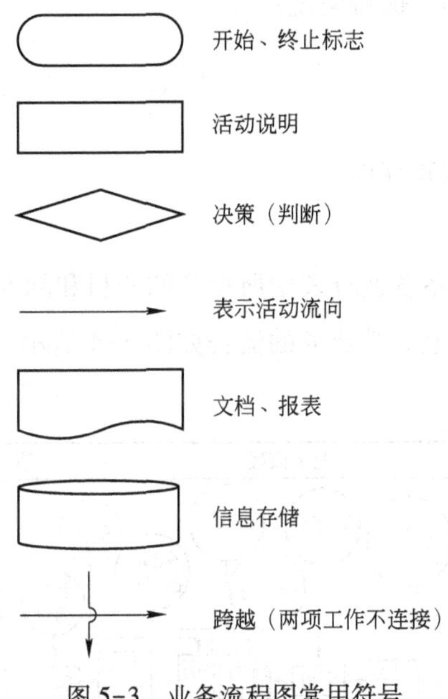

图 5-3　业务流程图常用符号

2. 绘制业务流程图的基本步骤

信息系统涉及的业务流程较多，有的甚至很复杂。因此，在绘制业务流程图之前，应确定绘制业务流程图的基本步骤和方法。一般来说，绘制业务流程图应遵循以下几个基本步骤。

① 确定职能和工作任务；

② 划定工作起点和终点；

③ 跟踪关键业务对象；

④ 确定岗位（组织单元）及其活动；

⑤ 绘制流程图草案；

⑥ 流程图汇总分析；

⑦ 确定流程图。

3. 业务流程图的绘制方法

本书推荐的方法分为以下 8 个步骤。

① 横向列出岗位（组织单元）并标记为 A、B、C、D 等；

② 纵向按业务发生的顺序标记为 1、2、3 等；

③ 图中标记流程使用部门、流程编号、流程名称、流程页码、编制日期、编制人、签发人、签发日期和密级等内容；

④ 列表描述流程节点。节点由岗位标记和业务顺序号组成，如 A1 表示业务由岗位 A 开始；

⑤ 流程图要尽量分布均匀，保持美观；

⑥ 绘制草图；

⑦ 审核；

⑧ 绘制正规流程图，审核并存档。

4. 绘制举例

业务流程图的绘制是根据系统调查表中所得到的资料和问卷调查的结果，按业务实际处理过程将它们绘制在同一张图上。某业务的流程如图 5-4 所示。

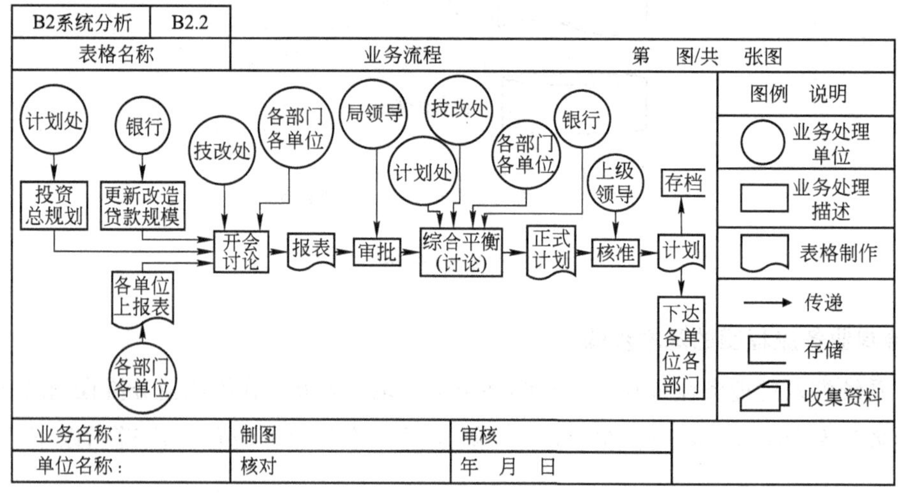

图 5-4 某业务流程图举例

5.6 数据流程调查与分析

数据是信息的载体，是系统要处理的主要对象。因此必须对系统调查中所收集的数据及统计处理数据的过程进行分析和整理。如果发现有数据不全、采集过程不合理、处理过程不畅和数据分析不深入等问题，应在本分析过程中研究解决。数据与数据流程分析是建立数据库系统和设计功能模块处理过程的基础。通常以数据流图作为分析的主要工具。

5.6.1 数据资料收集

数据资料收集是数据流程调查过程中的一项重要任务，其主要工作包括以下几点。

（1）按业务过程收集原系统全部输入单据（如入库单、收据、凭证）、输出报表和数据存储介质（如账本、清单）的典型格式。

（2）弄清各环节的处理方法和计算方法。

（3）在上述各种单据、报表、账本的典型样品上用附页注明制作单位、报送单位、发生频度（如每月制作几张）、发生高峰时间、发生量、各项数据的类型（数字、字符）、长度和取值范围（指最大值和最小值）等。

5.6.2 数据的汇总分析

在系统调查中系统分析员收集了大量的数据载体（如报表、统计表文件格式等）和数据调查表，这些原始资料基本上是由每个调查人员按组织结构或业务过程收集的，它们往往只是局部地反映了某项管理业务对数据的需求和现有的数据管理状况。对于这些数据资料必须加以汇总、整理和分析，使之协调一致，为以后在分布式数据库内各子系统充分地调用和共享数据资料奠定基础。调查数据汇总分析的主要任务是将系统调查所得到的数据分为以下三类。

（1）系统输入数据类（主要指报表），即下级子系统或网络要传递的内容。

（2）系统内要存储的数据类（主要指各种台账、账单和记录文件），它们是系统数据库要存储的主要内容。

（3）系统产生的数据类（主要指系统运行所产生的各类报表），它们是系统输出和网络传递的主要内容。

然后对每一类数据进行三项分析：汇总并检查数据有无遗漏；数据分析（检查数据的匹配情况）；建立统一的数据字典。

1. 数据汇总

数据汇总是一项较为繁杂的工作，为使数据汇总能顺利进行，通常将它分为以下几步。

（1）将系统调查中所收集到的数据资料，按业务过程进行分类编码，按处理过程的顺序排放在一起。

（2）按业务过程自顶向下地对数据项进行整理。

（3）将所有原始数据和最终输出数据分类整理出来。原始数据是确定关系数据库基本表的主要内容，而最终输出数据则是反映管理业务所需求的主要数据指标。这两类数据对于后续工作来说是非常重要的，所以将它们单独列出来。

（4）确定数据的字长和精度。根据系统调查中用户对数据的满意程度及今后预计该业务可能的发展规模，统一确定数据的字长和精度。对数字型数据来说，它包括数据的正负号、小数点前后的位数和取值范围等；对字符型数据来说，只需确定它的最大字长和是否需要中文。

2. 数据分析

数据分析的主要任务是从整体系统的角度出发，对收集到的数据进行以下操作。

（1）数据正确性分析。数据正确性分析主要是分析数据的完备程度、一致性程度和冗余程度等。

（2）数据项特征分析。数据项特征分析包括以下几点。

① 分析数据的类型、精度及字长。

② 确定数据的取值范围，即确定有关数据项的最大值和最小值。

③ 分析数据量，即单位时间内的业务量和使用频率等。

④ 确定存储时间，确定有关数据的存储和保留的时间周期。

⑤ 分析数据所涉及的业务。

5.6.3 数据流图

数据流程分析是把数据在组织（或原系统）内部的流动情况抽象地独立出来，舍去具体的组织机构、信息载体、处理工作、物资和材料等，从数据流动过程来考查实际业务的数据处理模式。主要包括对信息的流动、传递、处理和存储等进行分析。它的目的是要发现和解决数据流通中的问题，如：数据流程不畅、前后数据不匹配、数据处理过程不合理等。一个畅通的数据流程是新系统实现业务处理过程的基础。

数据流程分析是通过数据流图（data flow diagram，DFD）来实现的。数据流图是一种能全面描述信息系统逻辑模型的工具，它可以用几种符号综合地反映出信息在系统中的流动、处理和存储的情况。数据流图具有抽象性和概括性。抽象性表现在它完全舍去了具体的物质，只剩下数据的流动、加工处理和存储；概括性表现在它可以把信息处理过程中的各种不同业务处理过程联系起来，形成一个整体。无论是手工操作部分还是计算机处理部分，都可以用它表达出来。下面介绍一下数据流图的四个基本符号。

1. 外部实体

外部实体表示数据的来源或去向，通常是系统内、外的人或组织，如上级主管部门、供货单位等，或者是向系统提供数据或接收数据的另一个数据处理系统。

2. 数据处理过程

处理过程是对数据进行变换操作，即把流向它的数据进行一定的变换处理，产生出新的数据，通常用矩形表示一个处理过程，图形下部填写处理过程的名字（如开发票、出库处理等），名字应适当反映该处理过程的含义，使之容易理解，上部填写处理过程的编号，标识它在数据流图中的层次。

3. 数据存储

数据存储指出了数据存储的地方（如数据文件、账本、表、单据等），这里所说的地方并不指保存数据的物理地点或物理存储介质，而是数据存储的逻辑描述。数据存储用一个右边开口的长方形表示。图形右部填写数据存储的名字，左边填写数据存储的标识。为了避免数据流线条的交叉，有时在一张图中会出现同样的数据存储。此时，可在重复出现的数据存储符号的左边再加一条或两条竖线或在左上角画一条或两条斜线。

4. 数据流

数据流就是从源点向终点方向流动的数据，它可以是一项数据，也可以是一组数据（如报表、订单等），也可用来表示对数据文件的存储操作。一般用一条线表示数据流，用箭头指示流动方向。数据流可以由某一外部实体产生，也可以由处理过程或数据存储产生，对每一条数据流都要给予简单的描述，并标识在数据流箭头的上方，以便用户和系统设计人员能够理解它的含义。

数据流图通常用如图 5-5 所示的符号来表示。

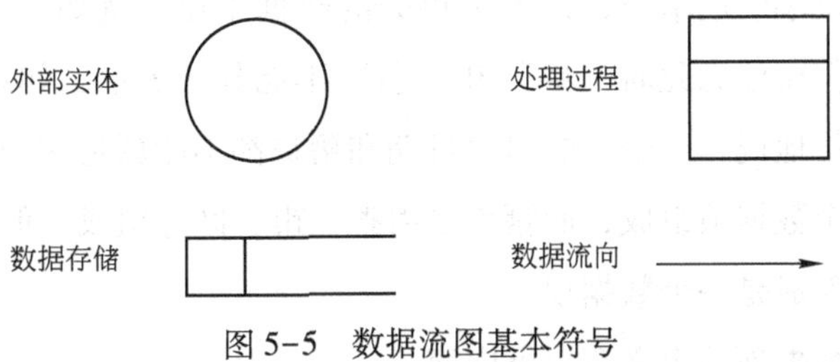

图 5-5　数据流图基本符号

对于一个完整的信息系统，需要处理的数据很多，不可能在一张数据流图里完整地表达出所有数据的处理过程，这就需要把整个信息系统分解成若干个子系统。若子系统太大，可以分解为更小的子系统，直到每个数据处理过程可以画在一张图上为止。在此过程中，实际上是把整个流程图分解成若干个层次。把上述分解过程中得到的一套由抽象到具体的数据流图称为分层数据流图。

其中，顶层通常由一个数据处理和若干个输出/输入数据组成，它规定了系统的边界和范围，描述的是系统的概貌。顶层是由一些不必要细分的数据处理组成，这些数据处理过程称为基本数据处理过程。根据具体系统而定，在顶层与底层之间可以有许多中间层次，有的可能分为二层，有的可能分为三层，有的甚至更多。

在逐层分解的过程中，要保证分解前后的输入数据流和输出数据流数目相等。它保证了数据流图在分解前后的功能不变。

对一般的信息系统而言，需要处理或加工的数据可能有几百甚至几千个。为了准确、清晰地表达数据在系统中的流动，在绘制数据流图时应遵循下述原则。

（1）按照业务流程图理出的业务流程顺序，将调查过程中所掌握的数据处理过程，绘制成一套完整的数据流图，一边整理绘图，一边核对相应的数据、报表和模型等。

（2）按照自顶向下的顺序分步展开绘制。

（3）由粗到细，逐步求精。

5.6.4 数据字典

数据流、数据存储等数据型条目构成数据字典（data dictionary，DD）。数据字典把数据流图的所有数据都加以定义，并按特定格式予以记录，以备随时查询和修改。因此，数据字典是数据流图的辅助资料，对数据流图起注解作用。在结构化系统分析中，数据字典主要用于描述数据流和数据存储的逻辑内容，以及外部实体和处理过程的某些数据特性。

数据字典中把数据的最小组成单位定义为数据项，若干个数据项可以组成一个数据结构。数据字典是通过数据项和数据结构的定义来描述数据流和数据存储的逻辑内容。

1. 数据项

数据项是数据的最小组成单位，即不可再分的数据单位。例如，学生的“姓名”可以看成是一个数据项，但要注意此时“姓”和“名”不能分开表示，如果分开表示，“姓名”就不是数据项了。严格地说，一个人的出生日期和籍贯都不能算是一个数据项，因为出生日期是由年、月、日 3 个数据项组成，而籍贯是由省、市、区等组成。但是为了分析简便，也可把出生日期和籍贯看成是一个数据项。

在数据字典中，数据项的定义有以下内容。

（1）数据项的名称：每个数据项均有一个名称。例如，职工号、职工名、产品名、考核成绩等都是数据项的名称。在整个系统中，数据项的名称应唯一地标识出这个数据项，以区别于其他数据项。数据项的名称应尽量反映该数据项的具体含义，以便容易理解和记忆。对于同一数据项，其名称可能不止一个，以适用多种场合下的应用。在这种情况下，还需对数据项的别名加以说明。

（2）数据项的值域：指数据项的取值范围及每一个值的确切含义。例如，某企业职工的“工资”的值域就是 500~2 000 元的数值；又如人事档案中“文化程度”数据项，如果规定只能取“小学”“初中”“高中”“中专”“大专”“本科”“研究生”这 7 个值中的任一个，则“文化程度”这一数据项的值域就是上述所列的 7 个值。如果用字母或缩写代替数据项的值，还需说明字母或缩写的含义，即说明数据项的取值含义。在数据字典中应对每一个数据项的值域和取值含义都加以定义，以便分析问题。

（3）数据项的数据类型：指取值的数据类型。基本类型有数值型（包括整数与实数）、字符型（包括汉字的使用）、逻辑型等。例如，职工“工资”数据项为数值型，“文化程度”为字符型。

（4）数据项的长度：它规定该数据项所占的字符或数字的个数。

除了上述 4 项主要内容外，在必要时还须对数据项的数据结构和处理过程等加以说明，如图 5-6 所示为数据元素条目示例图。

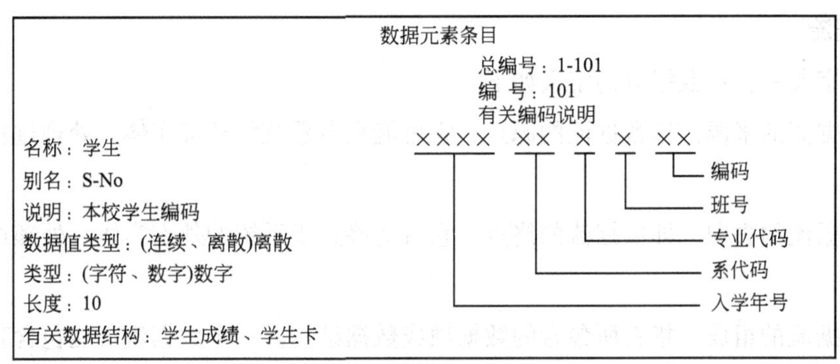

图 5-6 数据元素条目示例图

2. 数据结构

数据结构用来定义数据项之间的组合关系。在数据字典中的数据结构是对数据的一种逻辑描述。一个数据结构可以是若干个数据项的组合，也可以由若干个数据结构组成，还可以由若干个数据项和数据结构混合组成。

在数据字典中，对数据结构的定义如下。

（1）数据结构的名称：用于标识数据结构，以区别于系统中其他的数据结构。如“职工工资文件”“学生档案”“客人信息”等。

（2）数据结构的组成：包括数据项或数据结构。如果引用了其他数据结构，那么被引用的数据结构已经被定义，这里只需列出被引用的数据结构的名称。

对数据结构的定义还包括数据结构的简单描述、与之相关的数据流、数据结构或处理过程及该数据结构可能的组织方式。下面给出一个数据结构条目示例，如图 5-7 所示。

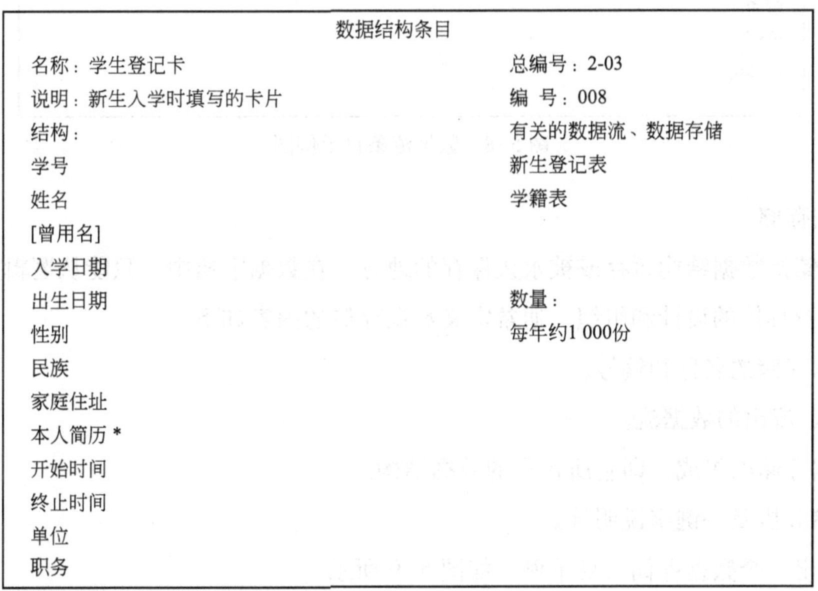

图 5-7 数据结构条目示例图

3. 数据流

在数据字典中，对数据流的定义如下。

（1）数据流的来源：即数据流的源点，它可能来自系统的外部实体、处理过程或数据存储单元。

（2）数据流的去向：即数据流的终点，它可能终止于系统的外部实体、处理过程或数据存储单元。

（3）数据流的组成：指它所包含的数据项或数据结构。一个数据流可能包含若干个数据结构。这时，需在数据字典中加以定义。如果一个数据流仅包含一个简单的数据项或数据结构，则该数据流无须专门定义，只需在数据项或数据结构中加以标明。

（4）数据流的流通量：指在单位时间内，该数据流的传输次数。例如，500 次/天。

下面给出一个数据流条目示例，如图 5-8 所示。

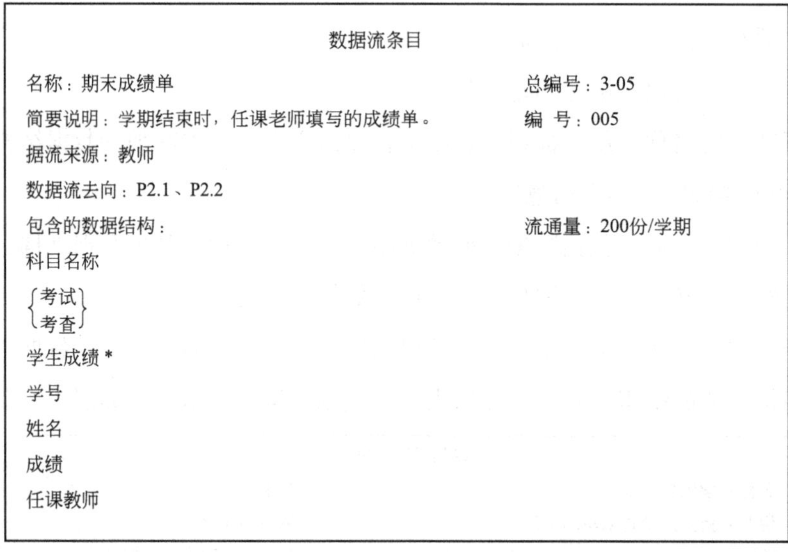

数据流条目

名称：期末成绩单　　总编号：3-05

简要说明：学期结束时，任课老师填写的成绩单。　　编　号：005

据流来源：教师

数据流去向：P2.1、P2.2

包含的数据结构：　　流通量：200份/学期

科目名称

{考试
考查}

学生成绩 *

学号

姓名

成绩

任课教师

图 5-8　数据流条目示例图

4. 数据存储

数据存储指数据结构暂存或被永久保存的地方。在数据字典中，只能从逻辑上加以简单描述，不涉及具体的设计和组织。通常定义数据存储的内容如下。

① 数据存储的名称和编号。

② 流入/流出的数据流。

③ 数据存储的组成，即它所包含的数据结构。

④ 存储分析及关键字说明等。

下面给出一个数据存储条目示例，如图 5-9 所示。

数据存储条目

名称：学习成绩　　总编号：4-02

说明：学期结束，按班汇集学生各科成绩。　　编　号：D2

结构：

班级　　有关的数据流：

学生成绩

学号

姓名

成绩

科目名称　　信息量：150份/学期

有无立即查询：有

{考试
考查}

图 5-9　数据存储条目示例图

在数据字典中强调的是对数据存储结构的逻辑设计，并用数据结构表达数据项之间的逻辑关系。但是，这种结果并不能满足系统分析阶段的要求。在任何一个信息系统中，都可能有成百上千个数据项，仅仅描述这些数据项是不够的，更重要的是把它们以最优的方式组织起来，以满足系统对数据的要求。

5. 处理过程

在数据字典中，对处理过程的描述有以下几项内容。

① 处理过程在数据流图中的名称、编号。

② 处理过程的简单描述。

③ 处理过程的输入数据流、输出数据流及其来源与去向。

④ 主要功能的简单描述。

下面给出一个处理过程条目示例，如图 5-10 所示。

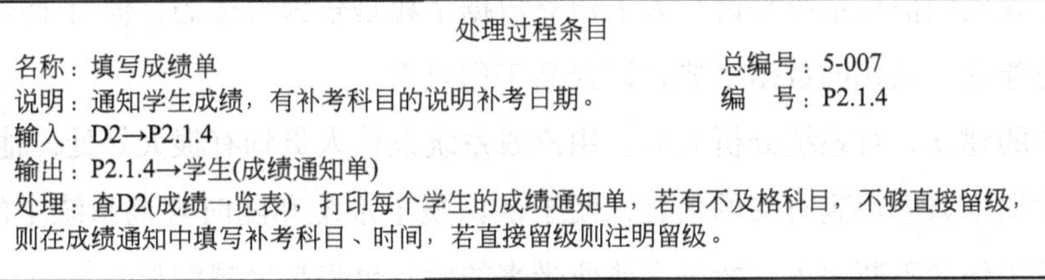

处理过程条目

名称：填写成绩单　　总编号：5-007

说明：通知学生成绩，有补考科目的说明补考日期。　　编　号：P2.1.4

输入：D2→P2.1.4

输出：P2.1.4→学生(成绩通知单)

处理：查D2(成绩一览表)，打印每个学生的成绩通知单，若有不及格科目，不够直接留级，则在成绩通知中填写补考科目、时间，若直接留级则注明留级。

图 5-10　处理过程条目示例图

6. 外部实体

在数据字典中，对外部实体的定义包括：外部实体的名称、对外部实体的简述及有关数据流。一个信息系统的外部实体不应过多，否则影响系统的独立性。

下面给出一个外部实体条目示例，如图 5-11 所示。

外部实体条目	
名称：学生	总编号：06-001
说明：	编　号：001
输出数据流：	个　数：约4000个
输入数据流：	
P2.1.4→学生(成绩通知)	

图 5-11　外部实体条目示例图

上述 6 个方面的定义构成了数据字典的全部内容。在实际应用中，常对数据存储和处理过程的描述另立报告，而不在数据字典中描述。另外，有时也可省去一些内容，如外部实体的描述。但是，数据项、数据结构和数据流必须列入数据字典中并加以详细说明。

从上面的讨论可知，数据字典是对系统数据流图的详细说明，是系统分析阶段的重要文件。因此，编写数据字典是一项十分重要而繁重的任务，特别是对一些中、大型的信息系统，数据字典的编制工作量非常大，往往需要多人共同完成。为了保证数据字典的正确性、规范性和统一性，在编制数据字典的过程中，应遵循下述基本原则。

（1）数据字典的内容要以数据流图为基础，随着数据流图自顶向下，逐层扩展而不断充实。

（2）数据流图中各部分内容的定义必须明确，且唯一。

（3）命名、编号要与数据流图一致，在必要时（如当计算机辅助编写数据字典时）可增加编码，以方便查询、检索和维护。

（4）符合一致性与完整性的要求。在数据字典中无内容重复或内容相互矛盾的条目。

（5）格式规范，风格统一，文字精练，数字与符号正确。

（6）数据字典要随数据流图的完善，进行相应的修正，以保持数据字典的一致性和完整性。

数据字典的建立有两种方式：①人工将有关内容建立在一叠卡片上，对卡片进行分类、排序，从而得到数据字典。②使用自动化数据字典系统，由计算机来代替人工登记、分类等工作。对于小规模的信息系统来说，人工建立数据字典是较为合适的，但对于中、大型的信息系统，则应建立自动化的数据字典，以提高工作效率。

数据字典的建立，对系统分析人员、用户或系统设计人员均有很大好处，他们可以从不同的角度在数据字典中得到有关的信息，便于认识整个系统和随时查询系统中的部分信息。随着系统开发工作的不断深入，数据字典所带来的效益也将越来越明显。

5.7　描述处理逻辑的工具

数据流图、数据字典和处理逻辑三者构成了系统的逻辑模型，能够清楚表达处理逻辑的工具主要有：结构化语言、判断树和判断表。

1. 结构化语言

结构化语言是专门用来描述功能单元逻辑功能的一种规范化语言，它介于自然语言和程序设计语言之间。它与程序设计语言的结构相似，结构化语言只允许 3 种基本逻辑结构：顺序结构、选择结构和循环结构。它与自然语言的最大不同是它只使用极其有限的词汇和语句，以便简洁而明确地表达功能单元的逻辑功能。某结构化语言示例如图 5-12 所示。

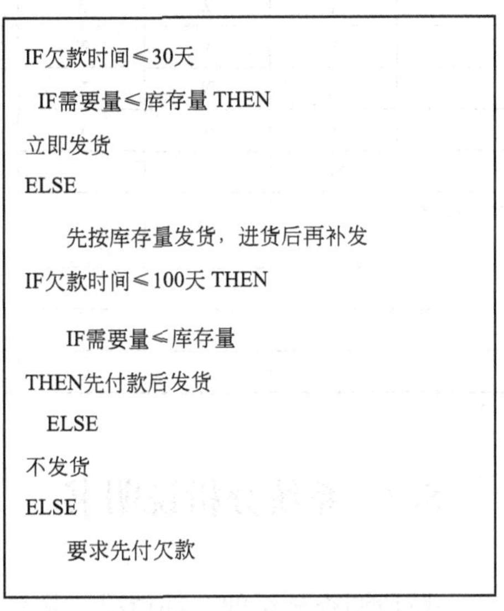
IF欠款时间≤30天
IF需要量≤库存量 THEN
立即发货
ELSE
先按库存量发货，进货后再补发
IF欠款时间≤100天 THEN
IF需要量≤库存量
THEN先付款后发货
ELSE
不发货
ELSE
要求先付欠款

图 5-12　结构化语言示例

2. 判断树

当某个动作的执行不是只依赖于一个条件时，如果仍然用结构化语言来表达，可能要使用多层判断语句，会比较复杂，在这种情况下用判断树更为合适。判断树是用来表示逻辑判断问题的一种图形工具。它用“树”来表达不同条件下的不同处理，比用语言的方式更为直观。判断树的左边为树根，从左向右依次排列各种条件，左边的条件比右边的优先考虑。根据每个条件的不同取值，树可以产生很多分支，各分支的右端（树梢）即为不同条件取值状态下采取的行动，也称策略。上述示例可用判断树表示，如图 5-13 所示。

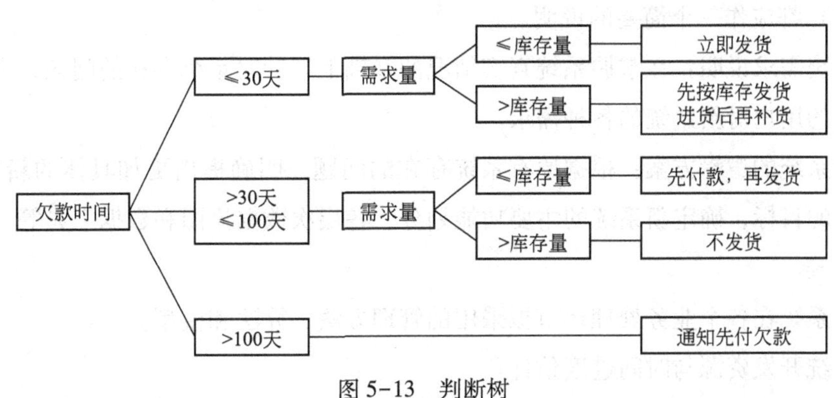

图 5-13　判断树

3. 判断表

判断表是一种表达判断逻辑的工具，它以表格的形式给出各种条件的全部组合及在各种组合下应采取的行动。当条件的个数较多、相应的动作也很多的情况下，使用判断表比判断树更加有效和清晰。例如，图 5-13 的判断树可用表 5-2 来表示。

表 5-2　判断表

决策规则号		1	2	3	4	5	6
条件	欠款时间≤30 天	Y	Y	N	N	N	N
	欠款时间>100 天	N	N	Y	Y	N	N
	需求量≤库存量	Y	N	Y	N	Y	N
应采取的行动	立即发货	√					
	先按库存发货，进货后再补货		√				
	先付款，再发货					√	
	不发货						√
	要求先发货			√	√		

5.8　系统分析说明书

系统分析说明书反映了这一阶段调查分析的全部情况，是系统分析阶段最重要的文档。用户可以通过系统分析说明书来验证和认可新系统的开发策略与开发方案，而系统设计师则可以用它来指导系统设计工作和系统实施标准。此外，系统分析说明书还可作为项目成功与否的评价标准。

系统分析说明书主要包括以下内容。

（1）概述：简要说明新系统的名称、主要目标、功能和开发背景。

（2）现行系统概况：用本章介绍的一些工具（如组织结构图、业务流程图、数据流图和数据字典等）详细描述信息系统的目标、主要功能、组织结构和业务流程等。另外，对每个主要环节（业务的处理量、总的数据存储量、处理速度要求、处理方式和现有的各种技术手段等）都应作一个简要的说明。

（3）系统需求说明：在掌握系统真实情况的基础上，针对系统存在的问题，全面了解组织中各层次的用户对新系统的各种需求。

（4）新系统的逻辑方案：根据原有系统存在的问题，明确提出更加具体的新系统目标。围绕新系统的目标，确定新系统的主要功能划分、各层次数据流图和数据字典等，并与原有系统进行比较。

（5）新系统在各个业务处理环节拟采用的管理方法、算法和模型。

（6）系统开发资源与时间进度估计。

第6章

系统设计

信息系统分析的主要任务是为信息系统建立逻辑模型，解决“做什么”的问题，即如何实现系统分析报告中规定的系统功能。而系统设计是在系统分析的基础上，根据系统设计方案所提出的要求，结合组织的实际情况详细地设计出新系统的处理流程和基本结构，并为系统准备好实施方案和必要的技术资料。

6.1 系统设计的任务和原则

信息系统设计阶段的主要任务是从信息系统的总体目标出发，根据上一阶段（系统分析阶段）对系统逻辑功能的要求，并考虑经济、技术和运行环境等方面的条件，确定系统的总体结构和系统各组成部分的技术方案，合理选择计算机和通信软、硬件设备，提出系统的实施计划，确保总体目标的实现。

① 总体设计包括：信息系统功能结构图设计和系统流程图设计等。

② 系统结构模块设计。

③ 代码设计和制定设计规范。

④ 系统物理配置方案设计包括：外围设备配置、通信网络选择和设计及数据库管理系统的选择等。

⑤ 数据存储设计包括：数据库设计和数据库的安全保密设计等。

⑥ 输入/输出设计和编写程序设计说明书等。

在长期的系统开发实践中，为了提高信息系统的开发质量，系统设计应遵循以下原则。

(1) 系统性原则。系统设计要从整个系统的角度进行考虑，系统代码要统一，设计标准要规范，传递语言要一致，实现数据或信息全局共享。

(2) 灵活性原则。为了维持较长的系统生命周期，要求系统具有良好的环境适应性。为此，系统应具有较好的开放性和结构可变性。在系统设计中，应尽量采用模块化结构，提高数据和程序模块的独立性，有利于模块的修改和增加新的内容，提高系统适应环境变化的能力。

（3）可靠性原则。指系统抗干扰的能力及受外界干扰时的恢复能力。一个成功的信息系统必须具有较高的可靠性，如安全保密性、检错及纠错能力和抗病毒能力等。

（4）经济性原则。指在满足系统需求的前提下，尽量减小成本。一方面，在硬件投资上不能盲目追求技术上的先进，而应以满足应用需求为前提；另一方面，在系统设计中应尽量避免复杂化，各模块应尽量简洁，以便缩短处理流程、减少处理费用。

（5）用户友好原则。指系统操作方便、灵活、简单，具有易被用户接受和使用的能力。

6.2 系统功能模块结构设计

信息系统的各子系统可以看作是系统目标下层的功能。系统功能分解的过程就是一个由抽象到具体、由复杂到简单的过程。系统功能结构可以用功能结构图来表示。所谓功能结构图，就是按功能从属关系画成的图表，如图 6-1 所示为某企业财务管理子系统的功能结构图，图中每一个方框称为一个功能模块。在系统功能结构设计中，最小的功能模块可以是一个程序中的每个处理过程，而较大的功能模块则可能是完成某一任务的一组程序。

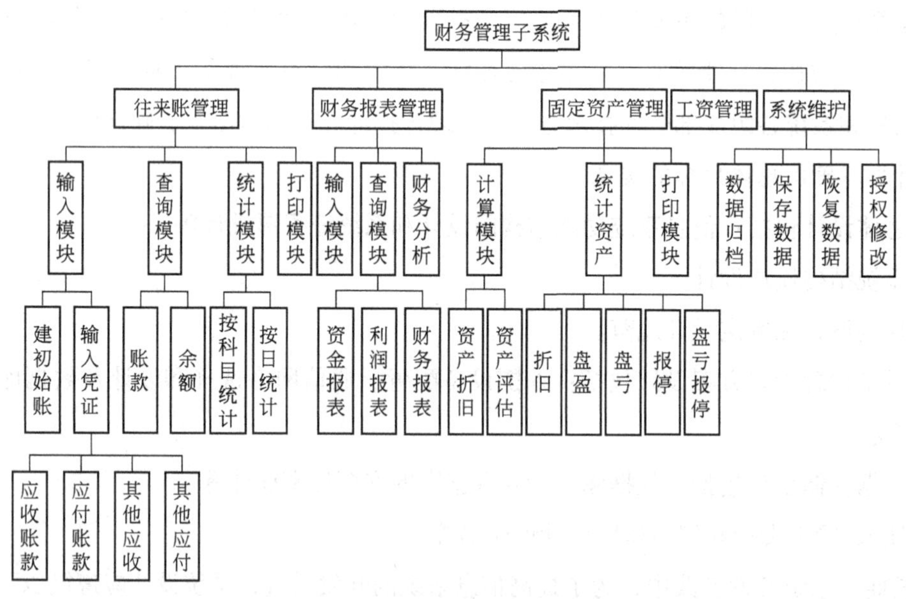

图 6-1　某企业财务管理子系统的功能结构图

信息系统功能结构设计常用的方法是结构化设计方法，下面对这一方法做具体的介绍。

6.2.1 系统结构化设计方法

结构化设计思想是信息系统设计的一种重要思想。一个复杂的系统可以看成是由许多相对独立的部分组成的。系统结构化方法主要有：层次结构和模块化结构两种类型。

1. 层次结构

（1）线型结构。线型结构简单，用来描述事物之间一对一的关系。

（2）树状结构。树状结构所描述事物之间的关系有两种：正关系为 1 对 N，逆关系为 1 对 1。由根开始向下细分，下层的节点称为叶结点。

（3）网状结构。网状结构用来描述多对多事物之间的关系。

2. 模块化结构

1）模块

所谓模块，是指一组程序语句或程序描述，它包括输入/输出、逻辑处理功能、内部信息及其运行环境。

（1）输入/输出。在正常情况下，模块的输入来源和输出去向都是同一个调用者，即模块从调用者处获得输入信息，经过模块本身的处理后，再输出送回给调用者。

（2）逻辑处理功能。模块的逻辑处理功能描述了模块能够做什么，具备什么样的功能。

（3）内部信息。模块的内部信息是指模块的执行指令和在模块运行时所需要的数据。

（4）运行环境。模块的运行环境说明了模块调用与被调用的关系。

2）模块化

所谓模块化，就是把系统（子系统）划分为若干模块，每个模块完成特定的功能。这种结构不一定是树型的，每个模块应尽可能相对独立于其他模块。在模块化结构中，各个模块之间的关联是无序的。这些模块汇集起来组成一个整体（系统或子系统），用以完成指定功能。

结构化设计方法采用层次结构和模块化结构相结合的方式来设计系统结构。它强调把系统设计成具有层次的模块化结构。在系统规划和系统分析阶段，把信息系统划分为许多个子系统，这些子系统可以看作是系统目标下的第一层功能，对其中的每一个子系统，可根据需要继续分解为第二层、第三层……甚至更多的功能。这样，经过层层划分，可以把一个复杂的系统划分为多个规模较小、功能简单的、易于建立和修改的功能模块。每一个模块都有自己的输入、处理过程和输出结果。低层模块可以被高层模块调用，可以按照从上到下的顺序访问各模块。一方面，各个模块具有相对的独立性，都是系统的子部分，都承担系统的某一部分功能；另一方面，模块之间的相互关系（如信息交换、调用关系）则通过一定的方式予以说明，各模块在这些关系的约束下共同构成一个统一的整体，完成系统的功能。

结构化设计方法采用先全局后局部、先总体后细节、先抽象后具体等步骤，体现了自顶向下、逐层细化、逐步求精的原则，从而使系统结构清晰、可读性好、修改和维护方便。

6.2.2 模块化设计

1. 模块化设计原则

把一个信息系统设计成若干模块的方法称为模块化设计。在模块化设计中，一般只关心模块的外部属性，即上下级模块、同级模块之间的数据传递和调用关系，而不关心模块的内部属性。

系统结构化设计强调将一个系统设计成具有层次的模块化结构，希望结构中的每个模块完成相对独立的功能。一般来说，模块之间的联系越多越复杂，它们之间的相互往来程度就越高，独立性就会降低。因此模块设计应遵循以下基本原则。

（1）所划分的模块其内部的凝聚性要好，即模块具有独立性，模块之间的联系要少。

（2）模块之间的连接只存在上下级之间的调用关系，不能有同级之间的横向联系。

（3）整个系统呈树状结构，不允许有网状结构或交叉调用关系出现。

（4）所有模块必须严格分类编码并建立归档文件。

2. 模块的耦合与聚合（内聚）

模块的独立性程度可由两个定性标准度量，这两个标准分别称为耦合与聚合。耦合是衡量不同模块彼此间互相依赖的紧密程度；聚合则是衡量一个模块内部各元素彼此结合的紧密程度。耦合与聚合是相辅相成的两个标准，是模块设计的有力工具。我们希望系统的每个模块具有高度的聚合性，它的各个元素之间是密切相关的，是为完成一个共同的功能而结合在一起的；对于模块之间的联系，尽可能使它们之间的耦合松散，使模块之间的连接简单。

1）模块的耦合

模块的耦合有以下 5 种形式。

（1）数据耦合。两个模块之间通过参数交换信息，且每一个参数仅仅为数据，它是系统中一种最低的耦合，是一种理想的模块连接。

（2）特征耦合。两个模块之间通过相同的模块特征进行连接。

（3）控制耦合。两个模块之间传递的信息中有控制信息，传递的参数不仅有数据还有控制信息。控制耦合可通过适当的转化，成为数据耦合。

（4）公共耦合。两个模块之间通过一个公共的数据区域传递信息，这种耦合方式会给数据的保护、维护等带来很大的困难，但如果两个模块之间需要传递大量的数据时，公共耦合可以作为一种补充形式代替数据耦合。

（5）内容耦合。指一个模块需要涉及另一个模块的内部信息。内部耦合应尽量避免。

2）模块的聚合（内聚）

模块内部的紧凑性主要表现在一个模块内部各组成部分之间的联系，共有 7 种不同类型的模块聚合。

（1）偶然聚合。指一个模块所要完成的动作之间没有任何关系，或者即使有某种关系，也是非常松散的关系。

（2）逻辑聚合。指一个模块内部的各个组成部分在逻辑上具有相似的处理动作，但在功能上和用途上却彼此无关。

（3）时间聚合。指一个模块内部的各个组成部分所包含的处理动作必须在同一时间内执行。如初始化模块需要为各种变量置初值，并同时打开若干个文件，而结束模块则要将变量全部清零并同时关闭若干个文件。

（4）过程聚合。指一个模块内部的各个组成部分所要完成的动作彼此间没有什么关系，但必须以特定的次序执行，这里的次序可能是顺序、判断或循环。

（5）通信聚合。指一个模块内部的各个组成部分所完成的动作都使用相同的输入数据或产生相同的输出数据。

（6）顺序聚合。指在一个模块内部的各个组成部分中，如果前一部分处理动作的输出是后一部分处理动作的输入，则称为顺序聚合。在顺序聚合模块中的各组成部分处理动作必须按照规定的逻辑顺序执行，不能出现前后跳转的情况。

（7）功能聚合。指一个模块内部的各个组成部分全部属于一个整体并执行同一功能。有时模块名称可以直接表明模块功能聚合的特性，如工资核算、选择供货商、客人信息录入等。功能聚合模块都具有一个目的、有单一的功能。因而其界面非常清楚，与其他的模块联系少，可读性、可修改性和可测试性均很好。功能聚合是最为理想的聚合。

在模块设计中，应尽可能追求功能聚合，使某一模块执行单一的功能，提高模块的聚合程度，降低模块的耦合程度，争取获得较高的模块独立性。

6.2.3 模块结构图

模块结构设计要解决的主要问题是把系统分解成一个个模块，并以结构图的形式表达出它们之间的内在联系。模块结构图的构成主要有 4 个基本元素：模块、调用、数据和控制信息。模块结构图是一种表达系统内部各部分结构和相互关系的强有力工具。在模块结构图中常用的符号有 6 种，如图 6-2 所示。模块结构图就是用这 6 种符号来表示模块之间的调用关系。模块间有 3 种调用关系：顺序调用、选择调用和循环调用。

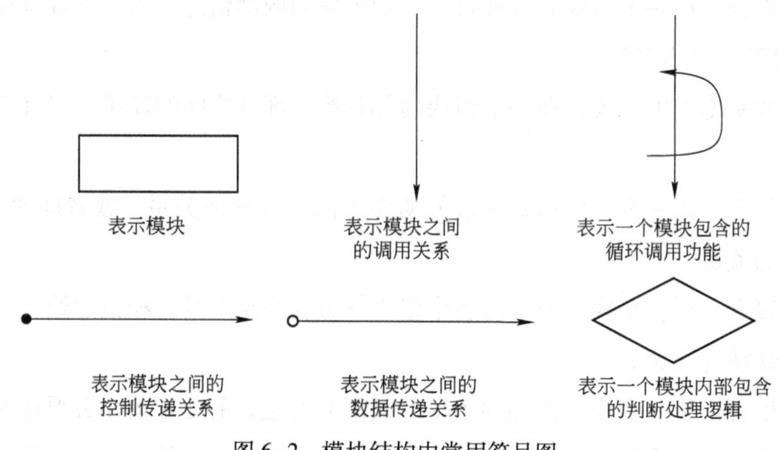

图 6-2　模块结构中常用符号图

6.2.4　模块结构图设计

1. 数据流图导出模块结构图

设计模块结构图的基础和依据是在系统分析阶段产生的数据流图。如图 6-3 所示，可以由分层的数据流导出系统的基本功能模块结构。

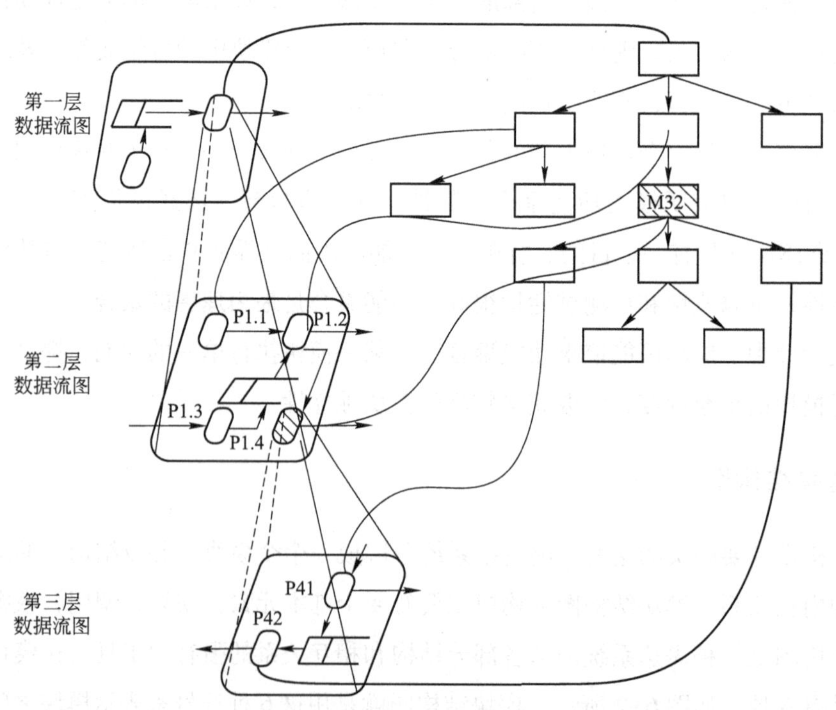

图 6-3　数据流图导出功能模块结构图

数据流图一般有两种典型的结构：变换型结构和事务型结构。针对两种不同的数据流图，可以采取不同的方法来设计模块结构图。

变换型结构是一种线状结构，它可以分为输入、主加工和输出 3 个部分，如图 6-4 所示。事务型结构中通常都可以定一个处理逻辑为系统的事务中心，该事务中心具有 4 种逻辑功能：获得原始的事务记录、分析每一个事务并确定它的类型、确定每一个事务都能得到处理及为每一个事务选择相应的逻辑路径，如图 6-5 所示。

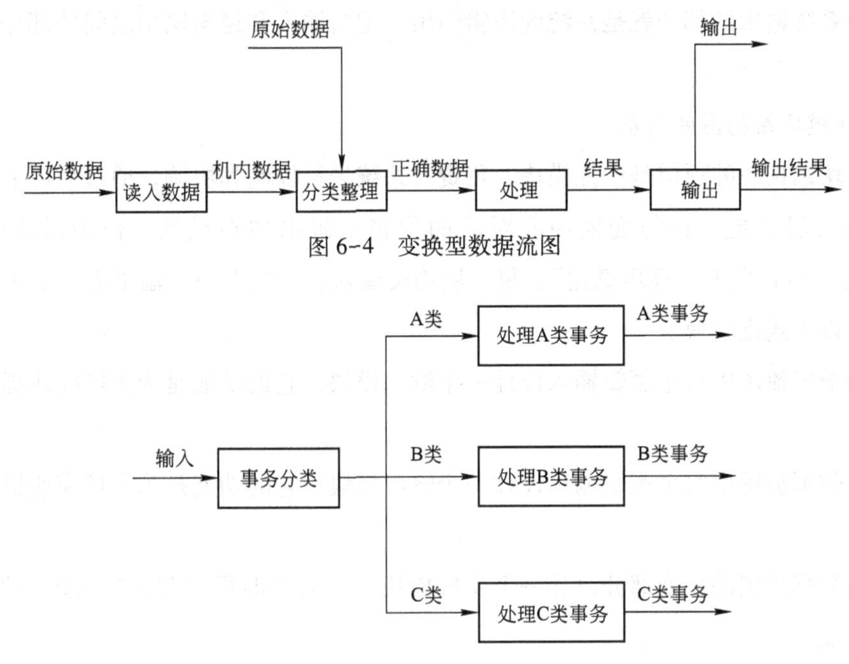

图 6-4 变换型数据流图

图 6-5 事务型数据流图

这两种典型结构分别通过“变换分析”和“事务分析”技术，就可以导出模块结构图的两种形式，即变换型结构图和事务型结构图。变换型和事务型结构都有较高的模块聚合度和较低的模块耦合度，因此便于修改和维护。

“变换分析”和“事务分析”这两种方法都是先设计顶层模块，然后自顶向下，逐步细化，最后得到一个符合数据流图处理功能、满足用户要求的系统模块结构图。

2. 变换分析

变换型结构的数据流图由输入、主加工和输出 3 部分组成。其中，主加工部分执行系统的主要处理功能，对输入数据实行变换，是系统的中心部分，也称为变换中心。同时，把主加工的输入和输出数据流称为系统的“逻辑输入”和“逻辑输出”。显然，逻辑输入与逻辑输出之间的部分即是系统的变换中心。而系统输入端和系统输出端的数据流分别称为“物理输入”和“物理输出”。

运用变换分析将变换型结构的数据流图导出为变换型模块结构图的过程可分为以下几步。

1）确定主加工（或变换中心）

在数据流图中多股数据流的汇合处一般是系统的变换中心。若没有明显的汇合处，可先确定逻辑输入和逻辑输出的数据流，作为变换中心。从物理输入端开始，沿着数据流输入的方向向系统中间移动，直至到达不能作为系统输入的数据流为止，则前一个数据流就是系统的逻辑输入。从系统的物理输出端开始，向系统的中间移动，可找出离物理输出端最远的，但仍可作为系统输出的部分就是系统的逻辑输出。逻辑输入和逻辑输出之间的部分是系统的变换中心。

2）设计模块结构图的顶层

系统模块结构图的顶层是主控模块，负责对系统进行控制和协调，通过调用下层模块来实现系统的各种功能。在与变换中心对应的位置上画出主控模块，作为模块结构图的“顶”，然后“自顶向下，逐步细化”，每一层均按输入、变换中心、输出等分支来处理，对于第一层按以下规则转换。

（1）为数据流图中每个逻辑输入设计一个输入模块，它的功能是为主控模块提供逻辑输入数据。

（2）为数据流图中每个逻辑输出设计一个输出模块，它的功能是为主控模块提供逻辑输出数据。

（3）为数据流图的变换部分设计一个变换模块，它的功能是对逻辑输入进行加工处理，变换成逻辑输出。

（4）设计中、下层模块。根据数据流图将系统模块结构图中第一层的各模块自顶向下逐级向下扩展，形成完整的结构图。输入模块的功能是向调用它的模块提供数据，故需要一个数据来源。因此，为每个输入模块设计两个下层模块：输入模块和变换模块；为每个输出模块设计两个下层模块：输出模块和变换模块，直到物理输入端或物理输出端为止。图 6-6 是变换型数据流图转换成结构图的例子。

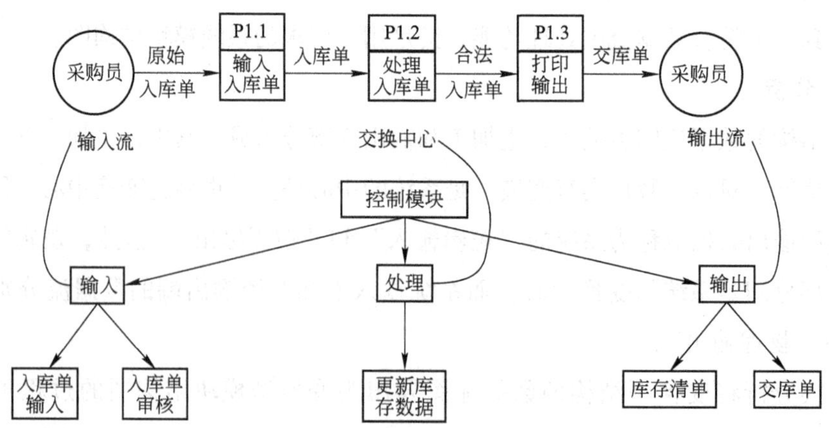

图 6-6　变换型数据流图转换成结构图

3. 事务分析

从一般意义上讲，事务可以是指一个信号、一个事件或一组数据。在数据处理工作中，事务是指一组输入数据，它可能属于若干类型中的一种，对于输入到系统中的每一种事务都需要采用一组特定的处理动作。当数据流图呈现“束状”结构时，应采用事务分析的设计方法，它是结构化系统设计的重要方法。

用事务分析法设计模块结构图，与变换分析法基本相似，分以下几个步骤进行。

（1）分析数据流图，确定它的事务中心。如果数据沿着输入通路到达一个处理T，这个处理根据输入数据的类型在若干动作序列中选出一个来执行，那么处理T称为事务中心。

（2）设计高、中、下层模块。自顶向下，逐层细化，对高层模块进行分解，形成完整的模块结构图。

当初始的系统模块结构图完成后，应根据模块结构设计的原则进行检查和改进，特别是应按照“耦合小，聚合大”的标准对结构图进行检查和修改。变换分析法和事务分析法是进行系统模块结构设计的两种基本方法，在实际应用中，数据流图往往是变换型或事务型共存互融的混合型，一般采用以变换分析为主、事务分析为辅的设计方法。

6.3 IPO 图

HIPO图（hierarchy plus input-process-output）是20世纪70年代中期在层次结构图的基础上推出的一种描述系统结构和模块内部处理功能的工具。HIPO图由层次结构图（H图即模块结构图）和IPO图两部分构成，层次结构图用来描述系统功能模块的层次结构划分和组织，展示系统的全部内容，如图6-7所示为某企业销售管理子系统的层次结构图（H图）。

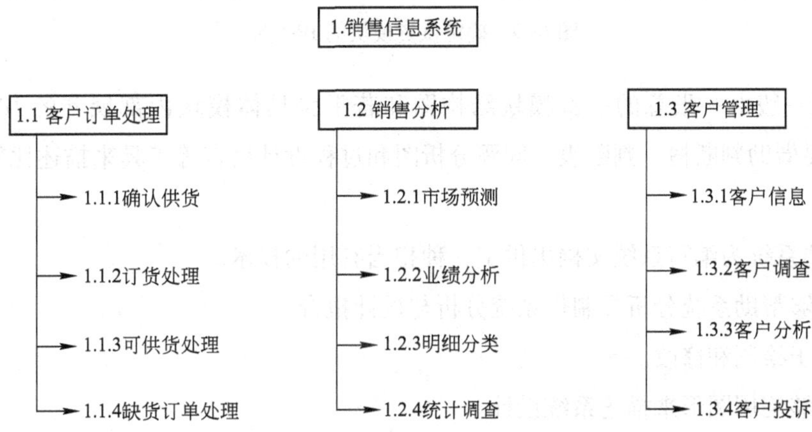

图6-7　某企业销售管理子系统的层次结构图

各模块的详细设计用 IPO 图来表示，IPO 图描述了模块的各类处理的执行过程，以及模块的各类输入和在执行过程中产生的各类输出。IPO 图描述的基本内容如图 6-8 所示，其中输入和输出内容均应来源于数据字典中定义的数据。某企业销售系统确定供货模块的 IPO 图，如图 6-9 所示。

<table>
<tr><td colspan="3">被调用模块：
调用模块：
设计人：　　　　设计日期：</td></tr>
<tr><td>输入数据(I)</td><td>处理过程(P)</td><td>输出数据(O)</td></tr>
<tr><td>输入数据来源于
系统分析中的数据字典</td><td></td><td>输出数据来源于
系统分析中的数据字典</td></tr>
</table>

图 6-8　IPO 图的基本内容

<table>
<tr><td>系统名称：销售管理系统</td><td>设计人：张三</td></tr>
<tr><td>模块名:确定供货</td><td>日期：2019.10.18</td></tr>
<tr><td>模块编号：</td><td></td></tr>
<tr><td>调用模块：订货处理</td><td>被调用模块：可供货处理　缺货订单处理</td></tr>
<tr><td>输入数据：订单订货量x及相应货物库存量y</td><td>输出数据：可供货名称及数量</td></tr>
<tr><td colspan="2">处理：IF y-x≫0 THEN（调用“可供货处理”）
ELSE（调用“缺货订单处理”）ENDIF</td></tr>
<tr><td>注释：</td><td></td></tr>
</table>

图 6-9　确定供货模块的 IPO 图

HIPO 图一般由一张总的层次模块结构图和若干张具体模块内部展开的 IPO 图组成。IPO 图有时要借助判断树、判断表、问题分析图和过程设计语言等工具来描述比较复杂的处理过程。

IPO 文档系统为编写系统文档提供了一种相当有用的技术。

① 它能够帮助系统分析员制作系统分析与设计报告。

② 它易于绘制和修改。

③ 它能够使用图形来描述系统设计。

④ 它能够使系统之外的系统分析员快速地了解和掌握本系统。

⑤ 它可以帮助缩短系统评估的周期，同时它可以有效地制定开发进度和工作安排。

层次结构图为系统分析员进行系统总体设计提供了一种可选择的技术，系统详细设计则可以不使用程序代码和流程图来描述，而是用 IPO 图进行描述。

6.4 系统物理配置方案设计

随着信息技术的发展，多种多样的计算机技术产品为信息系统的建设提供了极大的便利，可以根据应用需要选择性能各异的软硬件产品。

6.4.1 设计依据

（1）系统吞吐量，即每秒执行的作业数。系统吞吐量越大，则系统的处理能力就越强。系统吞吐量与系统软硬件的选择有直接的关系，如果要求系统具有较大的吞吐量，就应当选择具有较高性能的计算机和网络系统。

（2）系统响应时间，是从用户向系统发出一个作业请求开始，经系统处理后给出应答结果的时间。如果要求系统具有较短的响应时间，就应当选择运算速度较快的 CPU 及具有较高传递速率的通信线路，如实时应用系统。

（3）系统可靠性，是系统可以连续工作的时间。例如，对于每天需要 24 小时连续工作的系统，可以采用双机双工结构方式。

（4）集中式或分布式。如果一个系统采用集中式的处理方式，则信息系统既可以是主机系统，也可以是网络系统；若系统处理方式是分布式，则应采用微机网络。

（5）地域范围。对于分布式系统，要根据系统覆盖的范围决定采用广域网还是局域网。

6.4.2 计算机硬件及网络选择

计算机硬件的选择主要取决于数据处理方式和运行的软件系统。对计算机的基本要求是速度快、容量大、通道能力强和操作灵活方便，但计算机的性能越高，价格就越昂贵。一般来说，如果系统的数据处理是集中式的，则可以采用主机终端系统，以大型机或中小型机作为主机。对于企业管理分布式的应用，采用微机网络更为灵活、经济。

应用软件对计算机处理能力的需求方面包括：计算机主存、CPU 时钟、输入/输出和通信通道数目、显示方式、外接转储设备及类型。

对于计算机网络的选择方面，可以采用网络操作系统，例如，Netware、Windows NT、UNIX 等。UNIX 历史最早，是唯一能够适用于所有应用平台的网络操作系统。Netware 网络操作系统适用于文件服务器/工作站模式，具有较高的市场占有率。Windows NT 随着

Windows 操作系统的发展，是很有发展前景的网络操作系统。

6.4.3 数据库管理系统的选择

信息系统是以数据库系统为基础的，一个好的数据库管理系统对信息系统有重要的影响。在数据库管理系统的选择上，主要考虑以下几点。

（1）数据库的性能。

（2）数据库管理系统的系统平台。

（3）数据库管理系统的安全保密性能。

（4）数据的类型。

目前，软件市场上有许多数据库管理系统，如 Oracle、Sybase、SQL Server、Informix、FoxPro 等。Oracle、Sybase、FoxPro 是大型数据库管理系统，适行于客户-服务器模式；Informix适用于中型信息系统的开发。

6.4.4 应用软件的选择

根据应用需求来开发信息系统，最容易满足用户的特殊管理要求，但是成本较高。随着技术成熟、设计规范、管理思想先进的商品化应用软件的推广，系统设计人员面临对应用软件的选择问题，如果直接应用商品化软件，既可以节省投资，又能够规范管理过程、加快系统应用的进度，就不必自行开发，可以直接选用成熟的商品化软件。

选择应用软件应考虑以下几点。

（1）软件是否能够满足用户的需求。根据系统分析的结果，在软件功能上应注意以下问题：

① 系统必须处理哪些事件和数据？软件能否满足数据表示的需要？

② 系统能够产生哪些报告、报表、文档或其他输出？

③ 系统要存储的数据量及必须满足哪些查询需求？

（2）软件的灵活性。由于存在管理需求上不确定性的问题，系统应用环境会经常发生变化。因此，应用软件要有足够的灵活性，以适应对软件的输入、输出和系统平台升级的要求。

（3）软件的技术支持。对于商品化软件，稳定的技术支持是必需的。一方面是为了保证软件能够满足需求的变化，另一方面是便于今后不断升级。

（4）相关企业对应用软件的选择情况。

6.5 代码设计

计算机不能识别任何一种具体的物体和事件，而只能识别数字、英文字母及特殊符号。因此，必须把物体和事件数字化、字符化，这就需要进行代码设计。所谓代码，是代表客观存在的实体及其各种属性的符号，如数字、字母或它们的组合。

6.5.1 代码设计的目的与原则

1. 代码设计的目的

（1）鉴别：代码为现实世界的事物提供一个概要而唯一的标识，便于数据的存储和检索。

（2）数据的一致性：同一事物的代码在系统中每个部分都相同，提高了数据的一致性，保证了系统的整体性。

（3）提高处理效率：用代码对事物进行排序、累计或按某种规定算法进行统计分析，可以提高系统的处理效率。

2. 代码设计的原则

（1）唯一性：每个代码都仅代表唯一的实体或属性。

（2）系统性：系统所用代码要尽量标准化，尽量参照国家和行业标准。

（3）合理性：代码结构要合理，尽量反映编码对象的特征，并与事物分类体系相适应，以便代码具有分类的标识作用，便于理解和交流。

（4）稳定性：代码应能适应环境的变化，要预留足够的位置。要具有持久性和稳定性，避免经常修改代码。

6.5.2 代码分类

1. 顺序码

用连续数字代表编码对象，通常从 1 开始，如人员编号，甲为 001，乙为 002 等。顺序码的优点是简单，位数不多。但其没有逻辑含义，它本身不能说明对象的任何信息特征，仅用于识别。

组别码是顺序码的特例，将顺序码分为若干块，每块代表一定类型的编码对象。

例如，职工编号根据职工所在的车间分成大小任意的区段。

0001~0199　为一车间职工；

0201~0399　为二车间职工。

组别码的优点是能以较少的位数分成若干小组，缺点是不便于计算机处理。它通常在代码位数受限而又必须分组的情况下使用。

2. 区间码

区间码是把数据项分成若干组，每一区间代表一个组。码中的数字和位置都代表一定意义。区间码分为以下几种类型。

（1）层次码：在码的结构中，数据项的各个属性各规定一个位置，其结构一般是由左到右排列，构成一定的层次。例如，会计核算方面，用最左位代表核算种类，下一位代表核算项目。

（2）十进制码：它是由层次码发展而来的。中国图书分类法就是采用这种分类编码，小数点左边的数字组合代表主要分类，小数点右边的代表子分类。十进制码的优点是分类比较清晰，其缺点是所占位数长短不一，不适合计算机处理。

（3）多面码：一个数据项可能具有多方面的特性，如果在码的结构中，为这些特性各规定一个位置，就形成多面码。如学生的学号、身份证等都属于此类编码。

3. 助记码

用文字、数字或两者的结合描述，将编码对象的名称、规格等作为代码的一部分，以帮助记忆。如：

TV-B-14　14 寸黑白电视机；

TV-C-20　20 寸彩色电视机。

助记码的优点是易读易记；缺点是位数太多，容易出现联想错误。

4. 校验码

代码作为计算机的重要输入内容之一，其正确性直接影响整个处理工作的质量。为了保证输入的正确性，在原有代码的基础上，加一位校验位，使它变为代码的一个部分。校验位通过事先规定的数学方法计算出来。在输入时，计算机用同样的方法计算出校验位，并与输入的校验位比较，以证实输入的正确性。

校验位的确定方法有很多，常见的有算术级数法、几何级数法和质数法等。以算术级数法为例，校验码的确定过程如下。

原代码　　1 2 3 4 5

各乘以权　　6 5 4 3 2

乘积之和　　6+10+12+12+10=50

以 11 位模去除乘积之和，把得出的余数作为校验码：50/11=4……6。

由此得出代码为：123456。

6.5.3　编码方法

1. 分类方式

编码的关键在于分类，对编码对象有了合理的分类，建立编码就容易了。在分类时既要保证处理问题的需要，又要保证科学管理的需要。常用的分类方法主要有以下几种。

（1）线分类法。线分类法是从母项出发，一层层划分成若干子项，由大集合确定小集合，最后到具体的对象，形成一个层层的线性关系。线分类法的原则是：唯一性和不交叉性。

（2）面分类法。面分类法从面角度来考虑，具有容易修改、对计算机处理有良好的适应性等优点，缺点是不直观、难记忆。

2. 代码设计步骤

① 确定代码对象，进行合理的分类。

② 尽量使用国家和行业标准化代码体系。

③ 设计校验码。

④ 编写代码表。

⑤ 做详细说明。

6.6 数据库设计

数据库设计是在选定数据库管理系统的基础上建立数据库的过程。数据库设计除用户需求分析外，还包括概念结构设计、逻辑结构设计和物理结构设计 3 个阶段。在信息系统开发过程中，数据库设计的几个步骤与系统开发的各个阶段相对应。例如，用户需求分析—系统分析（详细调查）；概念结构设计—系统分析（逻辑设计）；逻辑结构设计—系统设计；物理结构设计—系统设计。

6.7 输入/输出设计

输入/输出（I/O）设计是系统设计的一个重要组成部分。系统设计的最终目标是满足用户的要求。好的输入/输出设计可以为用户和系统带来良好的工作环境，也有利于管理者对信息进行简洁、有效的管理和控制。

6.7.1 输入设计

1. 输入设计的原则

输入设计的目标是：保证系统输入正确的数据。在此前提下，做到输入方法简单、迅速、经济、方便。输入设计的原则如下。

（1）在满足处理要求的前提下使输入量最小。输入量越小，出错机会越小；输入时间越短，数据一致性越好。

（2）输入过程和输入准备应尽量容易、简单，以减少错误的发生。

（3）对输入数据的检验要尽早，尽量接近原数据的发生点，使错误能及时纠正。

（4）输入数据尽量用其处理所需形式记录，尽量少转换或不转换，以免在转换中发生错误。

2. 输入设计方法

输入设计主要是根据总体设计和数据库设计等具体管理的需求来确定数据输入的具体形式。数据的输入方式与数据发生的地点、时间及处理的紧急程度有关。如果发生地点远离机房，发生的时间是随机的，又要求立即处理，则应采用联机终端输入。对于数据在发生后可以不立即处理的，则可以采用脱机输入。常用的输入方法如下。

（1）键盘输入。这是常规的数据录入方式，目前信息系统中的数据大部分都采用这种方式获得。键盘输入包括联机键盘输入和脱机键盘输入两种，主要适用于常规、少量的数据和控制信息的输入及原始数据的录入。本方式不适合大批中间处理性质的数据输入。

（2）模数/数模转换方式（A/D，D/A）。这种方式常用于实际的管理工作中，是目前比较流行的基础数据输入方式，它直接通过光电设备对实际数据进行采集并转换成数字信息，既省事又安全可靠。常见的有：条码或棒码输入、扫描仪输入、传感器输入等。

（3）网络或卫星通信传递数据，既是输入方式又是输出方式，这种方式安全、可靠、方便、快捷。常见的有：用数字网络直接传递数据和利用电话网络传递数据两种。要注意的是，这种方式除了要有一系列硬件设备保证之外，还要有相应的网络传输协议和数据标准。

（4）磁盘传递数据。它是按收、发双方事先约好的文件格式，通过U盘或光盘传递数据文件。这种方式不需要增加设备和投入，常用在主-子系统的数据连接上。在当代，输入方法设计还要考虑表格、图形，甚至音频、视频信号等多媒体输入方式。在设计系统的输入方式时，应尽量利用已有的设备和资源，避免大批量的数据重复。

3. 输入格式及数据校验

数据输入格式应尽量与数据结构、报表输出格式保持一致。这样可以提高编程效率，降低设计难度。同时要符合用户的使用习惯，操作简便。在设计输入格式时，应注意以下几点。

（1）尽量减少输入工作量，数据库中已有的数据应尽量调用，避免重复输入。

（2）允许按记录逐项输入，也可以按某一属性输入。

（3）输入格式关系到数据的存储结构，要使存储空间尽量小。

（4）设计的格式应便于填写，同时保证输入精度。

由于信息系统中数据输入工作量往往较大，为了保证其正确性，一般都设置输入数据校验功能，对已经输入的数据进行校验。数据校验的方法一般有以下几种。

(1) 人工校验。输入数据后，显示或打印出来，由人工进行校验。这种方式只适合少量数据，对于大批量的数据，效率太低。

(2) 重复校验。对同一数据，输入两次，若两次输入的数据不一致，则认为输入有误。这种方法方便快捷，适用于各种类型的数据。

(3) 数据平衡校验。对于财务报表、统计报表等完全数字型报表的输入校验，可以采用合计、小计等求和计数手段检验数据各项目间是否平衡。

此外，还有数据类型校验、格式校验、逻辑校验、界限校验、对照校验、校验位校验和顺序校验等。

6.7.2 输出设计

1. 输出设计内容

输出是指由计算机对输入的原始数据进行加工处理，使之具有一定的格式，提供给管理者使用。因而，输出是管理者直接面对的事务，往往具有固定的格式、数据要求和直观性，并直接反映了用户要求。输出的要求往往决定对输入的需求，如在设计一张报表时，报表中需要的数据就是在输入阶段要提供的数据。输出设计的主要内容如下。

(1) 输出信息的内容：输出数据项、位数和数据形式。

(2) 输出信息的格式：报表、凭证、单据和公文等格式。

(3) 输出信息使用方面的内容：使用者、使用目的、报表量、有效期、日期时间、保管方法、密级和复写份数等。

(4) 输出设备：打印机、显示终端、绘图仪等。

(5) 输出介质：磁盘、光盘、纸等。

2. 输出设计的方法与格式

在系统设计阶段，设计人员应给出系统输出的说明。它是实际输出设计的依据。

(1) 以报表的形式提供信息输出。这种方式可以表示详细的数据。

(2) 以图形的形式提供信息输出。对于决策者或宏观管理部门，图形信息可以给出比例或综合发展趋势的信息，可以提供比较信息。

为了提高系统的规范化程度和编程效率，在输出设计上应尽量保持输出内容和格式的一致性。在打印输出时，根据纸张设计格式，使用已有表头和文字说明等格式的专用纸。

3. 用户界面设计

用户界面是人机对话的窗口，在设计时应尽量保持友好、简便、易操作的原则。用户界面设计包括：菜单方式、会话管理方式、操作提示方式及操作权限管理方式等。

（1）菜单方式。菜单是信息系统功能选择操作最常用的方式。特别对于图形用户界面，菜单集中了系统的各项功能。菜单的形式可以是下拉式、弹出式或快捷式，也可以是按钮选择方式等。菜单设计应注意以下几点。

① 菜单在设计时应和系统的划分结合起来，尽量将一组相关的菜单放在一起。在同一层菜单中，功能尽可能多，菜单的层次尽可能少。

② 功能选择操作最好让用户一次就进入系统，避免让用户选择后再确定形式。对于一些重要操作，如执行删除操作、终止系统运行操作可以提示用户确认。

③ 在两个相邻的功能之间选择时，使用高亮度或强烈的颜色，使它们变化醒目。

（2）会话管理方式。在系统运行中，当用户操作错误时，系统要向用户发出提示和警告性的信息；当系统执行用户操作指令遇到两种以上的可能时，系统提示用户进一步地说明。通常是让系统开发人员根据实际系统操作过程将会话语句写在程序中。

在开发系统时常常会遇到大量的、具有一定因果逻辑关系的会话。这类会话具有一定的内含，是双向式的。对于这类会话，可以将会话设计成数据文件中的记录，在系统运行时，根据用户的回答内容，执行相应的判断，从而调出下一句会话并显示出来。这种会话不需更改程序，只需对会话文件的记录进行更改。但是它的分析判断过程复杂，一般只用在少数专家系统或基于知识的分析推理系统中。

（3）操作提示方式。为了方便用户使用，系统应能提供相应的操作提示信息。在操作界面上，常常将提示以小标签的形式显示在屏幕上，或者以文字的形式显示在屏幕的旁边。还可以将系统操作说明输入系统文件，建立联机帮助。

（4）操作权限管理方式。为了保证系统的安全，可以控制用户对系统的访问，可以设置用户登录界面，通过用户名和口令及使用权限来控制对数据的访问。

6.8 系统设计说明书

系统设计阶段的主要成果是系统设计说明书，它既是目标系统的物理模型，也是系统实施的主要依据。系统设计说明书通常由下述内容组成。

1）引言

① 摘要：系统名称、目标及功能。

② 背景：项目开发者、用户、涉及的其他系统或机构及关系。

③ 系统环境及限制：系统软、硬件及运行环境的限制、保密安全限制等。

④ 参考资料及术语说明。

2）系统设计内容

① 系统总体结构设计方案。

② 网络设计方案。

③ 代码设计方案。

④ 数据库设计方案。

⑤ 输入/输出设计方案。

⑥ HIPO 图。

一旦系统设计被审查批准，整个系统开发工作进入系统实施阶段。

第7章

系统实施

信息系统的系统实施是系统开发工作的最后一个阶段。系统实施就是要将系统设计的结果转换为可以在计算机上具体执行的软件系统，其过程就是将“设计图纸”上的新系统方案变成用户看得见、可运行、能够帮助用户完成所需要功能的实在系统。

系统实施的主要任务是按照系统设计说明书的要求，熟悉和安装新的硬件、软件，编制程序，调试新系统，对系统操作和管理人员进行培训，还要完成系统基础数据的准备工作，然后投入试运行。

信息系统的规模越大，实施阶段的任务就越复杂。为此，在系统正式实施之前，就要制订出周密的计划，即确定出系统实施的方法、步骤、所需时间和费用，并且要监督计划的执行，做到既有计划又有检查，以保证系统实施工作的顺利进行。

7.1 物理系统的实施

物理系统的实施所做的工作是购置设备并进行安装，主要分为两部分：计算机系统的实施和网络系统的实施。这是建立信息系统的物质基础。

7.1.1 计算机系统的实施

1. 硬件准备

计算机系统的硬件设备包括计算机主机、存储设备、输入/输出设备、辅助设备（稳压电源、空调设备等）等，要购置、安装、调试这些设备。基于系统设计中的配置方案，购置建设信息系统所需的硬件系统。选购计算机设备应遵守以下原则：计算机系统能够最大限度地满足信息系统的需求，并且留有一定的可扩展的余地，这种余地包括信息系统进一步扩大的需要和网络升级的需要。另外，计算机系统的选购要性价比高，同时要有一定的先进性，还要有好的售后服务和技术支持。

计算机系统到货以前，要为其准备好合适的工作环境，即机房建设。一般来说，机房的装修要满足计算机的基本要求：室内温度和湿度，地板的防静电，UPS 不间断电源的配备。设备要先验收，按照供货要求一一审核，包括型号、品种、规格、数量、配件等，看是否符合。再安装、调试，看是否达到所要求的性能指标。安装一般由供货商负责，验收要有用户、专家和管理人员参加，可运行常规的系统诊断校验软件。供货商要负责对操作人员进行培训。

2. 软件准备

软件系统包括操作系统、语言处理程序、数据库管理系统及一些实用软件。最好购买正版软件。有些系统软件是随机赠送的，有些是需要购买的。不管什么方式，都要有详细的资料和使用说明书。系统软件也有安装、调试的问题。

7.1.2 网络系统的实施

由于现代大型信息系统对网络的要求越来越高，网络系统的实施较以前更加困难，它不仅包括局域网，还包括广域网，有的还包括城域网。网络系统可由用户自己组织实施，也可承包给网络集成商。其工作不仅包括网络设备的安装测试，还包括结构化布线。目前对于大型信息系统的网络系统实施的通用做法是通过招标选择网络集成商，再聘请一个监理公司按项目管理模式实施工程的监督和管理。

按照系统设计中网络配置的方案，进行网络系统的实施。网络系统的实施尤其需要系统集成商的经验、耐心和智慧。经验可增强用户的信心，耐心可以化解用户与集成商之间的不一致，智慧可处理分析和设计阶段未考虑到的问题。

网络系统实施的主要步骤如下。

(1) 购置网络系统所需的设备和管理软件。主要的网络系统设备包括服务器、集线器(Hub)、交换机、路由器、网关、防火墙、通信介质（双绞线、电缆、光缆）等。

(2) 综合布线施工。主要是水平布线和垂直布线两种方式。水平布线系统一端连接用户工作区，另一端连接交换机。垂直布线主要用来连接设备间系统和建筑群系统，它通过楼层间竖井、通风管道等贯穿建筑物的各个楼层。

(3) 设备安装及测试。安装一般由系统集成商负责，测试必须要有用户和专家参加。

(4) 培训和试运行。培训工作是供应商应该提供的服务项目，主要包括基本的操作方法和简单的维护技术。网络系统要通过一段时间的试运行后才能交付用户使用。

7.2 程序设计

程序设计也称编码，是系统实施中的主要任务。

7.2.1 程序设计的目标

随着计算机应用水平的提高，软件越来越复杂，同时硬件价格不断下降，软件费用在整个应用系统中所占的比重急剧上升，从而使人们对程序设计的要求发生了变化。在过去的小程序设计中，主要强调程序的正确和效率，但对于大型系统中的程序设计，人们则倾向于首先强调程序的可维护性、可靠性和可理解性，然后才是效率。

1. 可维护性

由于信息系统需求的不确定性，系统需求可能会随着环境的变化而不断变化，因此，就必须对系统功能进行完善和调整，为此，就要对程序进行补充或修改。此外，由于计算机软硬件的更新换代也需要对程序进行相应的升级。

信息系统寿命一般是 3~10 年时间，因此程序的维护工作量相当大。一个不容易维护的程序，用不了多久就会因为不能满足应用需要而被淘汰，因此，可维护性是对程序设计的一项重要要求。

2. 可靠性

程序应具有较好的容错能力，不仅在正常情况下能正确工作，而且在意外情况下应便于处理，不致产生意外的操作，从而造成严重损失。

3. 可理解性

程序不仅要求逻辑正确，计算机能够执行，而且应当层次清楚，便于阅读。这是因为程序的维护工作量很大，程序维护人员经常要维护他人编写的程序，一个不易理解的程序将会给程序维护工作带来困难。

4. 效率

程序的效率是程序能否有效地利用计算机资源。近年来，由于硬件价格大幅度下降，而其性能却不断完善和提高，程序效率已不像以前那样举足轻重了。相反，程序设计人员的工作效率则日益重要。提高程序设计人员的工作效率，不仅能降低软件开发成本，而且可明显降低程序的出错率，进而减轻维护人员的工作负担。此外，程序效率与可维护性、可理解性通常是矛盾的，在实际编程过程中，人们往往宁可牺牲一定的时间和空间，也要尽量提高系统的可理解性和可维护性，片面地追求程序的运行效率反而不利于程序设计质量的全面提高。为了提高程序设计效率，应充分利用各种软件开发工具，如 MIS（manage went infornetion systen，管理信息系统）生成器等。

7.2.2 结构化程序设计方法

编码阶段的任务是把详细（模块）设计转变成用某一种程序设计语言编写的可执行源

代码的过程。程序设计结构化方法几乎是所有程序员都必须考虑的一个问题。

对于结构化程序设计，大家普遍认为的原则有以下几条。

（1）尽量使用顺序、选择、重复等基本控制结构表示程序逻辑。

（2）无论是模块还是程序块，应控制只有一个入口和一个出口。

（3）复杂程序结构应使用嵌套结构。

结构化程序设计有三种基本逻辑结构：顺序结构、条件结构和循环结构。

1. 顺序结构

顺序结构是一种线性有序的结构，它依次执行每个模块或语句序列。它是程序运行的基本次序，在没有分支跳转的时候，程序自动顺序执行。其结构如图 7-1 所示。

2. 条件结构

条件结构是对某个条件进行判断，根据判断的结果选择不同的执行语句序列。其结构如图 7-2 所示。

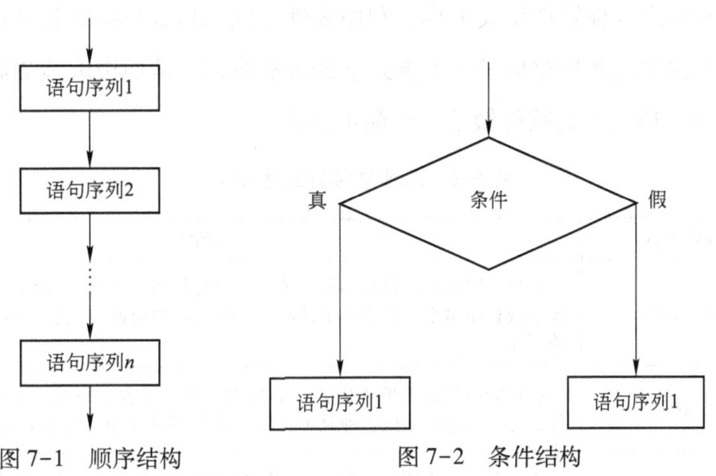

图 7-1　顺序结构　　图 7-2　条件结构

3. 循环结构

循环结构是对某个条件进行判断，当条件成立的时候，反复执行某个语句序列，直到条件为假时退出，执行循环结构后面的语句序列。循环结构有两种，其结构如图 7-3 所示。

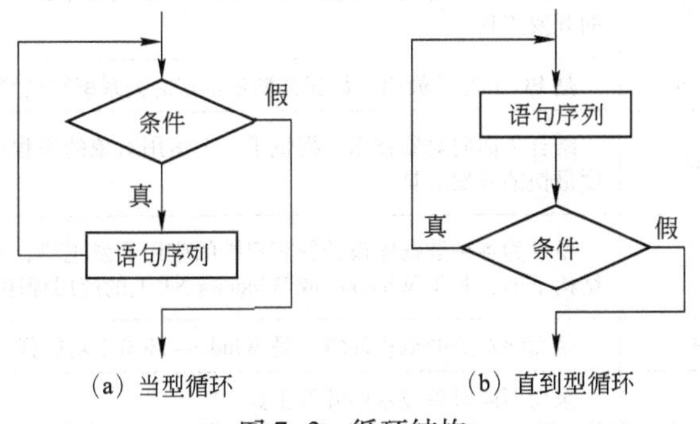

（a）当型循环　　（b）直到型循环

图 7-3　循环结构

抽象是程序设计的一个好方法。由抽象到具体的程序设计原则是软件工程的程序设计方法。从概要设计阶段开始，将设计逐步细化，到详细（模块）设计，在这个阶段，程序的基本框架已经初露端倪，很多程序的句子轮廓也已基本出来了，编程也就变得非常简单了。

数据结构化问题也是很重要的。很多人在编写程序时喜欢使用数据结构中的数组、指针等数据类型，以便他们可以采用随机访问的方式，这样很容易产生访问数据的混乱。采用队列方式取代数组和指针，这样就可以用规范的顺序存取代替随机存取，而避免不必要的麻烦。

7.3 软件开发工具

以前，应用程序由专业计算机人员逐行编写，不仅周期长、效率低、质量差，而且重复劳动多，不易修改。计算机在信息系统中应用的日益扩大，促使人们对软件设计自动化进行了大量研究，并开发出各种软件生成工具。利用软件生成工具进行系统开发可以大量地减少甚至避免手工编写程序，并且避免了手工方式下的编程错误，从而极大地提高了系统开发效率。表 7-1 对几种常用的工具软件做了一个简单的介绍。

表 7-1　几种常用的工具软件

工具类别	开发工具	功能
电子表格	Lotus 1-2-3	用户可以通过键盘在屏幕上填写表中的数据，存入数据库，然后按图形的方式显示或打印出来，有许多统计和财会中常用的函数与模型，因而便于 MIS 和 DSS 的开发
数据库系统自带	FoxPro	有功能很强的菜单生成器、屏幕编辑器、报表编写器、应用生成器和调试工具，可以快速地生成各种菜单程序、输入/输出屏幕、报表和应用程序
	Oracle	ORACLE. FORMS、ORACLE. REPORT 和 ORACLE. GRAPH：配合使用可以形成一个综合的应用软件开发环境
安装软件	Office 软件包	Word、Excel 和 PowerPoint 融合在一起，可同时运用字处理、表格设计、数据库和绘图功能。Excel 还具备一定规模的生成模型的函数
可视化工具	Visual studio	是面向对象的编程环境，是开发 Web 应用程序和 Windows 应用程序的功能强大的开发工具
	Visual FoxPro	是 PC 上速度最快、数据类型最丰富的关系型数据管理系统
	Visual Basic	结合了面向对象技术，提供了一个运用对象的编程环境，是 Windows 环境下速度最快的开发工具
	Power Builder	是专为各种数据库设计的客户端的应用开发工具，是开发客户机、服务器体系结构下的，基于 Windows 或 Windows NT 上的应用程序集成开发环境
	Visual C++	是面向对象的编程环境，是 Windows 环境下功能强大的开发工具
	Delphi	采用面向对象技术的开发工具

续表

工具类别	开发工具	功能
可视化工具	Lotus Notes	是办公自动化系统开发工具，支持与 Intenet 的连接与集成
	Jbuilder	是面向对象的编程环境，是 Java 应用程序的强大开发工具
辅助软件工具	CASE	CASE 中集成多种工具，这些工具既可以单独使用，也可以组合使用，为系统开发提供了全过程开发环境

7.4 系统测试

软件工程理论认为，世界上没有错误的软件是不存在的。软件是人创造性劳动的产物，由于人类本身能力的局限性，就不可避免地在开发出来的软件中存在各种各样的错误。据统计，一个较好的程序员，在他交付的程序中，错误率为1%；而一个水平较低的程序员编写的程序，可能每个语句都含有一两个错误。因此在刚开发出来的信息系统软件中“错误百出”是不必大惊小怪的。当然这并不是说可以姑息、容忍软件开发中的错误。恰恰相反，必须尽早发现和纠正这些错误，减少错误造成的损失，避免重大损失。

7.4.1 系统测试的作用和意义

系统测试是为了发现错误而执行程序的过程。系统测试的目的就是尽可能多地发现系统中的问题和错误。因此，系统测试是一个查找错误的过程。由于人性的弱点，系统设计人员负责测试工作是不可取的。一般来说，这部分工作应交给专门的人员来完成。对于大型信息系统来说，测试小组应该担当起这项任务，设计人员只是配合其工作。应该指出，在系统测试中，主要是软件的测试。基于此，下面着重讨论软件测试。即使通过了系统测试也不能保证程序一定正确，因为测试只能找出程序中的“部分”错误，而不能证明整个程序无错。况且，没有问题的软件是不存在的。系统交付给用户后也会发现问题。关键是只要达到设计要求，测试就算“成功”完成。一般来说，所有发现问题和错误的活动都可以算是测试。因此，系统交付用户之后，将由用户继续扮演测试角色。另外，值得一提的是，测试工作不只是在编码之后才开始进行，其工作一般从系统可行性阶段就已经开始，而且一直延续到维护阶段。

如果说系统工程师致力的工作是“建设性”的话，那么，系统测试人员的工作就是“破坏性”的，因为他们从事的工作是发现程序中的错误和毛病。发现问题，自然是不被某些人欢迎，特别是程序员和系统分析员，但是，其最后的结果却对软件质量的提高非常有益。我们知道，发现错误是为了改正错误。测试阶段发现的错误越多，可能改正的问题也越多，交付的软件质量也会越高，相对的维护性工作也越少。因此，从这个角度讲，测试又是

“建设性”的，需要说明的是，并不是测试花费的时间或工作量越多就越好，这中间有一个质量、进度和费用的平衡问题。当然，测试的进度越慢，花费的时间越长，测试自然也就越完全，但时间有要求，费用太大也不行。三者达到平衡，各方满意才是最佳选择。

7.4.2 系统测试的目的

很自然，大家会认为测试的目的是证明软件没有问题，因此在程序编写完成后，只要找几个数据，使程序能够走通就完成了测试任务。这种认识不仅不正确，而且是十分有害的。因为出于这个目的，人们会自觉或不自觉地寻找容易使程序通过的测试数据，回避那些易于暴露软件错误的测试数据，从而致使隐藏的错误不被发现。恰恰相反，系统测试是以找错误为目的，不是要证明程序无错，而是要精心选取那些易于发生错误的测试数据，以十分挑剔的态度，去寻找程序的错误。这个关于测试目的的观念对于测试工作是有很大影响的。由于人类思维的严密性是有限度的，加之开发人员的主观的、心理的、经验的等方面的因素，实践证明，大型软件在测试前是不可能没有错误的，因此测试的目的就是发现程序的错误。

7.4.3 系统测试的基本原则

基于以上系统测试的概念，在进行系统测试中应遵循以下基本原则。

（1）测试工作应避免由原开发软件的个人或小组来承担。

（2）设计测试用例不仅要包括合理、有效的输入数据，还要包括无效的或不合理的输入数据。

（3）不仅要检验程序是否做了该做的事，还要检查程序是否同时做了不该做的事。

（4）保留测试用例，将会给重新测试和追加测试带来方便。

7.4.4 系统测试的方法与步骤

1. 软件测试方法

对软件进行测试的主要方法有人工测试和机器测试。人工测试是采用人工方式进行，目的在于检查程序的静态结构，找出编译不能发现的错误。经验表明，组织良好的人工测试可以发现程序中30%~70%的编码和逻辑设计错误，从而可以减少机器测试的负担，提高整个测试工作的效率。机器测试是运用事先设计好的测试用例，执行被测程序，对比运行结果与预期结果的差别以发现错误。对某些类型的错误，机器测试比人工测试有效，但对另一些类型的错误，人工寻找的效率往往比机器测试更高。而且机器测试只能发现错误的症状，不能进行问题定位，而人工测试一经发现错误，同时就确定了错误的位置、类型和性质。因此人工测试不可忽视，不是为了节约机时的权宜之计，它是机器测试的准备，是在测试中必不可少的环节。

软件测试的分类如图 7-4 所示。

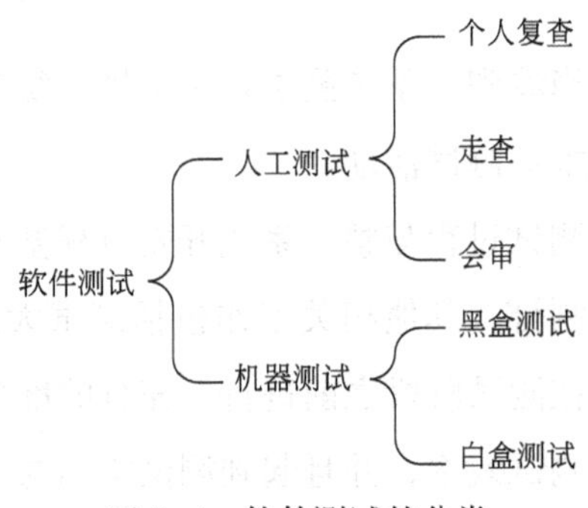

图 7-4 软件测试的分类

2. 人工测试

人工测试又称代码复审，主要有下列 3 种方法。

（1）个人复查。指在源程序编完以后，直接由程序员自己进行检查。由于心理上对自己程序的偏爱，因此有些习惯性的错误自己不易发现，如果对功能理解有误，自己也不易纠正。所以这是针对小规模程序常用的方法，效率不高。

（2）走查。一般由 3~5 人组成测试小组，测试小组成员应是从未介入过该软件的设计工作，且有经验的程序设计人员。测试在预先阅读过该软件资料和源程序的前提下，由测试人员扮演计算机的角色，用人工方法将测试数据输入被测程序，并在纸上跟踪监视程序的执行情况，让人代替机器沿着程序的逻辑走一遍，发现程序中的错误。由于人工运行很慢，因此走查只能使用少量简单的测试用例，实际上走查只是个手段，从“走”的进程中不断发现程序中的错误。

（3）会审。测试小组的构成与走查相似，要求测试成员在会审前仔细阅读软件有关资料，根据错误类型清单（从以往经验看一般容易发生的错误），填写检测表，列出根据错误类型要提问的问题。在会审时，由程序作者逐个阅读和讲解程序，测试人员逐个审查、提问、讨论可能产生的错误。会审要对程序的功能、结构及风格等进行审定。

3. 机器测试

通过在计算机上直接运行被测程序来发现程序中的错误。机器测试有黑盒测试和白盒测试两种方法。

（1）黑盒测试。黑盒测试也称功能测试，是将软件看作黑盒子，在完全不考虑程序的内部结构和特性的情况下，研究软件的外部特性。根据软件的需求规格说明书设计测试用例，从程序的输入和输出特性上测试是否满足设定的功能。

（2）白盒测试。白盒测试也称结构测试，是将软件看作一个透明的白盒子，按照程序的内部结构和处理逻辑来选定测试用例，对软件的逻辑路径及过程进行测试，检查与设计是否相符。

4. 系统测试步骤

明确了测试的目标，还应当看到，系统测试是一个极为复杂的过程，一个规范化的系统测试过程通常必须包括以下基本的测试活动。

（1）拟订测试计划。软件测试过程与整个系统开发过程基本上是平行进行的。测试计划早在需求分析阶段就应该开始制订，其他相关工作包括测试大纲的制订、测试数据的生成、测试工具的选择和开发等也应在测试阶段之前进行。充分的准备工作可以有效地克服测试的盲目性，缩短测试周期，提高测试效率，并且起到测试文档与开发文档互查的作用。

（2）编制测试大纲。软件测试大纲是软件测试的依据。它明确详尽地规定了在测试中针对系统的每一项功能或特性所必须完成的基本测试项目和测试完成的标准。无论是自动测试还是手动测试，都必须满足测试大纲的要求。

（3）设计和生成测试用例。一般而言，测试用例是指为实施一次测试而向被测系统提供的输入数据、操作或各种环境设置。测试用例控制软件测试的执行过程，是对测试大纲中每个测试项目的进一步实例化。依据预先编制好的测试大纲设计并生成需要的测试用例，合理有效的测试用例对于提高软件测试的质量和效率，确保软件产品的质量和可靠性具有重要的作用。

（4）实施测试。软件测试的实施是由一系列的测试周期（test cycle）组成的。在每个测试周期中，软件测试人员将依据预先编制好的测试大纲和准备好的测试用例，对被测软件进行完整的测试。测试与纠错通常是反复交替进行的。当使用专业测试人员时，测试与纠错甚至是平行进行的，从而压缩总的开发时间。

（5）生成测试分析报告。充分认识软件测试的重要性和复杂性，合理地选择测试方法，有效地组织测试人员和安排测试任务，并且尽量使用软件测试工具增强软件测试的自动化程度，帮助软件开发和测试人员大大提高测试效率与软件的质量。测试的成果需要使用测试分析报告来实现。

一般来说，开发过程与测试过程是一个相互对应的过程。测试一般从模块（单元）测试开始，然后是整体测试、确认测试，直到系统测试结束，其针对的是编码、设计、需求和系统及各部分。图 7-5 给出了系统测试的关系与系统开发的过程。

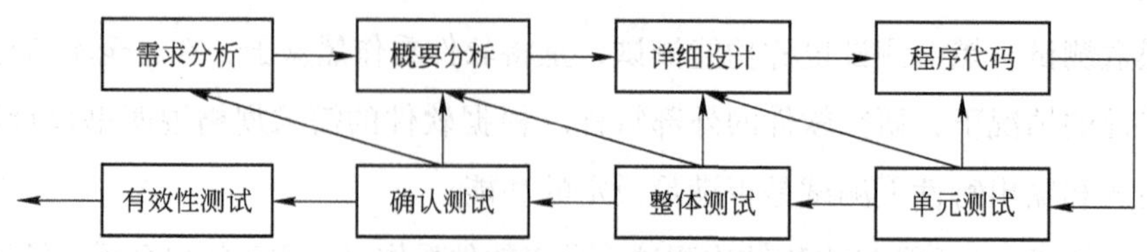

图 7-5　系统测试与系统开发过程的关系

7.5 系统切换

在系统测试完成并通过鉴定后，一般要举办一个正式系统移交的仪式。这个过程有别于“试车”，一般系统切换是在系统移交时同时开始或略微推后。系统切换是新旧系统的更替，是系统调试和检验工作的延续。系统切换的方式主要有3种。

1. 直接切换

新老系统的分界线清晰，在某一时刻，旧系统停止运行，新系统完全取代旧系统。这种方法简单，可节省费用，但风险比较大，对新系统的可靠性要求很高，一旦新系统在运行时出现故障，系统随即崩溃，它将使围绕其工作的各方面都无法工作。一般不采用这种方法，其危险性太大，如图7-6（a）所示

2. 并行切换

新系统投入运行的一段时间内，旧系统继续运行，即新老系统有一段并行运行的时间。在这段时间内，可以通过新老系统的对比来检验新系统。这种方法由于要同时运行两个系统，因而开销非常大，但它是一种有保障的方法。并行运行的时间长短视具体情况确定，短则2~3个月，长则1~3年不等。一般时间长短与系统的可靠性要求有关。可靠性要求越高，时间自然要求越长，如图7-6（b）所示。

3. 试点切换

这种方法综合了直接切换法和并行切换法。在新老系统并行运行的一段时间，选取重点的模块试点运行，也就是说，是新系统的一些试点模块与老系统并行工作，通过试点模块来验证新系统的性能，从而逐步取代老系统，如图7-6（c）所示。

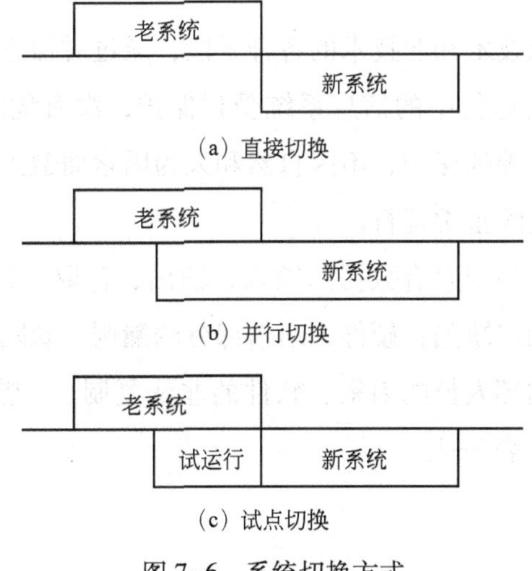

图7-6　系统切换方式

7.6 系统运行管理

在新系统开始运行后，其日常管理工作是必要的，因为软件生命周期并没有结束。系统运行管理有两个目的：一是让新系统运行得更好，发挥到最佳状态；二是发现问题，以便及时修改。信息系统的日常运行管理绝不仅仅是机房和实施的管理，更主要是对系统每天运行状况、数据输入和输出情况及系统的安全性与完备性及时如实记录和处置。这些工作主要由系统运行值班人员来完成。

1. 系统运行维护

这部分工作主要包括硬件和软件维护。硬件设备的维护主要是保证设备运行的状态保持最佳，软件的维护包括保证软件使用的状态最佳。

2. 系统运行情况的记录

系统运行情况的记录是必要的，它能反映出系统在大多数情况下的运行状态和工作效率，而这一点对于评价系统好坏和如何进一步改进系统具有非常重要的参考价值。因此，系统的运行情况一定要及时、准确、完整地记录下来。为了做到这一点，往往需要建立起一套运行记录制度，数年如一日地记录系统运行的状况，包括正常情况的记录、意外情况的记录及问题的原因和处理结果。

7.7 系统安全管理

7.7.1 信息系统安全的起因

信息系统安全是指采取技术和非技术的各种手段，通过对信息系统在建设中的安全设计和在运行中的安全管理，使运行中的信息系统受到保护，没有危险，即组成信息系统的硬件、软件和数据资源受到妥善的保护，不因自然和人为因素而遭到破坏、更改或泄露系统中的信息资源，信息系统能连续正常运行。

影响信息系统安全常见的因素有数据的输入、输出、存取与备份，源程序及应用软件、数据库、操作系统等的漏洞或缺陷；硬件、通信部分的漏洞、缺陷或信息丢失；还有电磁辐射、环境保障系统、企业内部人员的因素、软件的非法复制、“黑客”、计算机病毒、信息间谍等，它们的具体表现见表 7-2。

表 7-2 信息系统安全的影响因素具体表现

影响因素	具体表现
数据输入	数据容易被篡改或输入虚假数据，当然有时是误输入
数据输出	经过处理的数据通过各种设备输出，信息就有泄露和被盗查看的可能
数据存取与备份	不能完全将非法用户的侵入拒于系统之外，还可能因为没有备份而使系统难以恢复
源程序	用编程语言书写成的处理程序，容易被篡改和窃取，并且本身也许存在漏洞
应用软件	如果软件的程序被篡改或破坏，就会损坏系统的功能，进而导致系统的瘫痪；另外，文档的遗失将使软件的升级与维护十分困难
数据库	数据库中存在大量的数据资源，而有些数据价值连城，如果遭到破坏或失窃，其损失将是难以估价的
操作系统	操作系统是支持系统运行、保障数据安全、协调处理业务和联机运行的关键部分，如果遭到攻击和破坏，将造成系统运行的崩溃
硬件	计算机硬件本身也有被破坏、盗窃的可能，此外，组成计算机的电子设备和元件存在偶然故障的可能，而且这种偶然故障可能是致命的
通信	信息和数据通过通信系统进行传输，有被窃听的危险
电磁辐射	计算机使用电脉冲工作的设备，信息是以脉冲来表示的，因此，计算机所处理的信息将以电磁波的形式向周围辐射，只要接收到这些电磁波，就能复现它的内容，造成信息的失窃；同时，计算机也容易遭受外界电磁辐射的干扰
环境保障系统	信息系统需要一个良好的运行环境，周围环境的温度、湿度、清洁度及一些自然灾害等，都会对计算机的硬、软件造成影响
企业内部人员的因素	低水平的安全管理、低下的安全素质、偶然的操作失误或故意的违法犯罪行为等，都会成为影响信息系统安全的重要因素
软件的非法复制	软件的非法复制也是影响信息系统安全的因素，这除了会造成软件的失密外，还会给犯罪人员提供分析、入侵、盗取和破坏系统的机会
黑客	一些非法的网络用户，出于各种动机，利用所掌握的信息技术进入未经授权的信息系统，恶意的“黑客”可能导致严重的问题
病毒	病毒对微机及网络系统的威胁和破坏越来越严重
信息间谍	出于商业目的采用各种手段（包括技术或非技术的）窃取竞争对手的机密数据

7.7.2 信息系统的安全控制

信息系统的安全性和可靠性是信息化顺利进行的两大关键问题，因为安全性和可靠性对整个系统的正常运作、管理、发展都起着至关重要的作用。系统的安全性可以保证系统的信息不会被人非法读取或修改、系统不会被人非法控制。系统的可靠性可以保证系统在出现故障（硬件或软件）时，数据不会丢失，事务处理能够照常进行等。

对企业而言，没有网络安全解决方案，就没有网络空间上的竞争保护，就没有信息技术的投资回报。所以说，网络信息安全是一项事关重大、刻不容缓的工作。信息系统的安全保密管理工作，重点包括数据或信息的安全保密、软件的安全保密、网络的安全保密、硬件设备的安全。

1. 数据或信息的安全保密

数据失效已成为组织信息系统管理的一大隐患。一旦出现数据失效，客户资料、技术文件、财务账目甚至组织的核心内容将会面目全非，而允许系统恢复数据的时间往往又非常短。所以，管理专家和 IT 专家一致认为：组织信息化程度越高，其数据存储备份和灾难性恢复的安全措施就越重要，它们直接决定了组织的成败。存储备份正是为解除用户后顾之忧而采取的一项措施。

存储备份的必要性。随着信息系统运行时间的增长，组织的数据量成倍增长乃至出现数据膨胀，由此引发的组织从数据膨胀到信息系统性能提高，再导致新一轮数据膨胀的循环不断加剧，进而在组织中引起新的数据恐慌，数据失效时有发生。用户最担心的是千辛万苦得来的数据，在一瞬间消失得毫无踪影。

数据失效主要分为两种，一种被称为物理损坏，造成数据无法使用的数据失效；另一种称为逻辑损坏，数据仍可部分使用，而数据之间关系出错导致数据失效。相比之下，后者所引起的数据混乱往往比前者产生的后果更为严重。因为逻辑损坏不容易被用户发现，且潜伏期较长，一旦发现数据有错，系统可能已经无法挽回。当然，物理损坏其后果虽然是局部的，但仍可引起系统混乱，直接导致局部瘫痪。因此，存储备份管理是数据安全的有效措施，是信息系统正常运行的重要保障。

存储备份的分类。按照存储备份的内容，可分为文件备份、数据库备份和系统备份。文件备份是备份软件的基本功能；数据库备份与恢复需要较高的技术，因此在选择软件时要特别注意，所选软件是否支持自己系统的数据库版本；系统备份与恢复是有条件的：按照存储备份方式，可以分为单机备份、局域网备份、广域网备份和电话拨号备份。按照存储备份规模，可以分为个人数据备份、部门级数据备份和企业级数据备份。

存储技术的选择。目前组织存储备份系统所用的主要技术和措施包括磁盘镜像、磁盘阵列、双机容错、数据复制、远程存储、移动存储、在线备份、灾难恢复等。

2. 网络信息安全管理

网络安全包括物理安全和逻辑安全。物理安全指网络系统中的通信、计算机设备及相关设施的物理保护，使之免于破坏、丢失等。逻辑安全包含信息完整性、保密性、非否认性和可用性。保密性指高级别信息仅在授权情况下流向低级别的客体与主体；完整性指信息不会被非法授权修改及信息保持一致性等；非否认性指发送者无法否认他所发送的信息，接收者也无法对他所收到的信息进行抵赖；可用性指合法用户的正常请求能及时、正确、安全地得到服务或回应。它是一个涉及网络、操作系统、数据库、应用系统、人的管理等方面的安全问题，必须综合考虑。

（1）网络安全技术的选择。网络安全设计方案已成为一整套的安全策略和解决方案。对网上银行、证券、信贷、军用信息系统等关键性网络系统应综合运用虚拟网技术、防火墙技术、入侵监控技术、安全漏洞扫描技术、网络防病毒技术、加密技术、认证和数字签名技术等多种安全实现技术，形成多层次的网络安全解决方案。

（2）防火墙技术。防火墙技术是应用最广泛的一种安全手段，它是一种用来加强网络之间访问控制的特殊网络互联设备，它对两个或多个网络之间传输的数据包和链接方式按照一定的安全策略进行检查，以此来决定网络之间的通信是否被允许。防火墙能有效地控制内部网络与外部网络之间的访问及数据传送，从而达到保护内部网络的信息不受外部非授权用户的访问和过滤不良信息的目的。通俗地说，防火墙是在Internet和Intranet之间构筑的一道屏障，通过防火墙，来决定哪些内部服务可以被外界访问，以及哪些外部服务可以被内部人员访问。防火墙所用的主要技术有包过滤、状态检测、代理网关等。利用防火墙技术，经过仔细的配置，通常能够在内外网之间提供安全的网络保护，降低网络安全风险。但是防火墙通常不能提供实时的入侵检测能力和外部攻击，仅仅使用防火墙保障网络还远远不够安全。

（3）入侵监控技术。入侵监控技术是一种新型网络安全技术，目的是提供实时的入侵检测及采取相应的防护手段，如：记录证据用于跟踪和恢复、断开网络连接等。实时入侵检测能力之所以重要，首先在于它能够作为防火墙的补充，弥补防火墙技术的不足，能对付来自外部网络的攻击，其次，它能够大大缩短“黑客”可利用的入侵时间。

（4）安全漏洞扫描技术。安全漏洞扫描技术是网络安全技术中另一类重要的技术。它抓住系统漏洞是系统被攻击的主要原因，及时查找漏洞，拒绝攻击者的外部或内部攻击。商品化的安全扫描工具为网络安全漏洞的发现提供了强大的支撑。配备安全扫描系统，通过范围宽广的穿透测试检测潜在的网络漏洞，评估系统安全配置，以提前主动地控制安全系统是非常必要的。

（5）CA认证及加密通道。CA认证及加密通道是开放的电子商务系统和密级信息系统在国内实施的最重要技术支撑点。实际上，开放的电子商务系统一定是建立在开放的通信安全系统之上的。基于公认体系的认证和通信加密系统（PKI）由于其开放性而逐渐成为电子商务安全解决方案的重要基础（如广泛流行的SSL、SET等）。在网络安全方案中应充分注意CA认证及加密通道的设计问题。

总之，设计一个良好的网络安全方案并保证正确实现，就能在享受网络信息化优势的同时，把风险减到最小。

网络系统安全对策。计算机网络的安全问题日益复杂和突出，要想使信息系统安全运行，必须采取相应的安全对策和防范措施。要做到这一点，不能单靠技术，必须有严格的管理制度并对工作人员进行安全保密教育。对工作人员结合机房、硬件、软件、数据和网络等各方面的安全问题进行安全教育，提高工作人员的保密观念和责任心，加强业务、技术培训，提高操作技能，教育工作人员严格遵守操作规程和各项保密规定，防止人为事故的发生。

计算机网络的物理安全。物理安全包括场地设施及环境安全、关键设备的可靠、网络布线可靠。

软件系统的安全。软件系统的安全包括操作系统的安全、数据库系统安全、应用系统安全。

第8章

应急管理信息系统开发实例

前面章节已经详细介绍了应急管理信息系统的相关概念、技术基础、开发方法及开发过程。本章将在前面章节介绍的基础知识的基础上，通过案例分析的形式展现应急管理信息系统的建立过程。

8.1　某应急指挥中心管理信息系统

8.1.1　系统概述

随着信息技术的发展，各行各业开始利用信息技术对业务信息进行处理。为保障应急响应能力，各种应急信息系统应运而生。国内已推出了摩托罗拉开发的“城市应急系统”、鼎天应急指挥系统及清华紫光城市应急指挥系统等商业化的应急管理信息系统，并且在一些城市和公司得到了投入和使用。应急管理信息系统不仅提高了相关政府部门的工作效率，也改善了政府的城市管理水平，更重要的是帮助政府及时获得相关应急信息，从而能够做出更加合理科学的决策。

该应急指挥中心管理信息系统为某应急指挥中心建设项目的子系统。应急指挥中心管理信息系统为指挥中心的日常业务处理、保障日常应急工作需要提供平台。该设计主要利用J2EE技术和ZK框架进行应急指挥中心管理信息系统的开发，主要为指挥中心工作人员提供工作平台。

8.1.2　系统分析

1. 系统设计目标

该系统的核心任务是为某应急指挥中心的日常管理及相关业务提供平台。建立高度信息化的工作平台，为应急指挥中心更好地发挥指挥协调功能提供有力支撑。系统依托某应急指挥中心内部指挥网络，采用 B/S 结构，服务器端集成相关应用，客户端只需要接入内部指挥网络就可访问本系统。

该系统的服务对象为系统管理员、值班员、应急秘书等。

2. 系统功能分析

根据实际调研，该系统主要包含以下 7 个功能。

（1）应急传真管理功能：管理应急及日常工作中的传真相关信息。

（2）应急文书与事故评价管理功能：管理事故应急处理过程中产生的文书及事故评价信息。

（3）应急动态信息管理功能：管理滚动显示的应急动态信息。

（4）运营单位及周边信息查询功能：展示 GIS 系统中录入并汇总统计的运营单位及周边情况信息。

（5）应急音视频管理功能：管理在应急事件应急处理过程中发生的音视频文件资料。

（6）电子白板/实物展台信息管理功能：主要对电子白板/实物展台文档资料的管理维护。

（7）应急培训与演习管理功能：管理应急培训和应急演习的相关内容。

3. 系统需求建模

系统主要为应急指挥中心的日常管理及相关业务提供平台，系统用例图可以将相关功能与相关角色联系起来。系统值班员用例图如图 8-1 所示。

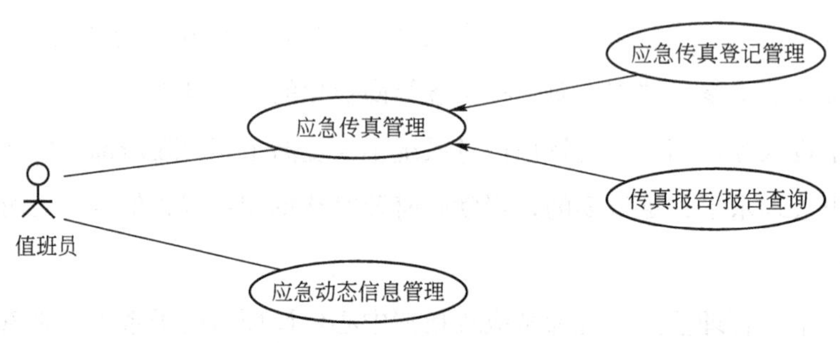

图 8-1　系统值班员用例图

值班员角色主要执行应急传真管理功能（包括传真登记、传真通告/报告管理等子功能）和应急动态信息管理功能。应急秘书用例图如图 8-2 所示，应急秘书角色主要执行应急文书与事故评价管理功能（包括应急文书管理、事故评价等子功能）、运营单位及周边信息查询功能（包括运营单位情况、周边特殊人群/学校分布、周边人口分布、周边企事业单位情况、周边公路情况的查询子功能）、应急音视频管理功能、电子白板/实物展台信息管理功能和应急培训与演习管理功能（包括应急培训管理、应急演习管理等子功能）。

系统管理员角色除可以执行应急秘书、值班员的所有功能外，还可以执行系统的参数设

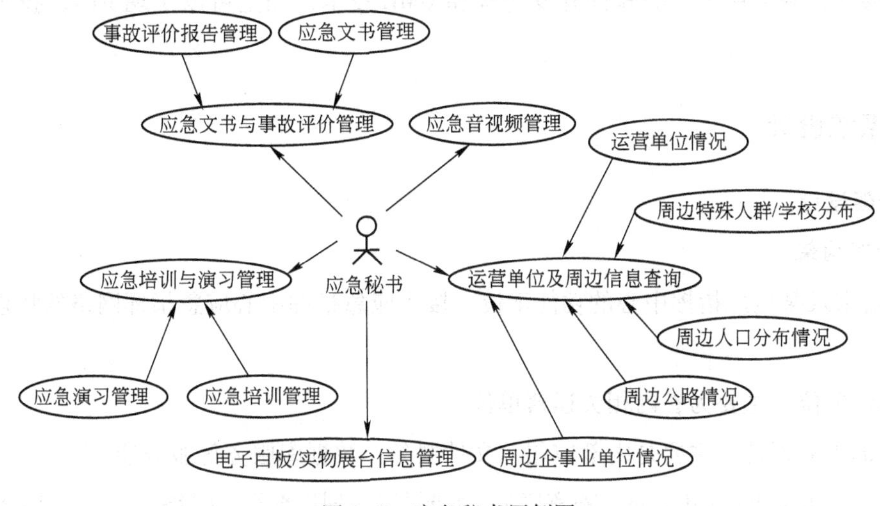

图 8-2 应急秘书用例图

置、用户管理等系统管理功能，是该系统权限最大的角色。

4. 非功能需求

(1) 安全需求。系统所有信息均涉密，在用户验证方面拟采用统一用户认证、统一权限管理。

(2) 用户界面需求。用户界面同时要按照界面原形设计，需要包括以下几部分。

① 登录界面：使用者可以在此录入用户名和密码，验证口令的有效性。

② 系统框架：使用者通过验证后显示的页面架构。

③ 流程框架：主要是使用者进行事务处理过程的页面。

④ 业务处理：使用者在处理事务过程时的处理页面。

⑤ 列表界面：使用者在处理事务过程中显示的列表页面。

(3) 场合适应性需求。该系统数据全部涉密，需构建在省指挥中心内部指挥网络中，严禁其他网络进行访问。

5. 技术可行性分析

目前实现信息系统的开发平台很多，特别是 J2EE 框架技术的发展，各种开源框架源源不断的诞生。本系统选用 ZK 框架作为 UI 开发技术，配套自助封装的逻辑层类及数据访问层类，形成了有效的三层架构，有效地实现了 MVC 设计模式。ZK 框架是一个事件驱动的、基于组件的应用框架，完美地实现了丰富互联网程序（rich Internet applications，RIA）模式，并且可以与轻量级的反转控制（inversion of control）和面向方面（aspect-oriented）的容器框架 Spring 框架及对象关系映射框架 Hibernate 结合组成 ZSH 框架，较现在流行的 SSH 框架有明显的优势，为后期扩展及运维提供了有力保障。

基于上述考虑，该系统开发选用了 ZK 框架作为 UI 框架，结合自行开发的逻辑层类及数据访问层类，并采用统一的软件开发过程和 UML 技术，完全可以实现 RIA，技术上完全可行。

8.1.3 系统设计

1. 构架设计

1）物理构架

按照需求及某应急指挥中心的功能定位，接入应急指挥中心应急指挥网络的物理架构主要如下。

① 运营单位：主要为省内相关运营单位。

② 内部服务器群：主要是内部应用、文件服务、数据库服务等服务器。

③ DMZ（demilitarized zone，隔离区）：主要是认证服务器、网络行为管理服务器等服务器。

④ 专家组客户端：为专家组成员提供的办公计算机等。

⑤ 省应急协调委成员单位联络员客户端：为省应急协调委成员单位联络员提供的办公计算机等。

⑥ 指挥中心工作人员客户端：为指挥中心工作人员提供的办公计算机等。

其中应急信息系统存放在内部服务器群，允许专家组客户端、省应急协调委成员单位联络员客户端、指挥中心工作人员客户端等省应急指挥中心应急指挥网络内部的各个终端进行访问，为相关人员提供信息服务。应急指挥中心管理信息系统就搭建在该网络中，该网络与一切公共网络物理隔离，并配合相关普通密码技术，达到涉密网络的要求。

2）系统构架

按照分层构架的思想，结合实际软硬件环境，设计了本系统构架，如图 8-3 所示。

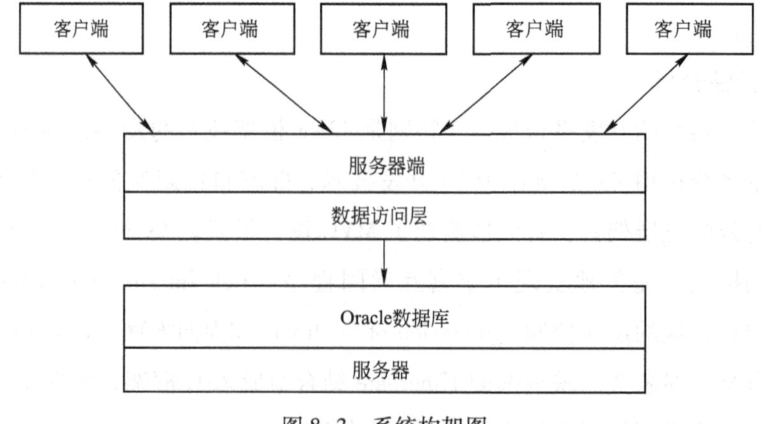

图 8-3　系统构架图

客户端：通过访问浏览器访问系统的服务器端，显示页面，并可以对页面的相关组件进行操作。

服务器端：部署相关应用服务器，利用应用服务器中的业务处理类接收客户端发来的操作指令，并通过数据访问层进行统一的数据读取，并按照业务逻辑对数据进行加工，经过匹配反馈模式响应客户端操作。

Oracle 数据库：为服务端提供数据存储，数据访问管理等功能。

2. 模块设计

根据系统需求分析中明确的功能，系统模块划分如图 8-4 所示，以作为菜单设计和页面设计的基础。

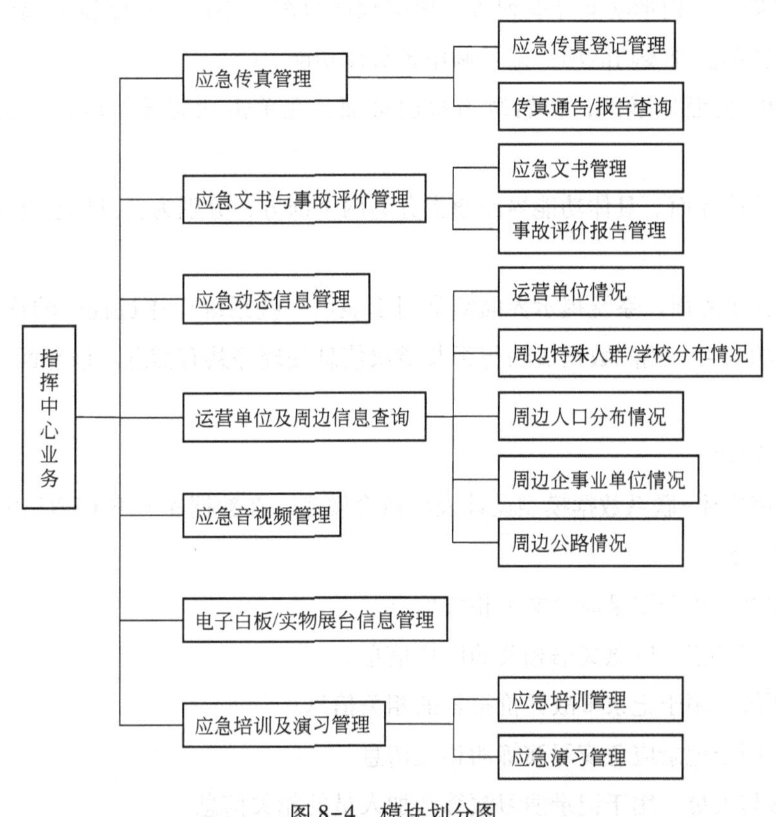

图 8-4　模块划分图

(1) 应急传真管理模块：包括 2 个子模块，即应急传真登记管理、传真通告/报告查询。

(2) 应急文书与事故评价管理模块：包括 2 个子模块，即应急文书管理、事故评价报告管理。

(3) 应急动态信息管理模块。

(4) 运营单位及周边信息查询模块：包括 5 个子模块，即运营单位情况、周边特殊人群/学校分布情况、周边人口分布情况、周边企事业单位情况、周边公路情况。

（5）应急音视频管理模块。

（6）电子白板/实物展台信息管理模块。

（7）应急培训与演习管理模块：包括 2 个子模块，即应急培训管理、应急演习管理。

3. 界面设计

（1）登录界面。用户登录本系统的界面，用户可以在此输入用户名和口令进行验证，满足不同用户不同操作权限的要求。

（2）操作主界面。

① 固定显示区，显示登录人员信息、当前日期、系统名称、个人信息相关菜单、当前事件和滚动动态信息等。

② 功能导航区，树形功能导航列表，根据权限分配的不同，只能显示属于当前用户的功能列表，通过单击列表功能项，即可调用各具体功能。

③ 具体功能页面显示区，初始时为欢迎页面，在单击功能导航后，显示具体功能主界面。

（3）具体功能界面。具体功能界面通常分为两个部分，分别为各具体功能主界面和数据编辑页面。

（4）系统提示界面。系统提示界面常常用于显示一些系统操作过程中的重要提示信息，如存储数据成功与否、删除数据成功与否及错误信息处理等共有信息。该界面一般为弹出式窗口。

4. 数据库设计

本系统使用实体-联系数据模型设计表示概念模型，在数据库 EMGCENT 共包含 10 个关系模式，分别如下。

① 应急文书：用于记录应急文书相关信息。

② 回执：用于记录应急文书相关的回执信息。

③ 事故评价：用于记录事故评价报告的相关信息。

④ 演习：用于记录应急演习演练的相关信息。

⑤ 演习参与人员：用于记录演习演练参加人员的相关信息。

⑥ 培训：用于记录应急培训的相关信息。

⑦ 培训参与人员：用于记录应急培训人员的相关信息。

⑧ 电子白板/实物展台：用于记录电子白板/实物展台的相关信息。

⑨ 动态信息：用于记录动态显示信息的相关内容。

⑩ 传真登记：用于记录应急传真的相关信息。

5. 类设计

该系统比较庞大，为了便于管理，将众多的类按照系统分成用户界面层类、业务逻辑层类、数据访问层类三层，其结构如图 8-5 所示。

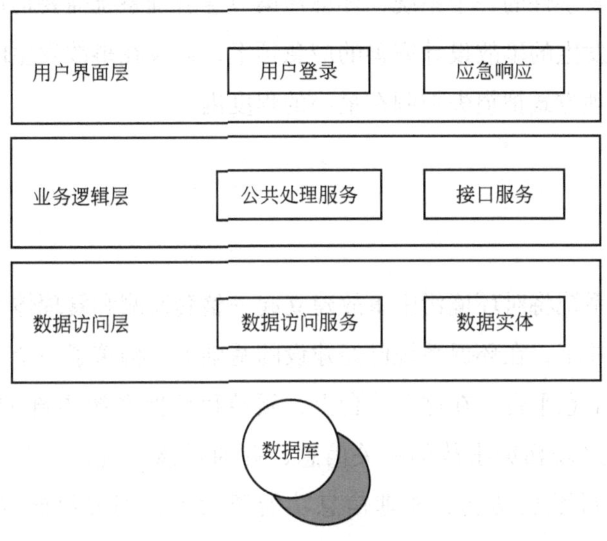

图 8-5　系统分层结构图

数据访问层主要提供数据访问适配功能，特别设计此层是为了对象访问数据库的方式一致，确保访问可控。上层应用访问数据应该都通过调用此层的类来实现。

业务逻辑层是采用对象架构技术构建的支撑类系统，它对用户界面层各具体功能提供系统级服务，它是系统的核心层，具备高度的抽象层次和公共属性，方便本系统的内部调用。

用户界面层用以组织、调度和提供用户的 UI 界面，通常采用 ZK+J2EE 技术提供 GUI 操作界面，是系统功能的外在展现，包括需求说明书中的各种功能，用户通过该层类根据各业务提示完成工作任务。

8.1.4　系统实施

本系统使用 Eclipse 来开发，采用 ZK 框架作为 UI 开发框架，利用 J2EE 分层思想封装数据访问类及业务逻辑类，提高代码的重用性及可维护性。

8.2　环境污染应急管理信息系统

8.2.1　系统概述

环境污染应急管理是在应急管理基础上提出的，针对可能或已发生的突发环境事件，立即采取某些超出正常工作程序的行动，以避免事件发生或减轻事件后果。环境污染应急管理信息系统可以监测重大危险源信息变化情况，加强宏观调控，充分发挥综合管理安全工作的职能。同时，该系统可以使应急指挥决策化、科学化、智能化。

作为处理环境突发事件的一个系统，环境污染应急管理系统需要运用相关学科的一些理论方法，对预计可能发生的事故设计完善的应急预案，以及在事故发生时能够快速制定最佳决策，用最合理的管理方式把损失控制在最小的程度内。

8.2.2 系统分析

1. 需求分析

该应急管理信息系统将对环境污染事故建立起一整套监测和管理体系，加强环境污染事故有关信息的管理和共享，在环保系统已经建设的基础上，构筑了一个可以专门针对环境污染事故的应急和管理信息平台。在这个平台上，领导和环保系统内部的各级工作人员可以及时查阅和发布有关环境污染事故的相关信息，并通过该系统进一步设计事故处理方案。从功能需求上分为基础数据功能、地理信息功能两大类；相关数据以前期准备的基础数据为主，针对具体污染源和污染危险品进行检索与查询，提供相应的处理方式和处置方案等辅助信息；根据污染事件地点，展示附近地区的地理位置及地貌信息，提供地图及数据等信息。

2. 业务分析

该系统的应急预案管理业务流程有：应急预案管理、风险源监测、监控预警和响应指挥。

应急预案管理业务流程如图 8-6 所示。应急预案通过模拟风险源发生事故，生成一套完整的应急处置方案。当发生事故时，可直接进行调用。预案的生成流程为“企业定位—风险源—周边信息—应急措施—应急专家—应急机构—模型分析—生成方案”，用户可点击相应的步骤，完成相应的信息添加。当完成企业定位之后，其余步骤可以任意点击，没有顺序限制。当所有步骤完成后，就会生成应急方案，随后被保存；生成的应急方案亦可导出为文本。

风险源监测分为风险源检查和风险源日常监测。对风险源检查和监测的数据信息会提交到风险源检查库中。图 8-7 为风险源检查和监测业务流程图。

风险源在线监测包括污染源在线监控、固体废物运输在线监控、放射源在线监控三部分。通过接入以上几个在线监控子系统的数据，可以在页面内显示各项监测数据信息；当发生数据超标或突发事件时，可以通过短信、邮件、事务信息进行提示警告。在提示警告的同时，根据既定的各类预警条件或预案对各类环境污染事件进行事态评估：可系统自动进行评估，也可由工作人员手动进行评估，当确定所发生环境事件的预警级别后，及时发布预警信息。图 8-8 为监控预警的业务流程图。

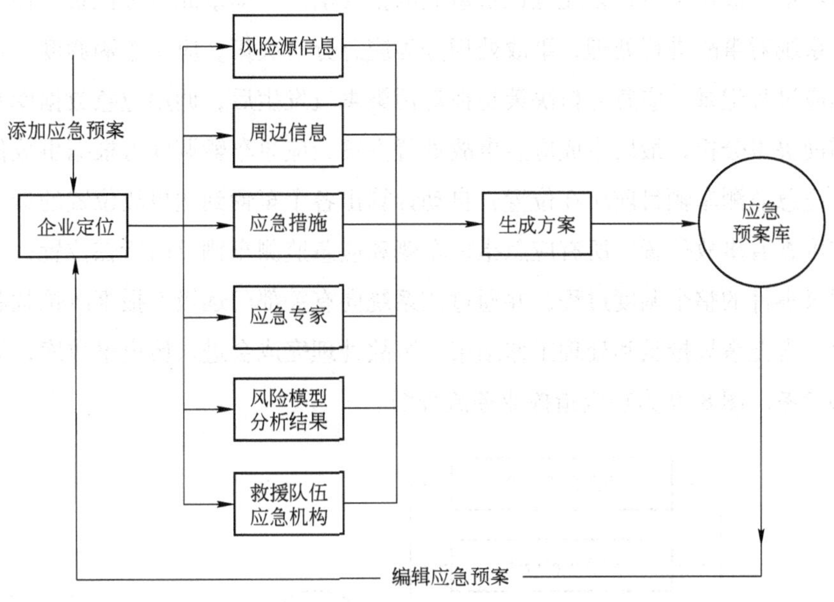

图 8-6 应急预案管理业务流程图

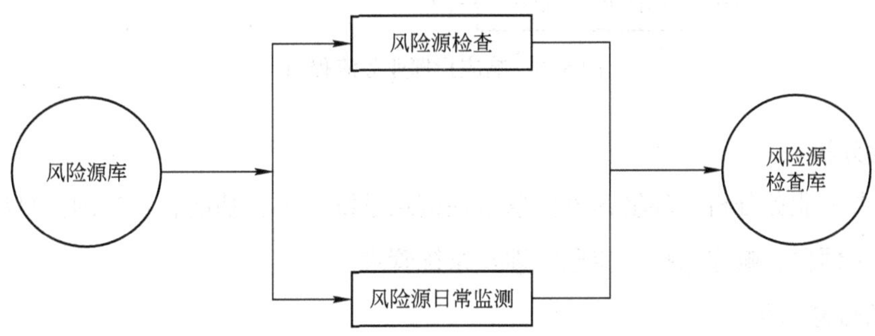

图 8-7 风险源检查和监测业务流程图

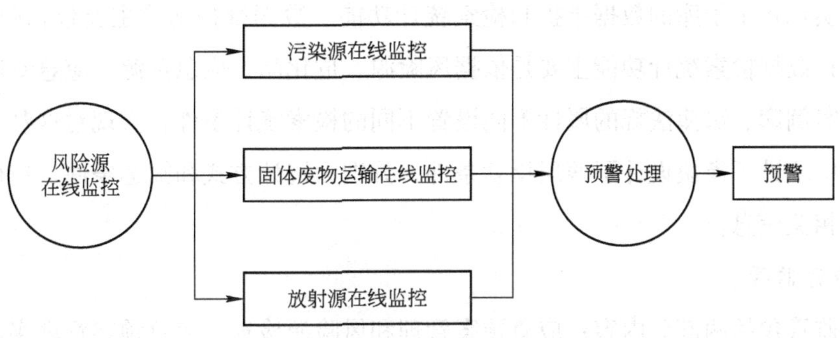

图 8-8 监控预警的业务流程图

当环境污染事故发生时，首先是记录事故的报告信息，即事故接报记录。在事故接报记录完成后，系统对事故进行处理，事故处理分为应急分析决策、应急车辆调度、现场情况跟踪和应急响应过程记录。应急分析决策是在对污染事故发生后，调用应急数据库及日常管理数据进行辅助决策分析，最后生成应急事故处置方案；应急车辆调度可根据事故位置和应急指挥车辆、应急监测车辆目前所在位置，自动计算出各个车辆到达事故位置的最短路径；现场情况跟踪可查看事故位置、所有应急指挥车辆和应急监测车辆目前所在位置；应急响应过程记录可记录事件的整个调度过程，并通过该系统向有关部门逐级上报事故抢救和人员伤亡的变化情况，直至事故抢救和处理工作结束。事故处理完成会进入历史事故库，为以后的类似事故提供参考。图 8-9 为响应指挥业务流程图。

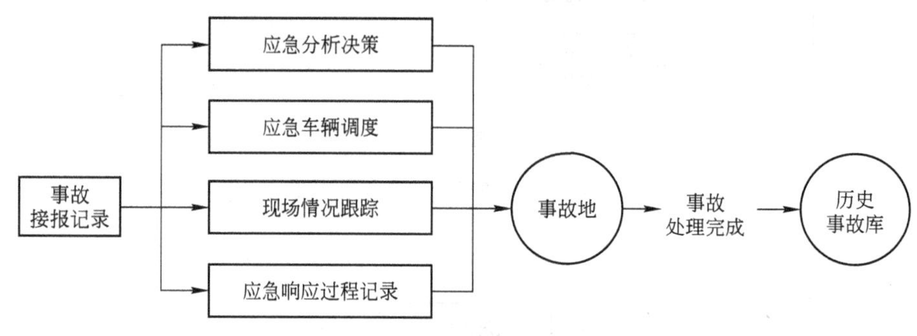

图 8-9　响应指挥业务流程图

3. 功能分析

通过需求和业务分析，环境污染应急管理信息系统的主要功能有：基础信息维护、风险源监管、监控预警、响应指挥、应急培训及系统管理。

1）基础信息维护

应急数据库包括企业信息库、风险源库、危化品库（本地危化品库、常用危化品库）、应急专家库、应急机构库、应急资源库、本地事故库、参考案例库、法律法规库。应急数据库模块可以实现每个子库的数据维护和检索统计功能。数据维护功能主要包括数据的添加、编辑、删除；数据检索统计功能主要是依据风险源、危化品、应急资源、应急专家、本地事故库、参考案例库、法律法规的属性不同设置不同的检索统计条件，实现对这些子库的检索和统计。其中统计子模块设计了两层检索条件，分别为统计方式和筛选条件，这样可以更有效地统计出相关信息。

2）风险源监管

风险源监管包括两部分内容：应急预案管理和风险源检查。应急预案管理实现对各种应急预案的管理，其中以企业应急预案为主；风险源检查包括风险源日常检查和风险源日常监测，实现对风险源的日常监管。

3）监控预警

（1）风险源在线监控。风险源在线监控包括污染源在线监控、固体废物运输在线监控、放射源在线监控三部分。通过接入以上几个在线监控子系统的数据，在页面内显示出各项监测数据信息。当发生数据超标或突发事件时进行短信、邮件、事务信息提示警告。

（2）预警管理。预警管理是主动从污染源、固废、放射源、环境质量监控信息中获取实时监测数据，并对各类环境污染事件进行事态评估（系统自动评估或由工作人员手动评估），确定所发生环境污染事件的预警级别。

4）响应指挥

（1）事故接报记录。事故接报记录需要记录的内容有：事故名称、风险源类别（固定风险源、移动风险源）、事故发生单位、风险源名称、行政区、事故发生地区类别、事故类型、危险品名称、危险性、泄漏量、事故发生原因、初步伤亡与损失、接报日期、接报人姓名、报告人姓名、接报人电话号码、信息来源等。

（2）应急分析决策。应急分析决策是当污染事故发生后，调用应急数据库及日常管理数据进行辅助决策分析，最后生成应急事故处置方案。

（3）应急车辆调度。在地图上同时显示事故位置、所有应急指挥车辆和应急监测车辆目前所在位置。通过点击最短路径，自动计算出各个车辆到达事故位置的最短路径，并用不同的颜色将路线在地图上进行标注。通过点击车辆，可显示车辆基本信息，包括车辆位置、车辆负责人姓名、联系电话、车上装置等。

（4）现场情况跟踪。通过点击应急卫星指挥车，可以选择车辆进行通话及调用卫星车载视频监控图像。通过手持终端的移动办公软件录入的应急监测点来布置信息和应急监测结果值等各项数据。其中监测点记录的内容有：监测点名称、监测点类型、所在位置、布置人员、经纬度等。需要记录的监测值内容有：监测点名称、污染物、监测值和监测时间等。

（5）应急响应过程记录。应急响应过程记录具有非常重要的功能，包括：接收和上报事故信息；记录事件的整个调度过程，并通过该系统向有关部门逐级上报事故抢救和人员伤亡的变化情况，直至事故抢救、处置工作结束。基于以上工作内容，应急响应过程记录模块需要记录的内容包括接报、预警、启动预案、成立指挥部、应急指挥、应急处置和应急终止。

5）应急培训

应急培训主要用于展示与应急有关的法律法规、应急常识、危化品常识、危化品毒性分级分类和国内外应急相关记录等信息，用于应急人员对应急常识的了解和学习。此模块只用来显示相关信息，信息的编辑在系统管理模块下实现。

6）系统管理

系统管理包括两部分：数据字典和应急培训内容的编辑。前者主要是用来维护系统中某些字段的添加、删除、修改等工作；后者用于编辑法律法规、应急常识、危化品常识、危化品毒性分级分类和国内外应急相关记录等信息。

4. 非功能分析

1）安全性需求

（1）权限控制。根据不同的用户角色，设置相应权限，用户的重要操作都做相应的日志记录以备查看，没有权限的用户禁止使用系统。每个部门可以查看并修改与自已相关的应急环境信息数据，不可以修改其他部门相关的信息数据。管理员可以查看并修改系统中成员信息、分配成员角色和权限。

（2）重要数据加密。本系统对一些重要的数据按一定的算法进行加密，如用户口令、重要参数等。

（3）数据备份。允许用户进行数据的备份和恢复，以防止数据的破坏和丢失。

（4）记录日志。本系统能够记录系统运行时所发生的所有错误，包括本机错误和网络错误。这些错误记录便于查找错误原因。同时，还可以记录用户的关键性操作信息。

2）可用性需求

（1）方便操作，操作流程合理。尽量从用户角度出发，让用户方便操作。如敲入回车键光标的自动跳转、输入法的自动转换，在信息检索时输入汉语简拼快速检索到结果等；通过快速键方便用户录入信息，所有操作可仅通过键盘完成。

（2）控制必录入项。本系统能够对必须录入的项目进行控制，使用户能够确保信息录入的完整性。同时对必录入项进行统一有效的提示。

（3）容错能力。系统具有一定的容错和抗干扰能力，在非硬件故障或非通信故障时，系统能够保证正常运行，并有足够的提示信息帮助用户有效正确地完成任务。

（4）在操作完成时有统一规范的提示信息。如在删除操作时，系统可提示警示框“您确认删除记录吗？操作不可恢复!”，当用户点击确认后，系统才执行删除操作，在删除后可直接返回相关页面。

（5）用户可自定义。为了满足业务的不断变化，一些重要的参数应该灵活设置。

（6）联机帮助与操作指南。

5. 条件分析

应急管理信息系统是建立在计算机网络系统、数据库、地理信息系统等基础之上的。因此，系统的正常运行依赖于计算机硬件、基础软件、数据等因素。另外，系统作用的发挥与单位相关规章制度及其执行情况有很大关系。

8.2.3 系统设计

1. 总体设计

应急管理信息系统由五个部分组成，即系统管理与安全机制、数据维护与信息分类体系、系统平台、系统数据、业务应用系统。细化系统总体构架图如图 8-10 所示。其中系统管理机制、系统安全机制、信息分类与编码体系、数据更新与维护机制贯穿于系统始终。前两者为系统的运行与安全提供保障；后两者为数据库的更新维护提供保障。从系统的开始建设到系统的正式运行都应重视这 4 部分。

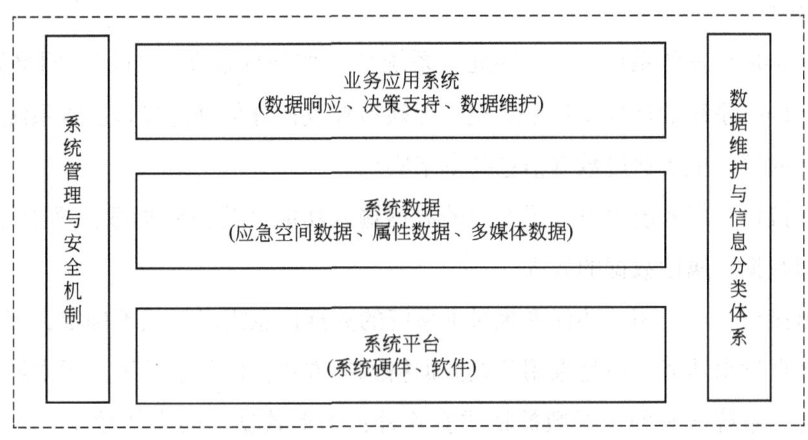

图 8-10 细化系统总体架构示意图

（1）系统管理与安全机制。系统管理为整个系统提供统一的管理功能，包括用户管理、授权管理、应用管理、数据备份、地图及地图相关数据的访问控制等。安全性是系统和数据库建设的一个重要原则。安全隐患可能存在于构成系统的各个要素上，包括网络、服务器、存储、操作系统、数据库、组件平台、应用系统、人员等。因此，系统需要一个全面的安全机制。

（2）数据维护与信息分类体系。从系统建设之初就应搞清各类数据的来源，并在此基础上明确数据更新与维护的责任，以及数据更新的周期，形成一套完善的数据更新与维护机制。在数据库建设及数据维护过程中，都应严格遵守信息分类与编码体系标准，才能保证数据的共享与交换，因此在系统建设之初就应建立信息分类与编码标准，且其应该贯彻执行在系统的整个生命周期中。

（3）系统平台。该平台提供了数据库建设与系统运行的软硬件环境。服务器和网络平台包括应用服务器、数据库服务器、存储设备、备份设备和各种网络设备。系统软件平台包括操作系统、数据库管理系统、地理信息系统、应用软件等必不可少的系统软件。

（4）系统数据。按照信息的类型，将信息资源划分为环境事故空间数据库、环境事故属性数据库和多媒体资料数据库三个部分。环境事故空间数据库由空间数据库引擎管理，保存空间数据信息；环境事故属性数据库是与地理位置无关的信息数据，包括风险源信息、危险品信息、环境事故处理信息、事故信息、事故监测信息等；多媒体文档保存各种非结构化的信息，包括事故现场图像、录像等。

（5）业务应用系统。业务应用系统建立在数据库平台之上，实现具体的应用功能：除了提供突发性环境污染事故应用功能外，还通过标准数据交换接口与其他环保应用相互连通，进行信息数据共享，并且提供与硬件设备系统的接口，实现了多种数据源的管理与应用。

2. 接口设计

1）外部接口

系统在 Windows 操作系统运行，因此，系统与一切硬件设备（打印、网络）的接口都通过调用 Windows 系统的标准接口来实现，无须另外设计外部硬件接口。本系统与其他环保软件系统之间的接口主要通过数据信息共享来实现。

数据输入接口：在系统中设计了专门的数据输入功能（应急管理数据维护部分），用于应急管理空间数据、属性数据的导入。

数据输出接口：由于相关环保系统对本系统的数据信息需求格式不确定，因此系统中没有专门设计数据导出功能，而是采用开放数据格式的方式，供其他系统调用本系统的数据及其他相关信息。系统涉及的主要数据格式有 4 种：图形数据、多媒体数据、标准 HTML 页面、SQL Server 数据库。

图形数据文件：存放系统使用的所有空间数据。

多媒体数据文件：存放风险源、事故的照片、录像等信息，采用能够被 Windows 系统使用的格式。

标准 HTML 页面：存放危险品、应急机构等信息，该类文件为通用格式。

SQL Server 数据库：存放风险源、事故处理专家等数据。在系统建成后，会提供数据库设计及数据字典等相关文档，其他系统就可以调用本系统数据库中的数据。

2）内部接口

用户可选交互查询和条件查询，且查询结果显示格式统一。

图形定位和属性信息显示同步进行，业务数据与地图空间数据紧密相连。先确定做哪种模型分析，然后在地图上选择某一区域内的事故，给定参数后提交给地图服务接口，地图服务后台处理完得到结果，然后刷新地图区得到分析结果。

3. 出错处理设计

系统会将子系统的所有出错信息转到同一个出错提示页上。数据库管理子系统提示错误信息，一般的错误提示信息由操作员自行处理，系统致命错误则提示错误信息联系管理员予以处理。

根据错误提示信息和日志表记录信息，跟踪查找错误。

4. 数据库设计

1）设计原则

（1）命名的规范：规定应急管理系统数据库中各种对象的命名，采用大小写敏感的形式编写后台程序的代码，各种对象命名长度不要超过30个字符，对于子表的命名需要加上主表的表名为前缀。

（2）索引的使用：对经常进行查询的数据表建立索引，而对经常进行插入、更新、删除操作的数据表不建立索引。

（3）事务处理：SQL Server 为每个独立的 SQL 语句提供了隐含的事务控制，因此应急系统数据库不再显示事务控制。

（4）游标使用：基于数据库中数据量大及游标的循环很容易使程序进入一个漫长的等待甚至死机，系统不再使用游标。

2）数据库设计

环境事故空间数据库是由空间数据库引擎管理，在本系统中保存空间数据信息。这部分数据主要包括：企业和风险源的地理位置信息、河流水域地理信息、应急预案中的安全撤离路线和各类应急抢险机构的地理信息等。

环境事故属性数据库是与地理位置无关的信息数据，在本系统提供基础数据。其中主要包括：本区域内企业及风险源的信息、各类应急机构和人员信息、应急专家信息、区域内危险品存储及使用信息、风险源的相关日常监测和检查数据、风险源相应的预案信息、已发生事故的处理信息和相关的知识库信息。

8.2.4 系统实施

应用服务器：IIS 及 NET FRAMEWORK 3.5。

系统操作系统：Windows 7。

浏览器：IE 7.0 以上版本。

系统结构：B/S 三层结构。

数据库应用平台：SQL Server 2008。

地理信息系统软件：ArcGIS Server、ArcSDE。

环境污染应急管理信息系统按功能主要分为7个模块，分别为：基础信息维护、风险源监管、监控预警、响应指挥、事故上报总结、应急培训和系统管理。同时还有一个控制用户权限的功能模块，根据用户角色的不同来划分可以使用的功能模块。应急系统功能模块如

图 8-11 所示。

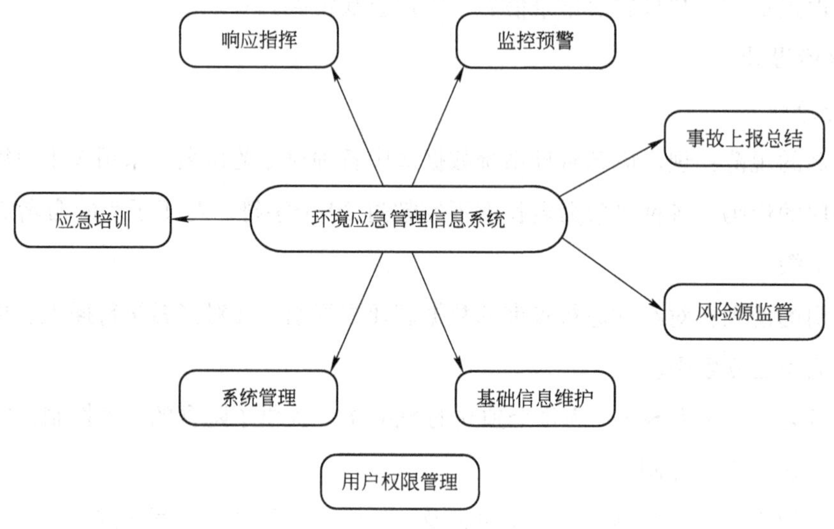

图 8-11　应急系统功能模块图

8.3　地震应急管理信息系统

8.3.1　系统概述

地震是一种具有突发性、瞬间毁灭性和次生灾害巨大的自然灾害，给人类生命安全、社会经济发展和稳定带来了严重的危害。因为地震灾害很难预测，带有很强的突发性，而且很容易形成次生灾害，所以在未出现地震灾害之前准备地震救援资源是十分必要的。但是，地震救援资源在大多数时间处于“闲置”状态，在平时生活中，救灾资源的储备并不被人们所注意。“养兵千日，用兵一时”，地震救援资源的这种配置特点决定了对其管理必须是系统化、综合化的管理。如若不然，一旦大的地震灾害发生，对救援资源的调配很可能非常低效，甚至陷于混乱的状态当中。

要减少地震损失，就必须提高政府部门的地震应急管理技术水平，借鉴国际先进的应急管理经验，与我国的实际情况结合起来，制订出符合我国国情的地震应急管理信息化方案，以指导地震灾害的应急工作，尽可能地将地震灾害损失降到最低。因此，着力于对地震应急管理信息系统进行分析与设计，建立标准化的应急管理信息平台，整合应急管理信息资源具有十分重要的意义。

8.3.2 系统分析

1. 业务流程分析

地震应急管理工作可以分为两种：一是以日常工作为主的常态业务，常态业务是指日常的预防和应急准备工作，如地震应急培训、地震应急值守、地震应急科普宣教和地震应急预案管理与演练；二是在地震突发事件发生时的非常态业务，非常态业务是指地震突发事件的事前监测预警、事后恢复重建和事中处理应对等，包括在地震突发事件发生时的预警信息发布、指挥调度、恢复重建和总结评估等。

1）准备业务流程分析

地震应急管理常态下的主要工作是地震应急管理准备业务。它包括：人员的执勤、科普宣传、应急培训和应急预案管理与操练等。下面以日常值守应急中的信息汇总业务为例进行分析，其业务流程如图 8-12 所示。

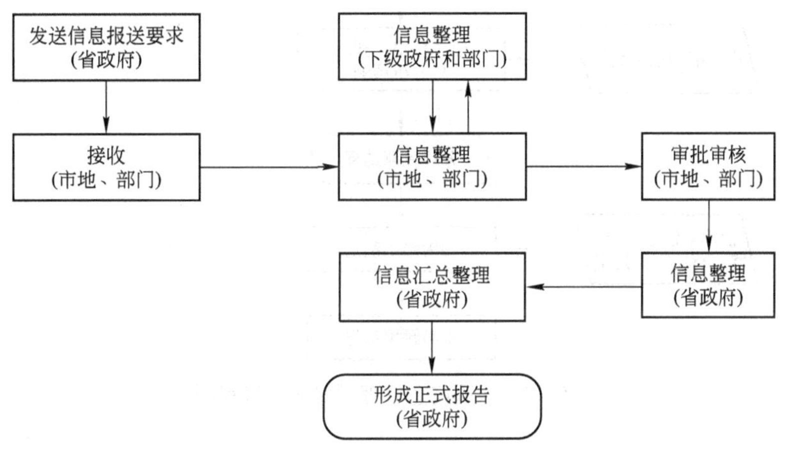

图 8-12 地震应急管理信息汇总业务流程图

信息汇总是应急管理日常工作中的业务之一，业务首先由省政府应急管理主管部门发出汇总材料的要求，对象是相关部门和市应急管理主管单位。相关部门在收到要求后就在本单位内部进行处理，包括：信息整理、审批审核和信息上报；然后根据需要将信息汇总并进一步向下级部署，层层整理汇总进行审核审批。它们之间的信息传递主要依靠电话、传真、网络等手段。在接收信息后，通过人工方式进行资料汇总、数据累加，最后形成正式报告。但是这种工作方式效率低下、工作量较大、涉及的层次多、花费的时间长，在汇总过程中容易造成信息失真。所以，需要应急管理系统可以直接覆盖到所需的各个层次，并且能够自动对接，将收到的资料进行汇总，从而提高工作效率，减少中间环节，节省工作时间。

2）预警业务流程分析

地震应急管理预警业务流程主要包括两部分：地震风险隐患监测和预警分析，其主要业务流程如图 8-13 所示。在地震灾害发生前，及时发布预警信息，及早采取防备措施进行有效应对，可以极大地降低地震所造成的人员伤亡和财产损失。地震预警业务流程主要是通过计算机网络或应急通信网络把声音、图像、文字等监测数据，传输到地震应急管理信息系统，应急管理信息系统对这些监测数据进行汇总分析，然后做分析评价。

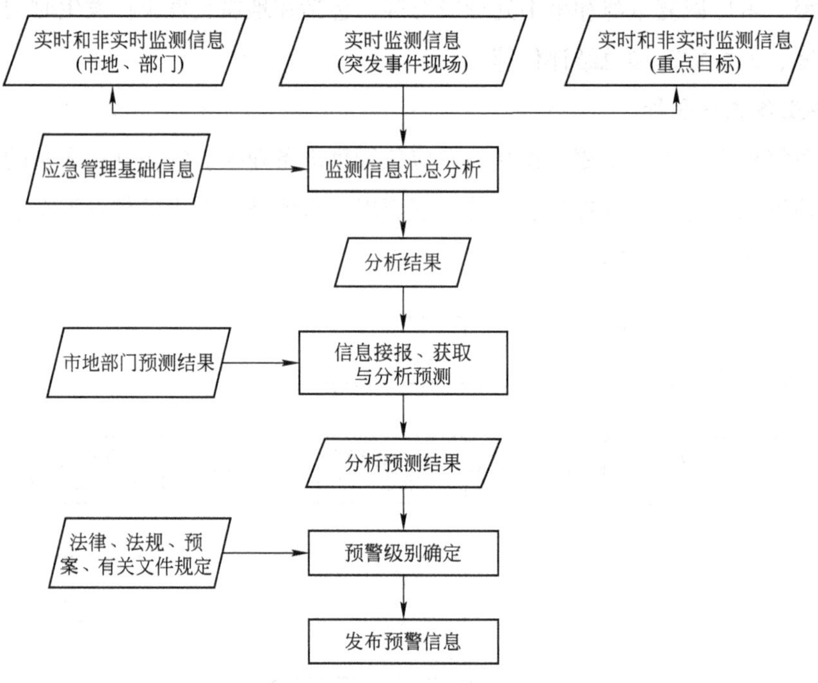

图 8-13　地震应急管理预警业务流程图

根据分析结果对地震灾害进行综合预测分析并形成预测结果，然后根据预测结果，得出地震灾害的危害范围、可能导致的人民生命和财产损失等情况。最后，根据事件信息汇总分析、模拟预测和综合分析，与相关法律法规和地震应急预案等规定的突发事件分级指标进行比对，确定地震灾害的预警级别，发布相应的地震预警信息。

3）处置业务流程分析

根据《中华人民共和国突发事件应对法》，在地震发生后，当地人民政府应当立即采取控制措施，开展应急救援工作，并立即向上一级人民政府报告。上级政府根据有关地震信息对事件进行研究分析，确定是否启动地震应急预案，是否要对地震做出应急响应。在地震灾害处置结束后，还必须对整个事件的处置过程进行总结评估。其业务流程如图 8-14 所示。

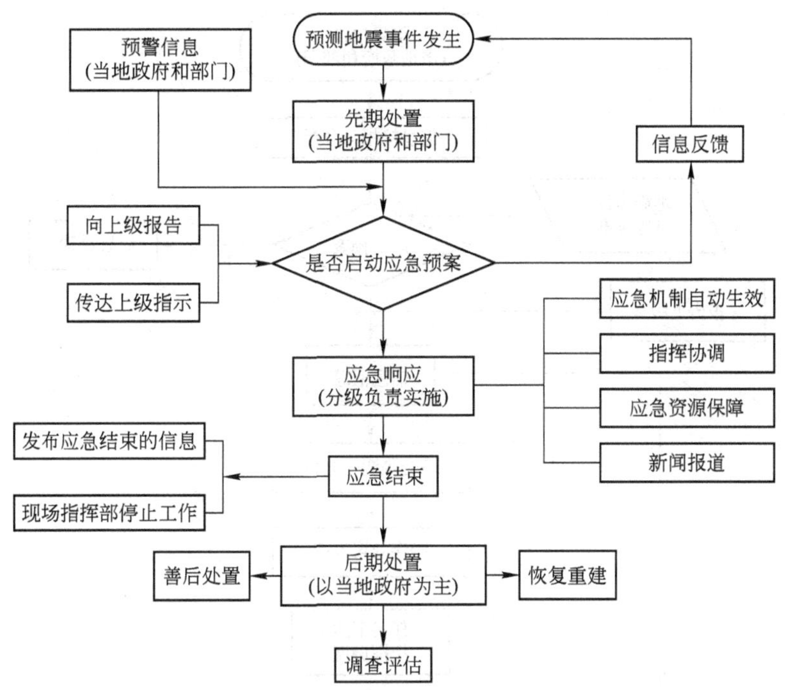

图 8-14 地震灾害应对处置业务流程图

根据对地震发生后应急处置工作流程的分析，我们可以知道省级地震应急管理信息系统的主要业务内容包括：信息接报、综合判断、应急指挥和总结评估等。其系统的业务流程如图 8-15 所示。

2. 功能和性能分析

1）系统总体功能和性能分析

需求分析是指对要解决的问题进行详细的分析，弄清楚问题的要求，包括需要输入什么数据，要得到什么结果，最后应输出什么。大量的项目实践证明，一个成功的信息系统必须首先要满足使用者的需求，否则开发出的系统可用性不强。因此，对于地震应急管理信息系统的需求分析十分必要。

在功能和性能上地震应急管理信息系统要能够实现地震灾害信息的接收分析、应急指挥调度、决策方案生成和处置过程的跟踪反馈等功能。系统应该能够与上下级的系统实现互通互联，通过整合下级政府和省级有关部门系统，形成覆盖全省各地各部门的系统体系。根据应急预案的需要，建设确保指挥调度畅通的地震应急指挥调度体系和满足地震应急管理工作需要的应急管理数据库系统。

2）系统业务功能和性能分析

（1）综合业务管理。完成地震灾害信息的接报处理、综合分析、汇总审核、接收续报、协调调度、响应指示、灾后信息汇总、总结评估和案例制作，能够对日常的文件、传真、报

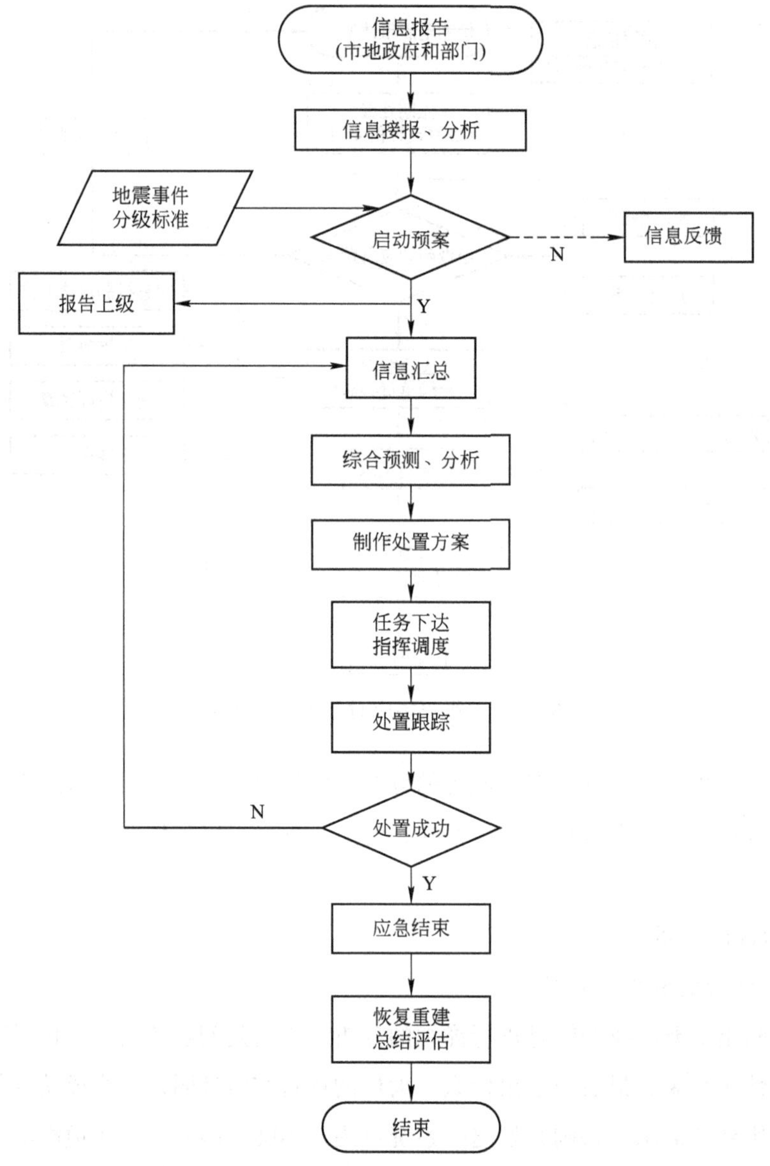

图 8-15　地震应急管理信息系统业务流程图

告等进行分类管理，对有关地震应急管理信息和资料数据进行查询调用。

（2）风险隐患监测防控。系统通过对声音、图像、视频和文字等数据的动态监测，利用计算机网络，及时对各地区和部门的监测信息与风险分析信息进行汇集；根据突发事件的有关案例和相关知识，对整个风险隐患进行分析评估。

（3）预测预警。当突发事件发生后，根据预案规定进行预警分级，并及时向有关部门和涉及的地域、人群发布预警信息，对事件的影响范围、方式、持续的时间和危害程度等进行综合研判。

(4) 智能辅助方案。根据相关应急预案，利用我们对地震灾害的预测分析、研判结果、地震应急组织体系和工作流程、现场应急救援的力量和应急救援物资等一系列的情况，再通过地震应急管理信息系统对相关政策、法律法规、安全技术要求等进行智能检索和分析，咨询专家意见，提供应对突发事件的指导流程和辅助决策方案，及时对有关细节进行调整，使其更加满足突发事件处置的需求。

(5) 指挥调度。可以实时将指挥人员的决策指令、地震灾害发生演变的情况和应急处置状况传递给相关应急指挥人员，表现在：有效部署和调度应急队伍、应急物资和应急装备等资源，实现协同指挥和有序调度。

(6) 应急保障。主要是用来实现对应急救援物资、通信保障等资源的管理，保障地震灾害应对处置工作的顺利进行。

(7) 应急评估。为进一步提高地震灾害应急处置的监测预警、指挥调度、决策支持、现场处置和后期评估等能力，系统在处置地震灾害的同时，还必须记录应急事件的整个应对过程，并按照应急预案等相关规定，对地震灾害处置的全过程进行综合评估，形成应急能力评估报告。撰写报告并分析，查找薄弱环节，总结成功经验。

(8) 模拟演练。为提高应急预案的有效性和针对性，在虚拟场景中分析事态，提出应对策略。系统可以对地震灾害场景进行仿真模拟，对处置地震灾害的各个环节、具体措施和资源调度等内容进行网络模拟演练。

3. 建设目标分析

结合地震应急管理的应急预案和工作特点，提出地震应急管理信息系统的建设目标：应用先进的管理信息技术，实现对地震突发事件的监测监控、预测预警、辅助决策和评估总结等，优化现有地震应急管理业务流程，科学高效地应对地震突发事件，合理、有效地调配各种应急资源。通过系统建设，我们希望可以达到以下三个目标：优化业务流程、整合应急资源、加强数据支持。具体内容见表 8-1。

表 8-1 建设地震应急管理信息系统的三个目标

优化业务流程	整合应急资源	加强数据支撑
在对现有地震应急管理工作流程全面分析的基础上，根据地震应急管理工作的特点，对流程进行规范和优化，使信息系统和应急管理业务紧密结合，缩短突发事件的反应时间，为突发事件应对处置提供最为科学合理的应对方案，提高应急管理工作的效率和水平	完善应急管理信息系统总体架构，建设能够适应多种技术标准的信息共享交换平台，构建各类信息资源交换、共享和整合的基础组件，打破条块分割，实现不同部门、地区应急管理信息系统的互联互通和资源共享	通过应急管理信息系统建设，加强应急信息数据的采集、交换、维护和应用，不断完善基础信息库、地理信息库、事件信息库等应急信息数据库，为应急管理信息系统风险分析、决策指挥、资源调度等提供强大的数据保障

8.3.3 系统设计

1. 地震应急管理信息系统子系统设计

地震应急管理信息系统主要包括以下几个子系统：①应急决策指挥管理系统；②信息收集与管理系统；③通信和后勤保障管理系统；④分析会商管理系统。系统总体结构如图 8-16 所示，各子系统之间的关系如图 8-17 所示。

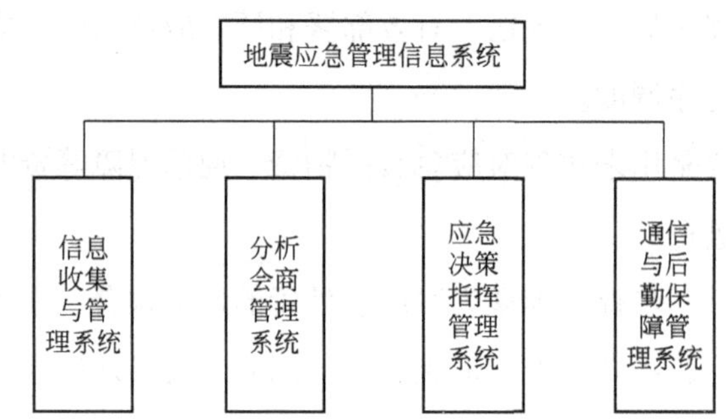

图 8-16 地震应急管理信息系统总体结构图

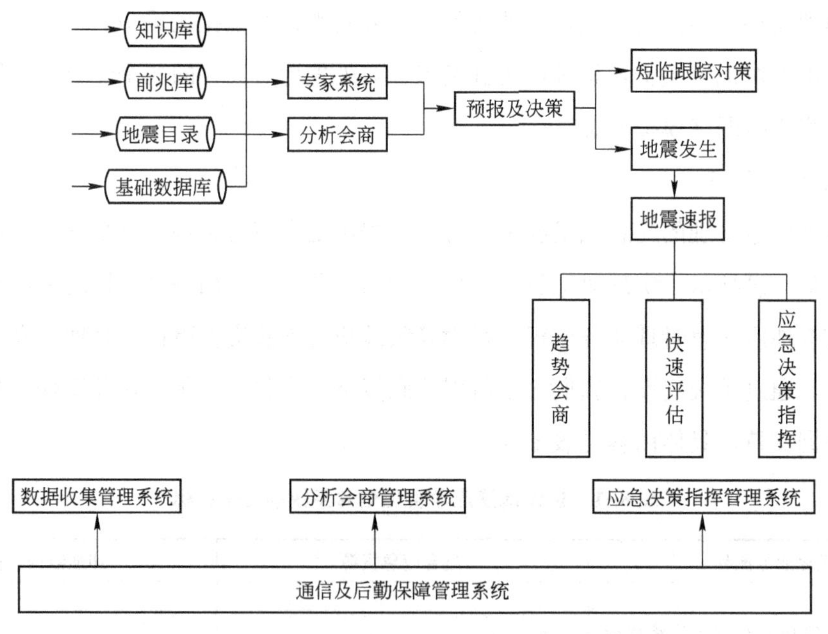

图 8-17 地震应急管理信息系统各子系统关系图

地震应急管理信息系统在地震应急响应中扮演十分重要的角色，它既要对各类数据资源进行收集整理，还要对数据进行会商、分析。当预报区内外发生破坏性地震后，系统相应功能立即启动，一方面根据前兆资料、地震目录和知识库中有关资料进行震后趋势判定，另一方面根据地震基本要素及发震区的基本情况初步确定地震造成的损失。总的来说，地震应急管理信息系统的每个环节都非常的重要、都是缺一不可的。地震应急管理信息系统的核心环节是应急决策指挥管理系统，当地震发生后，只有应用地震应急管理信息系统，才能起到减灾实效发挥震害评估、趋势预测、应急救援、社会宣传和稳定人心等作用。

1）信息收集与管理系统设计

信息收集与管理系统的主要作用是：最大限度地收集各种有用信息并加以运用管理。构建一个智能的地震应急管理信息系统，首先要着手信息资源：必须确定所需要采集的信息类别，同时，要注重在不同的层面上、政府部门、政府与社会之间信息的共享，只有这样，才能既保证最大化地收集到应急信息，又可以减少重复建设等。对一些信息的加工和获取是可以直接来做分析使用的，如：地震前兆信息、GIS 数据库信息、地震现场信息等。但是，对于“半成品”信息，如 GIS 基础数据资料，则需要经过精心的技术加工才能被应急平台所接受、处理。在信息获取的手段上，现在已经有越来越多的信息可以通过信息网络等先进技术手段来实现。

（1）系统功能和结构。地震应急所需要收集的信息包括：社会上收集的各种宏观前兆信息（生物异常中的鸡鸣狗叫、水体异常中的水井变浑浊等）、地震专业仪器产生的信息和每一项基础数据信息（构造、资源、断裂、人口、交通等）。这些信息如果完全由业务人员自行收集，不但周期长、时效差，还很难集思广益。因此，不能单一地用传统的信息收集方法（通过广告联络或使用业务人员）。本系统是基于 Web 服务的 .NET 分布式收集方式来自动收集并进行处理。其收集与管理的系统框如图 8-18 所示。

图 8-18　信息收集与管理系统框图

（2）数据的处理和应用。数据的处理和应用的主要工作就是将各种资源信息进行收集与整理、入库，并对数据进行综合管理，同时提供给应急决策子系统和会商子系统使用。数据管理的主要内容如下。

数据查询和管理。所有收集的数据资源都可以利用提供的关键字、字段进行查询，并通过地震目录直接和地震波形数据文件连接，对于地震波形的浏览可以直接通过专业软件进行浏览、输出等。

数据编辑。需要根据各种数据资源类型、功能的不同进行分类编辑并入库。

数据调用。通过合适的调用规则从数据库中获得各种数据资源，为各子系统服务，并把用户分为超级用户和普通用户，普通用户只具有查询的权限，而超级用户具有对系统数据资源查询、编辑和调用等所有权限。

2）分析会商系统设计

（1）系统功能与结构。分析会商系统是地震应急管理信息系统的一个重要组成部分。按照不同的方法分析会商，并根据会商结果提出综合对策，实现对测震学数据资源、前兆数据资源和各种异常数据资源进行综合管理及应用。地震分析会商系统原理框图如图 8-19 所示。

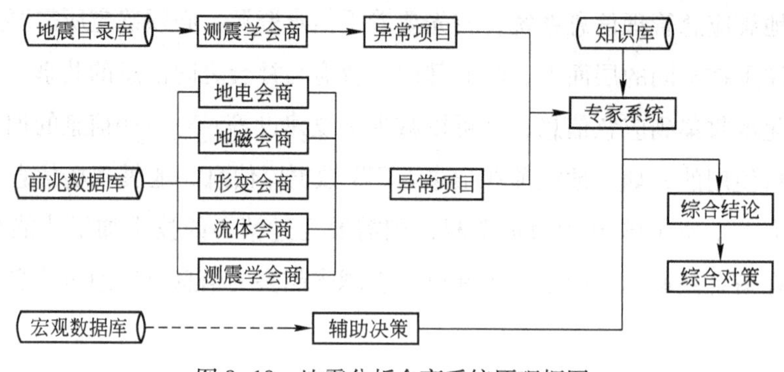

图 8-19　地震分析会商系统原理框图

（2）地震预报数据库。地震预报数据库设计分为年度会商、专题报告摘要和临时会商等几个模块，每个模块分别调用测震数据库、前兆数据库和宏观异常数据库。

3）应急指挥决策系统设计

应急指挥决策系统是地震应急管理信息系统应用研究的重点。现今，地震预报还无法过关，做好破坏性地震发生区的应急指挥工作，可以有效减轻损失，保障国民经济快速健康发展，促进社会和谐。地震应急指挥决策系统结构如图 8-20 所示。

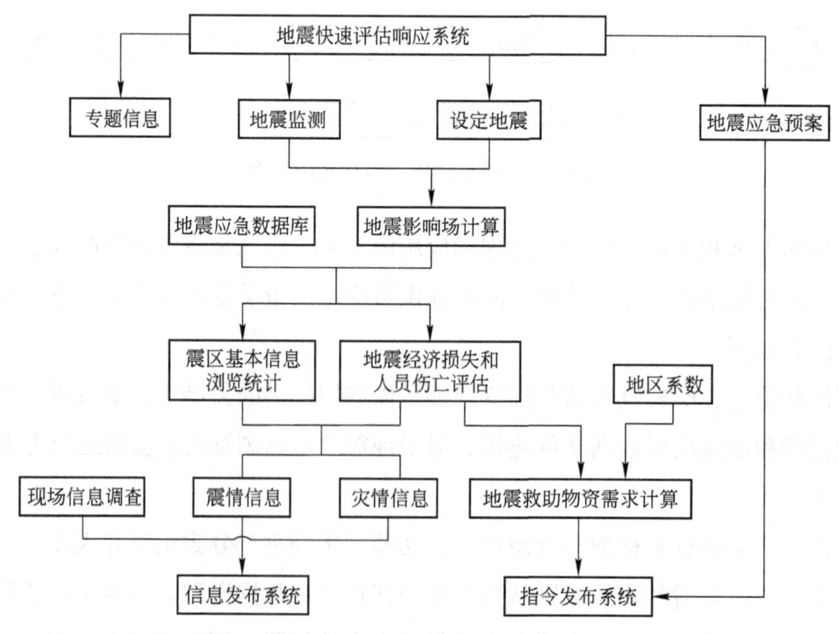

图 8-20　地震应急指挥决策系统结构图

4) 通信和后勤保障管理系统设计

通信和后勤管理系统是其他各子系统的纽带，也为地震应急管理信息系统建立起了重要的支撑。主要表现如下。

(1) 针对地震数据传输的实时性和保密性，利用互联网传输，为保障数据安全，要求采取 VPN 等虚拟专网加密。

(2) 系统内部局域网通信包括服务器、打印设备、视频设备和数字扫描设备等，这些设备都运行在同一局域网，可以实现相互支持和相互通信。

(3) 应急指挥通信包括应急人员的电话通信、地震现场流动数据传输和前线与后方应急指挥视频系统等。

(4) 后勤保障包括核实震前的异常情况、震情监测、落实震前应急措施、震后信息的传递和地震现场工作等。根据分析，这些都需要提供必要的物资供应，以保障各项应急工作的正常开展。

2. 数据库设计

地震应急数据是指地震应急管理信息系统所使用的基础数据、运行过程中所产生的中间结果数据、最终结果数据和日志数据。为了保证地震应急管理信息系统数据存储和交换的一致性，数据分类编码和规范是数据库建设的一个重要环节。

在地震应急管理信息系统数据及其关联数据的分类过程中，应遵循科学性、系统性、唯一性、终身性、完整性、可扩延性、兼容性和综合实用性等基本规则。遵循上述原则，地震应急数据划分为地震应急基础数据、地震应急过程数据和地震应急日志数据。

地震应急数据采用层级分类（线分类法）和层次代码结构，分为大类码、小类码、一级代码和二级代码。大类码用一位数字来表示，取值 1~9，小类码用两位数字来表示，取值 01~99，一级、二级的编码和取值方法与小类码的方法一致。

按照数据的结构特点，数据可以划分为结构化数据和非结构化数据。结构化数据是指能够用数据或统一的结构加以表示的数据，如数字、符号；非结构化数据是指无法用数字或统一的结构加以表示的数据，如文本、图像、声音、网页等。按照数据功能及其与地理信息的相关特点，数据分为地理数据和属性数据。属性数据是指大量的统计数据；地理数据是指与地理坐标相关的数据。地震应急管理过程中既有结构化数据，又有非结构化数据，同时这些数据表现为空间数据和属性数据两种形式。

空间数据采用数据通路（Arc SDE）和 Oracle 相结合的方式进行组织与管理，属性数据采用 Oracle 关系数据库进行组织与管理；非结构化数据主要采用文件形式进行组织和管理。Arc SDE 本身具有海量数据存储、多用户并发访问和版本管理等强大优势，所以在本系统中引入 Arc SDE 作为空间数据管理引擎。同时它利用 Oracle 数据库在数据存储和数据完整性等方面的优势，将海量空间数据（包括矢量数据和栅格数据）有机地组织和管理起来，通过空间索引等先进的机制，提高对空间数据的高效访问。地震应急综合数据库结构如图 8-21 所示。

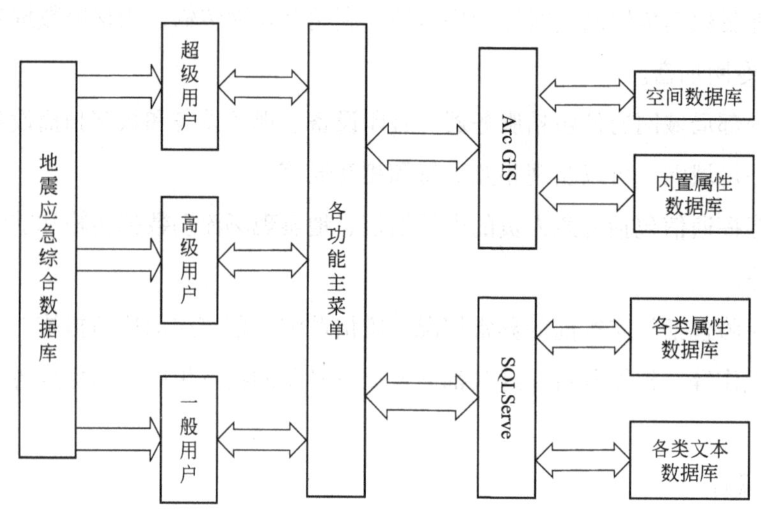

图 8-21　地震应急综合数据库结构图

8.3.4　系统实施

系统硬件。单机模式由基本外设、处理设备和输出设备构成，适用于小型模式建设。

系统软件。主要是计算机的操作系统及各种标准外设的驱动软件，目前流行的有 Windows 10 等。基础软件包括数据库软件和图形平台。

采用 Arc SDE 构建空间数据库：Arc SDE 具有超量的数据处理能力、性能高、稳定性较强等优点；利用两台 SUN 服务器构建基于 Oracle 数据库集群组件服务器。

采用 Arc IMS 进行地图发布：Arc IMS 可以提供基于 Web 的 GIS（地理信息系统）服务，可以集中建立大范围的 GIS 地图、数据和应用，能够把这些结果提供给 Internet 上的用户或行业内部。

集成会议控制技术。利用数字信号处理技术和自动控制技术将多媒体会议系统中的调音台、功效、显示等功能与调控设备集成于一体，使会议控制高度集成化和数字化。

8.4　铁路突发事件应急管理信息系统

8.4.1　系统概述

随着经济和社会的高速发展，我国面临各种突发事件不断增长的严峻挑战。铁路作为国家重要的交通基础设施，是国民经济的大动脉，其安全运营是关系国计民生的大事。铁路突发事件是指铁路运营过程中由于自然灾害引发的铁路路基、桥梁、隧道等线下工程的损毁，影响轨道、通信、信号等正常运行，造成或可能造成重大人员伤亡、行车中断和财产损失等。铁路一旦发生突发事件，造成的危害是非常严重的。如何利用现代计算机手段构建完善的应急管理信息系统，从而加强铁路突发事件的应急管理能力，及时有效地防范和应对铁路突发事件，保障铁路运输安全，维持社会稳定发展，已成为政府、企业和公众共同关注的焦点，成为铁路局亟须解决的问题。

通过对铁路突发事件应急管理信息系统进行研究分析，旨在通过构建一个内容全面、功能完善的应急管理信息系统来提高铁路的应急能力，实现尽快通车，降低损失，减少负面影响。更重要的是认识到铁路局信息管理的不足，提高应急管理体系的有效性，提升铁路总体应急管理能力。

8.4.2 系统分析

铁路应急管理信息系统是铁路应用信息化手段处置突发事件的具体手段，通过建设和使用铁路应急管理信息系统，充分发挥信息技术反应速度快、数据信息全等优势，有效提高处置铁路突发事件的效率。其内容主要包括：应急平台、应急会商系统、地理信息系统、信息交互系统和协同指挥系统等主要部分。应急管理基本模块和组件内容如图 8-22 所示。

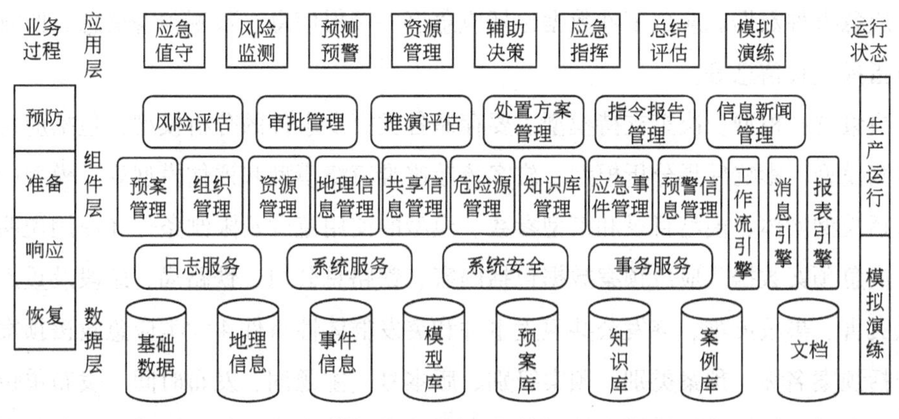

图 8-22 应急管理基本模块和组件内容图

1. 应急平台分析

铁路应急平台主要由应用软件、应急资源库和软硬件运行环境等部分组成。在服务器、存储设备、主机和网络设备等硬件设备的支撑下，通过对应急资源库的管理，综合应用系统，提供铁路应急事务的全部管理功能（铁路应急资源的规划管理、相关信息的收集分析、应急方案的辅助制订和应急预案的实施等）。该应急平台是涵盖铁路突发事件预防、准备、响应和恢复全过程的工作平台，主要应用于管理值班值守、演练培训、资源管理和调查评估等事项。

1）数据库建设

铁路应急平台的信息基础是数据库。将各类基础信息、地理信息、事件信息、模型和预案等内容数字化，一并归入应急平台数据库中。此外，还应包含应急知识、事件案例和文档等。

（1）基础信息数据。基础信息数据是指铁路应急平台常用的基础性数据。基础信息数据可分为两类：铁路应急基础数据和铁路应急业务数据。这些基础信息描述系统公用的铁路基础编码和数据字典等相关内容，如线路编码、区段编码、区间编码、车站编码和分界口编码等。同时还存储线路字典、车站字典和列车运行时刻表等内容。构建规范的编码和字典，便于实现铁路应急平台与铁路其他信息系统及铁路外应急系统的信息共享。

（2）地理位置数据库。建设地理位置数据库要遵循国家相关标准，这样除了供铁路应急平台使用外，还可供其他有空间信息需求的业务系统使用。基础空间数据主要包括不同比例尺下的相关数据，如矢量、栅格、三维数据及其他类型（如多媒体）数据。专业空间数据主要存储与铁路应急管理业务相关的专业数据。铁路应急管理业务涉及车、机、工、电、辆等多个专业，需要共享相关专业特有的和内容详细的专业电子地图，如车站配线图、车站站场平面图、客运设备分布图、区域性枢纽平面示意图和组站平面示意图等。

（3）应急事件数据。应急事件数据包括应急事件接报信息、预测预警信息、监测监控信息和应急指挥过程信息等。

（4）决策支持模型。决策支持模型主要存储各类突发事件的分析模型，包括应急事件发展趋势预测模型、影响后果分析模型、旅客疏散避难策略模型和评估模型等。模型中要存储的内容包括模型实体、模型目录和模型参数、模型的使用范围及限制条件和使用说明等。

（5）应急预案数据。应急预案数据包括国家、铁路总公司、铁路局、站段及重点防护对象的自然灾害、事故灾难、突发公共卫生事件和突发群体性事件 4 大类应急救援预案。预案的属性包括预案名称、预案类别、预案级别、版本号、主题词、发布时间、发布单位和预案内容等。应急预案数据采用知识库管理技术实现预案的数字化，并可以采用文本预案、预案流程、结构化的数字预案等多种形式。

（6）应急知识。应急知识主要是存储与铁路应急有关的各种技术、法制常识（如法律法规、技术规范等）、在应急工作中积累、总结、提炼形成的信息知识和处置一些典型铁路突发事件的专家经验等。

（7）应急案例。应急案例有两类：一类是国内外铁路行业已经发生的、有重大影响的突发事件典型案例，包括案例的基本信息和扩展信息；另一类是国内外与铁路行业相关的已经发生的、有重大影响的突发事件典型案例，存储的内容与第一类案例基本相同。

2）基础支持

基础支持是应急平台的基础，保障各系统间的通信和网络传输，提供视频会议和音视频接入等功能。包括计算机应急通信网络系统和视频会议及图像接入系统等。

（1）计算机应急通信网络系统。它是突发事件应急现场信息传递的基础，保证事发现场的视频、图像、语音和数据等信息能够实时、有效地上传到铁路局。应急通信网络实现铁路三级应急平台之间和应急平台与铁路相关业务应用系统之间的语音、图像和信息传输，确保在应急处置时各种信息传送的安全和畅通。同时满足国家和各级地方政府应急平台接入的需要。

应急的特点要求铁路应急平台能满足各种环境下的通信需要，我国铁路线路情况复杂，行车密度、线路等级和通信线路状况也各不相同，自然灾害和行车事故发生的概率、带来的损失和造成的影响千差万别，因此铁路应急平台应该采取多种方式，在不同环境下采用不同的接入方式，以满足各种情况下的通信需要。

（2）视频会议及图像接入系统。视频会议系统主要用于在大的突发事件发生时各级平台之间的协调沟通和会议会商。上级图像接入系统主要用于接收下级平台和移动平台的图像信号。铁路应急平台视频会议系统具有多功能、多业务等特点，它除了在大的突发事件发生时固定应急平台、移动平台和现场各级平台之间的协调沟通与会议会商外，也可用于在培训时的远程教学、现场图像传输展示和其他视频监控系统的视频接入等。

2. 应急会商分析

铁路应急指挥场所是在发生铁路突发事件时，有关决策者进行会商、决策和指挥的场所，是各级领导了解现场情况和处理突发事件的重要指挥平台，更是实现快速反应、实时沟通、科学决策和高效指挥的基础与关键。应急指挥场所包括固定应急指挥场所（含各级应急指挥中心等）和移动应急指挥场所（含救援列车等现场应急指挥场所）两大类。应急指挥场所建设涉及大屏幕显示系统、网络通信子系统、音频扩声系统和集中控制系统等。

（1）大屏幕显示系统。应急指挥场所的大屏幕显示系统，为领导和工作人员创造一个高效直观的显示环境。大屏幕显示系统包括显示单元、多屏拼接控制系统、矩阵切换器和机架。多屏拼接控制系统包括多屏拼接控制器和控制软件等。大屏幕显示系统应具备以下功能：显示墙应能拼接成单一的逻辑屏，能够在整个大屏幕上显示一幅画面；在不打开窗口的情况下，能够在多块屏幕上同时显示相同或不同的画面。

（2）网络通信子系统。应急指挥场所都需设置 10/100/1000M 的交换机，以满足场所内设备联网的需要，并为今后的扩展留有余量。需要联网的设备有办公主机、应急平台综合应用系统主机、大屏幕系统控制器、打印机和视频服务器等。应急指挥场所都需设置铁路公务电话、铁路调度电话和与国务院/地方政府联系的专线电话。

（3）音频扩声系统。音频扩声系统负责应急指挥中心内部所有音频的整合工作，会议发言系统和大屏幕显示系统等均需要音频扩声系统支持。根据应急指挥场所的结构特点，音频扩声系统采用以数字网络矩阵处理器为核心的构架方式，主设备均与数字网络矩阵处理器相连接，通过计算机软件的配合实现对音频的控制、处理、分配和混合等功能。同时数字网络矩阵处理器可以通过综合布线系统与其他场所互通，为会议室实现网络化管理奠定基础。

（4）集中控制系统。通过集中控制系统，将各个子系统进行集中控制和管理，对场所环境进行调节和控制，减少各个系统的操作难度。通过在集中控制系统上进行统一操作，实现图像接入、计算机显示、视频会议和灯光音响等设备的综合控制。音频系统和网络系统等需要直接控制的设备需统一放在定制的机柜中。

（5）其他系统。为实现讨论会商、指挥决策等功能，铁路应急指挥场所还需要其他支持系统，如数据线路、语音线路、音视频线路和控制线路等合理分布的综合布线系统，以及供配电、备用发电机、接地与防雷和照明等设备。

3. 地理信息分析

交通运输系统之所以存在，就是为了将人或物从一个空间位置运送到另一个空间位置。为了有效地描述、获取、加工、存储、管理、分析和应用地理信息，需建立地理信息系统。铁路应急管理和应急指挥涉及的范围很广，包含路线、车站、设备、救援力量等信息，这些信息有很强的空间分布特征，因此，应用地理信息系统技术建立铁路应急管理信息系统是有效的，也是非常必要的。

通过引入 GIS 技术，铁路应急平台可以实现以下功能。

（1）空间数据展示。救援力量分布：以电子地图的方式直观展示救援列车、救援队、救援物资的分布、数量情况，为组织救援、调配各方救援力量提供依据；事发点铁路设施、设备信息：展示事发点周围的桥梁、隧道、涵渠、股道和信号机等铁路专有设备信息；事发点地理信息：展示事发点周围的地形地貌和地质灾害情况等信息；沿线视频信息：展示事发点周围的视频信息和实际图像。

（2）空间分析。影响范围分析及缓冲区分析：通过对事故影响模型及缓冲区的分析，能够确定应急事件的影响范围，直观地在地图上表示应急事件的波及范围，从而为其他地点提前做好准备提供依据；救援路径分析：分析各种救援力量到达救援点的最佳路径，从而能够迅速展开救援，减少损失；通视分析：对事故点周围的可见范围进行分析，从而分析救援力量的分布是否合理等。

（3）时空分析。影响时间分析：根据事发点的地形地貌情况和天气情况等，初步分析应急事件影响的时间范围；事故推演分析：通过构建典型事故的发生发展模型，预测事故下一步的发展方向，为提前预防提供参考；历史事故统计：统计历史事故，从而归纳出事故的易发地点、易发种类和易发时段等，为事故预防做好准备；损失评估分析：通过对事故的详细信息进行分析，借助事故损失评估模型，对整个事故的损失进行评估。

4. 信息发布分析

快速通知相关人员是铁路突发事件应急处置的基本要求。目前，铁路已有多种通信方式，如多模式紧急通知系统、多媒体技术、交换技术和网络技术等。本系统主要采用多模式紧急通知系统，该系统由五个层次构成，分别是应用服务、业务接口层、业务服务层、公用服务层和系统资源层，系统的全部功能按模块特点分布在这五个层次中。

（1）应用服务为用户提供所需要的各种服务。应用服务层作为系统的最上层，在设计结构时应充分考虑扩展性，使其随着业务的需要和新的通信手段的出现可以不断扩展。

（2）业务接口层提供各种媒体渠道的接口服务，实现电话语音、传真、短信等服务媒体的控制、交换和发布功能。

（3）业务服务层的主要业务功能包括：电话通知、短信通知、邮件通知、传真通知、复合通知、广播通知和系统管理等。

（4）公用服务层是平台的核心层，它对各类服务提供统一处理和统一资源管理的渠道。具体服务内容包括：报表统计服务、语音转换服务、语音流程服务、日志服务、数据访问服务、系统服务和通信接口服务等。

（5）系统资源层主要是支持业务运行，并提供各种数据存储、硬件和网络通信支持。

这种分层结构的好处是有巨大的灵活性和可扩展性，基于数据资源可以构建不同的服务组件，并通过调用不同的服务组件，构建各种应用业务系统。多模式紧急通知系统是铁路应急管理信息系统的一个重要组成部分，应急值班人员使用这个系统来实现各种有效的远程通知。

5. 信息集成与交互分析

铁路应急平台和道路相关业务信息系统之间的信息集成与交互内容可以分为两类：静态信息集成与交互和动态信息集成与交互。信息分为静态属性信息和空间信息。此外，作为国家应急平台体系的重要组成部分，铁路应急平台还与国家应急平台之间存在数据交互关系，国家应急平台需要铁路应急平台提供铁路相关信息，而铁路应急平台需要国家应急平台提供基础空间信息、社会紧急信息、天气和自然灾害预警信息等。应急管理信息交互如图 8-23 所示。

6. 协同指挥分析

协同指挥是在异地分布的铁路应急通信网络环境下，在铁路总公司、铁路局、站段（救援列车）等多级应急平台之间或多个应急管理相关部门之间，按照约定的应急处置流

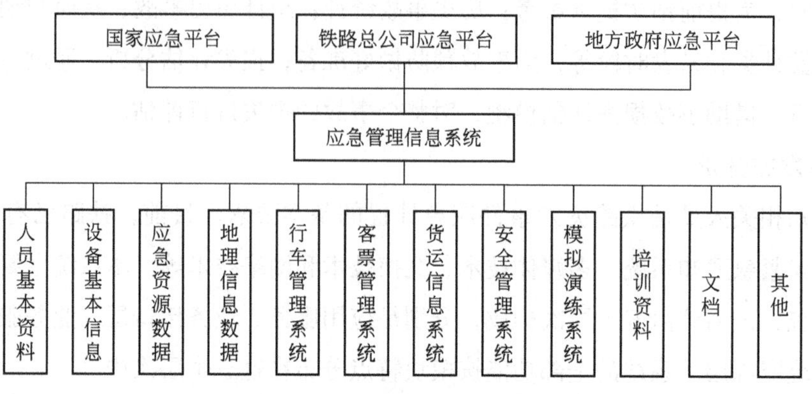

图 8-23　应急管理信息交互图

程，分工协作，实现对一个或多个铁路突发事件的跨部门、跨系统的联合指挥和联合处置。铁路应急平台的分级分类协同指挥主要包括信息协同、流程协同和指挥协同。信息系统协同指挥结构如图 8-24 所示。

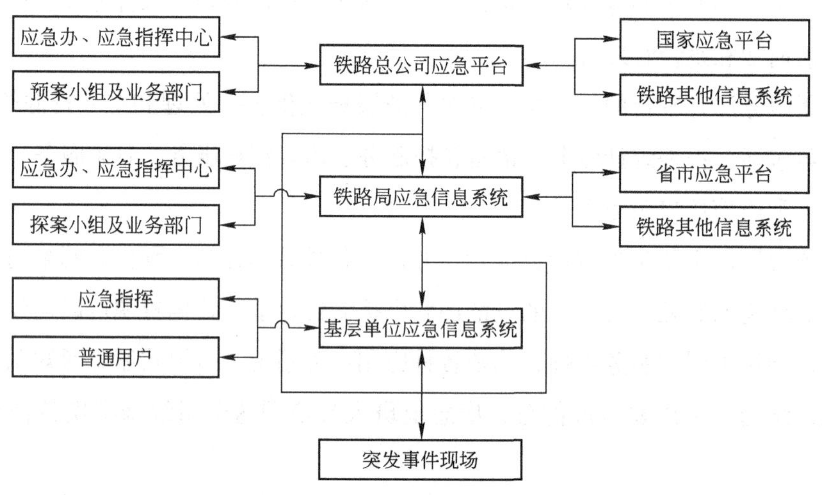

图 8-24　信息系统协同指挥图

（1）信息协同。铁路应急处置所需的大量信息由不同级别、不同地域的多个业务信息系统提供并维护，但由于数据类型和数据标准的不统一，将难以实现信息共享和综合利用。同时，存储在不同节点上的大量突发事件接报信息、应急资源信息和应急处置信息等需要在上下级应急平台之间，车、机、工、电、辆等不同部门之间协作处理，这就需要综合研究信息协同技术，使分布在不同级别和不同节点上的应急相关信息构成一张“信息网”，实现铁路总公司、铁路局、站段（救援列车）应急平台对相关数据的透明访问。

（2）流程协同。铁路突发事件的应急管理和处置涉及多个部门及多个流程，包括突发事件信息的并行发布、应急接警出警、应急响应启动、应急物资调拨的联合审批和应急响应结束等。所以，必须遵循高效、便捷、有效的原则，实现部门内部、部门之间及与国家应急平台之间应急处置流程的协同。

（3）指挥协同。铁路突发事件的应急处置由多个部门协同指挥。在应急指挥过程中，各部门将根据应急事件的种类、性质和规模，对应急物资的调度、应急事件的处置和应急信息的调用等进行联合处置，实现应急决策指令的下达与上传。其次，根据现场数据信息的反馈，实现多种方式、多部门和多层次的协同指挥。

8.4.3 系统设计

1. 设计原则

以系统设计思想指导整个规划、设计过程，保证系统规划、实施方案的可行性。系统建设的步骤、方法、标准和目标都需要制订统一的规划，明确各阶段、各单位和各部门的目标，做到有的放矢。

（1）技术先进。设计符合技术发展潮流，在整个生命周期中，系统建设的基本技术保持一定的先进性。采用新技术和稳定的设备，将整个系统的信息流量维持在一个均衡高效的指标内。系统的各个部分，即使相对独立的模块也能实现信息交换，并实现自上而下、集中统一的网络和设备的监控与管理。

（2）灵活使用。从系统需求出发，结合具体运用和实际来设计系统，最大限度地满足各项功能的要求，确保实用性。设计要有技术的延续性、灵活的扩展性和广泛的适应性。应急管理信息系统应该“以人为本”“以铁路局为本”。它不只是简单地将铁路的应急管理职能放到网络上进行，而是要通过运用信息、通信技术手段，配合与推动铁路局应急体制的改革，通过优化整合应急业务流程和建立信息的共享机制，构建一个“以人民和铁路局的需求为出发点，以方便用户、服务用户为中心”的新型铁路局管理模式。

（3）经济合理。保证投资效益，在既满足业务需求又考虑到今后发展的前提下尽可能地减少投资，同时充分考虑系统软件、各类硬件和网络平台投资的均衡性，保证前期投资的有效和后期投入的接续，最大限度地保证其继承性和经济性。铁路应急管理信息系统建设应在不同的实施阶段突出不同的重点，总体上说，早期阶段集中于信息采集和现场指挥建设，并逐步将重点转移到评估决策和预防预警上去。不管重点是什么，都要强调实用，不搞花架子和形象工程，这是实施应急管理信息系统建设的重点。

（4）可扩展性好。系统设计采用的各项软、硬件设备均应符合国际通用标准，遵守开放性原则，吻合技术发展潮流。系统的管理、维护和维修应具有建议性和可操作性。系统的各种关键参数可以通过程序维护，并且通过网络进行系统维护，从而大大降低维护成本。各部门之间要做到网络通畅，信息交换及时，不能让各部门成为信息孤岛，通信不畅会达不到资源共享的目的。

（5）安全高效。全面符合国家有关信息安全的政策法规，能够适应互联网等多层次的安全要求。根据设备的功能和重要性等分别采用冗余、容错、备份等技术，以保证局部的错误不影响整个系统的运行。

为了防止大量的用户同时访问系统而造成系统崩溃，必须对信息访问进行有效控制，使信息有序流动。保证信息不多传、不误传和不丢失，保障信息传输的可靠性。

（6）严格遵循国家规范。严格遵循国家规定的网络构造规范、数据资源交换规范、安全体系规范、运行管理规范、系统建设开发规范和各类指标体系等。铁路应急管理信息系统建设参与的部门很多，如果采用各自开发的方式，容易造成重复建设，浪费大量的资金、人力和时间，而且容易导致部门之间各种系统难以兼容，信息资源难以共享。因此，规范化和标准化是建设应急管理信息系统的关键措施之一。还要正确处理发展与安全的关系，综合平衡安全成本和风险，制定并完善应急管理信息系统保障体系，并贯彻落实。

2. 系统体系构架

从静态角度讲，一个完善的应急管理信息系统应该是由多个模块构成的，主要包括组织模块、预案模块和资源模块等，各模块之间相互衔接、相互关联，保证信息在各系统之间无障碍地传递。组织模块需要明确铁路局内部平时管理组织和战时应急组织的构成及各部门人员的职责，完善运行机制和管理制度；预案模块需要建立预案体系，涵盖各类铁路突发事件的预案，内容详细明确，注重预案的编制、加强预案的演练与预案的更新修订；资源模块需要明确人、财、物三方面的储备，包括救援人员的储备与分布、资金的储备数量、物资的储备数量和物资点的布局等，为应急管理提供坚实的基础保障。

从动态角度讲，一个实用的应急管理信息系统需要强大的功能做支撑。铁路应急管理信息系统的功能根据应急管理过程可归纳为“两状态四方面”，“两状态”即平时状态和战时状态，“四方面”即准备、预防、处置和总结。

铁路应急管理信息系统既要包含静态的内容又要包含动态的内容，组成内容是功能的基础，功能是组成内容的表现形式，两者相辅相成、不可分割，两者有效地结合才能构建出覆盖空间和时间的完美系统。

铁路应急管理系统从系统维度分为四个模块：应急预案模块、应急组织模块、应急资源模块和应急管理评估模块，其中应急预案模块起主导作用，其他模块是对预案模块的细化和深化，各模块既相互独立，又相互支撑，构成一个有机整体，其结构关系模型如图 8-25 所示。

3. 应急组织设计

应急组织有广义与狭义之分，广义的应急组织包括平时状态的应急组织和战时状态的应急组织，而狭义的应急组织仅包括战时状态的应急组织。所谓平时状态，是指在突发事件发

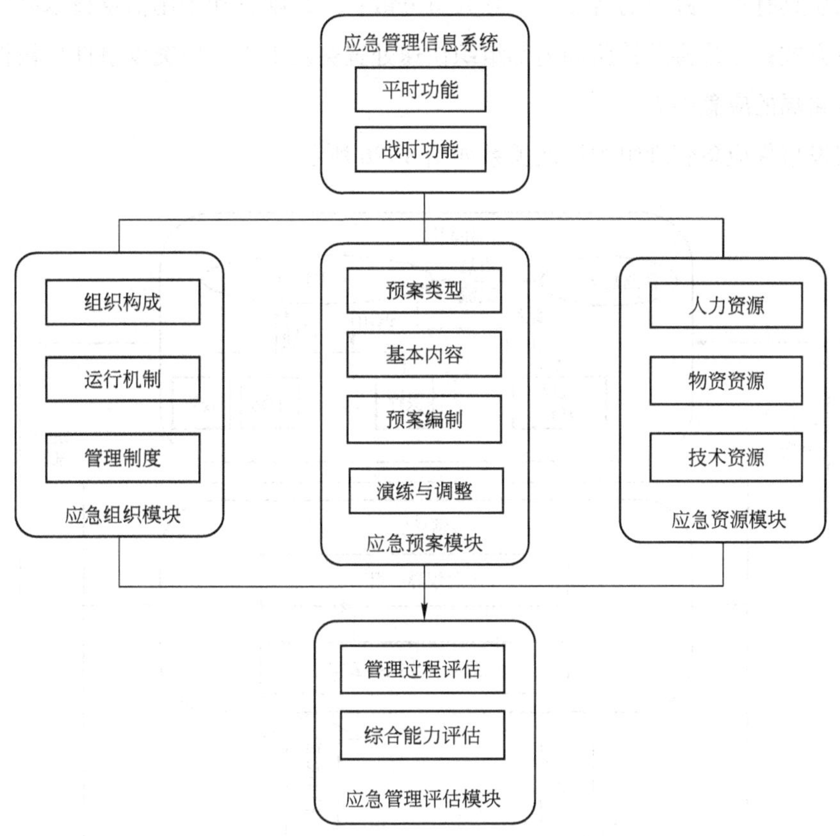

图 8-25　铁路应急管理信息系统结构关系模型图

生以前的日常预防、准备和监测阶段；战时状态是指在突发事件发生后，通过对已发生突发事件的性质及严重程度等判断、确定实施方案，并根据实施方案进行应急处置，一直到善后处理的全过程。

1）应急组织的构成

依据“统一领导、集中指挥、分级管理、快速反应、妥善处置、迅速恢复”的执行原则，铁路局集团公司应急组织的构成呈现出一定的层次性，分为领导层、执行层、外联层 3 个层次，各层次之间相互协作、彼此牵制。

（1）领导层。领导层是应对突发事件的领导机构，统筹全局，负责突发事件的应急指挥，下达应急处置工作命令。铁路局集团公司应急组织的领导层分为局级领导层和站段领导层。

（2）执行层。执行层是突发事件应急处置与救援的具体实施层，由现场应急救援指挥部和应急现场实施救援的各工作组组成。

（3）外联层。外联层是铁路局集团公司突破地域和时间的限制，借助信息和通信技术与分散的外部资源相联结，使资源得以高效利用的组织方式。它是应急组织中的动态连接体，充分整合铁路局外部资源，使突发事件得以快速、有效的控制，增强铁路局集团公司的应急能力。外联层具有三个鲜明的特点：一是人员分散；二是配置和采用信息技术替代传统的面对面的交流方式；三是协助铁路局内部组织快速处置突发事件，使突发事件尽快得到有效控制，增强铁路局的应急能力。

铁路突发事件应急管理组织层次关系如图 8-26 所示。

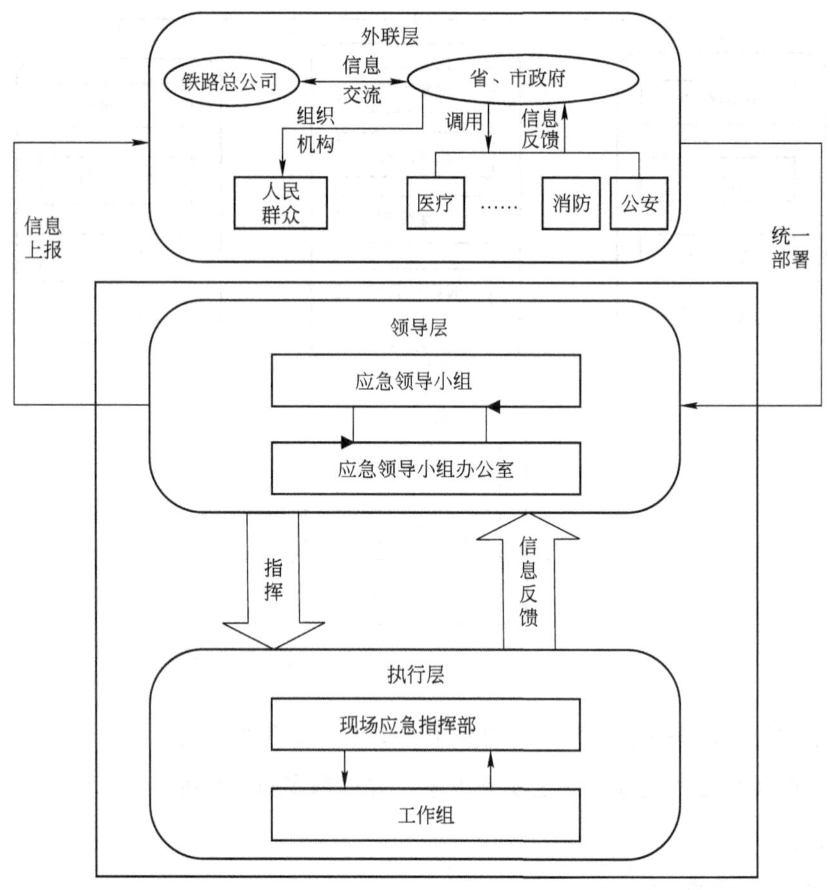

图 8-26　铁路突发事件应急管理组织层次关系图

2）应急组织的特点

（1）组织结构的层级化。铁路局集团公司应急组织具有明显的层级关系：当战时状态成立路局领导小组时，站段领导小组需服从局级领导小组的统一指挥与安排，其职责是执行命令；当不成立局级领导小组时，站段领导小组的职责是决策与指挥。不仅如此，在同一级别的组织结构中也存在层级关系。

（2）组织管理的专业化。铁路局集团公司应急组织的专业化体现在应急人员素质的专业化、救援器材和装备的专业化和救援方案的专业化几个方面，这些构成了专业性强的现代应急组织，更能提高救援效率。另外在铁路局集团公司应急领导机构进行决策指挥的过程中，专家或专业人士会提出合理化建议，突出其专业优势，使应急决策更加专业、可靠、合理。

(3) 组织沟通的灵活性。先进的现代信息技术为应急组织提供了优良的技术平台，应急组织在信息沟通上找到了更高效的途径。一旦发生突发事件，根据预案的启动等级，各职能部门负责人赶赴铁路局集团公司或站段应急指挥中心，通过各职能部门设立的安全生产指挥中心与现场连线，从现场视频图像资料中了解现场突发事件的处置情况，为应急领导小组的决策提供依据；在决策命令下达后，再通过应急指挥中心的通信平台将命令传递至现场，使应急现场及时调整救援方案。这种自下而上实现信息的逐级上报，自上而下实现命令的逐级下达，上下级之间纵向传递的过程，在应急组织上实现了信息沟通的灵活性。

(4) 组织构成的多元化。重大铁路突发事件往往具有多重风险，这就决定了在突发事件应对过程中，任何部门都无法单独承担应急任务，必须联合不同专业、不同部门协同工作，建立复合型应急组织，这在组织成员的构成上显现出多元化的特点。

(5) 组织运行的动态性。突发事件的发生和发展具有极大的不确定性，应急救援现场的情况随时可能发生变化。因此，应急组织也随之发生变动。一方面，当突发事件发生时，应急需求急剧膨胀，需要大量的人力资源组织应急救援，铁路局集团公司召集主要的职能部门，集中力量应对突发事件；而在突发事件过后，应急需求骤减，应急组织中的人员回归原工作岗位，这一过程体现了铁路局集团公司应急组织具有动态性。另一方面，铁路局集团公司在重大突发事件的应对过程中需请求外部力量的支援，将地方的公安、消防、医疗和物资供应商等救援力量纳入应急组织中，建立网络化的应急组织模式，这一过程也体现了铁路局集团公司应急组织的动态性特征。

3) 应急组织运行机制

完善的应急组织运行机制是保障组织有效运行的基础。铁路应急组织模块的运行机制主要包括：统一指挥、分工协作机制、分级分类处理机制、及时切换机制和协调与沟通机制。铁路应急管理组织运行机制如图 8-27 所示。

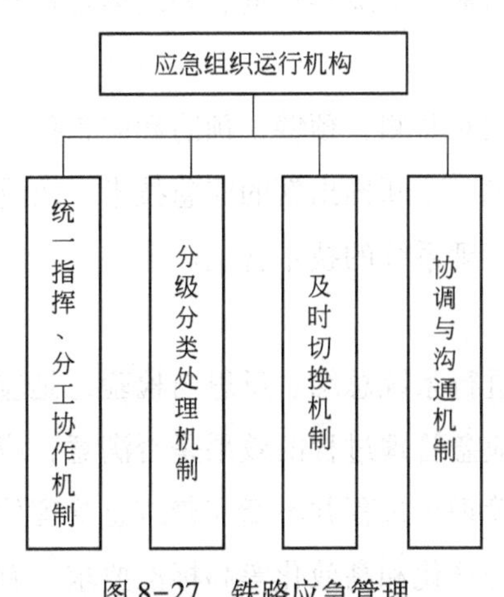

图 8-27 铁路应急管理组织运行机制图

4. 应急预案设计

应急预案在应急管理信息系统中起关键作用，它明确了在突发事件发生之前、发生之中和发生之后的相应策略和资源准备等。它是针对可能发生的突发事件及影响程度，为整个应急流程的各个方面做出的详细安排，使应急管理走在突发事件的前面，以避免或减少突发事件造成的损失，以维护国家、社会的长远利益。

按预案的级别来分，预案分为路局、处室、站段和车间四级预案，如图 8-28 所示。

按预案的内容来分，预案分为总体、专项和单点三级预案，如图 8-29 所示。

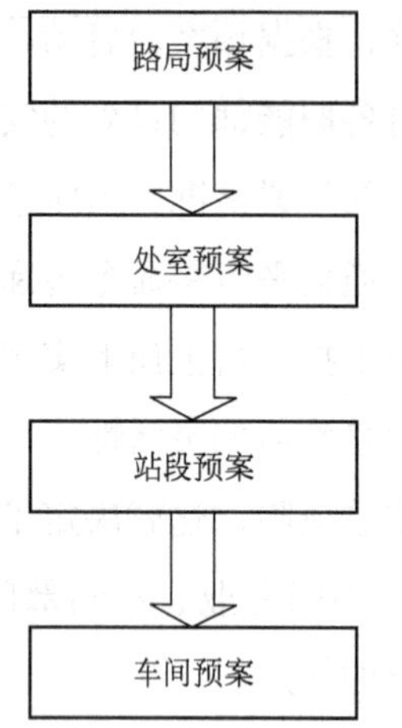

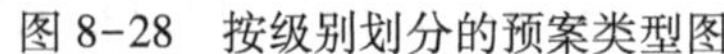
图 8-28　按级别划分的预案类型图

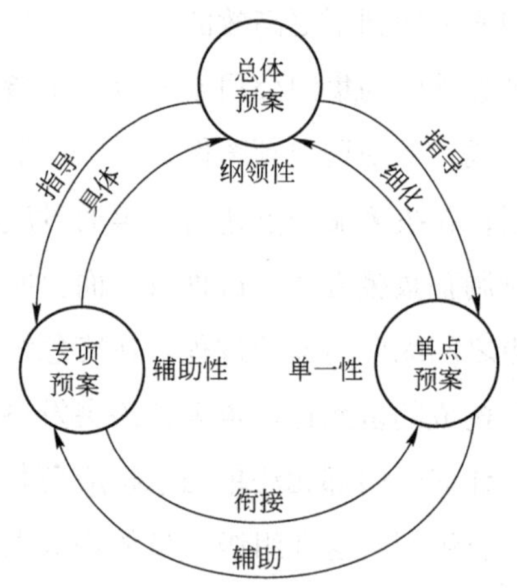

图 8-29　按预案内容划分的预案类型图

5. 应急资源设计

应急资源是应对突发事件、实施紧急救援的基础，是整个铁路应急管理信息系统有效运行的保障。应急资源主要包括人力资源、物资资源和技术资源 3 个部分。

人力资源：指具有一定智力和体力劳动能力，能够及时发现、有效预防和妥善处置突发事件的人们的统称，包括高级决策型人才、执行指挥型人才、具体操作型人才、监督指导型人才和信息技术型人才五大类。

物资资源：包括指挥类物资、救生类物资、伤员急救物资、抢险类物资、公用类物资和资金等物资，为整个系统的有效运行提供物资基础。

技术资源：包括技术手段和技术方案两大类，通过加大对监测、预警、预防和应急处置等应急技术的研发力度，引导科研机构和企业开发应急技术，不断推出新的应急技术，改进应急管理系统的技术装备和应急处置技术方案，提高应急管理系统的技术含量。

6. 应急管理评估设计

应急管理评估主要是对应急管理过程和应急综合能力进行系统总结、反思与检验，是应急管理信息系统建设的重要环节。它的任务是：全面评估应急管理过程的效果是否满意，应急综合能力是否提高，通过评估及时发现问题，改善应急管理全过程并不断完善应急管理信息系统，使其能真正实现指挥决策化、科学化、智能化、经济化和高效化等高标准要求，有效预防或减少突发事件带来的损失，从而真正提高铁路局的应急管理综合能力。

（1）预防与准备。应急预防与准备在应急管理过程中起着非常重要的作用，其评估内容主要包括全面性和有效性两个方面。

（2）监测与预警。监测与预警的评估内容主要包括技术的先进性和实时与定期性两个方面。

（3）处置与救援。处置与救援的评估内容主要是评估其效率与效益两方面：效率主要是评估突发事件是否能在最短的时间内处置完毕，实现时间上的高效性；效益主要是评估在满足时间要求的同时能否减少资源的损耗，减少资金的投入，实现经济上的效益性。

（4）事后恢复。事后恢复主要是评估其恢复时间，即是否能在较短的时间内完成恢复。

7. 应急管理信息设计

应急管理的信息链是连接各项应急活动的纽带，对不同阶段的应急管理都能提供快速、高效和安全的保障，应急管理信息的功能如图 8-30 所示。

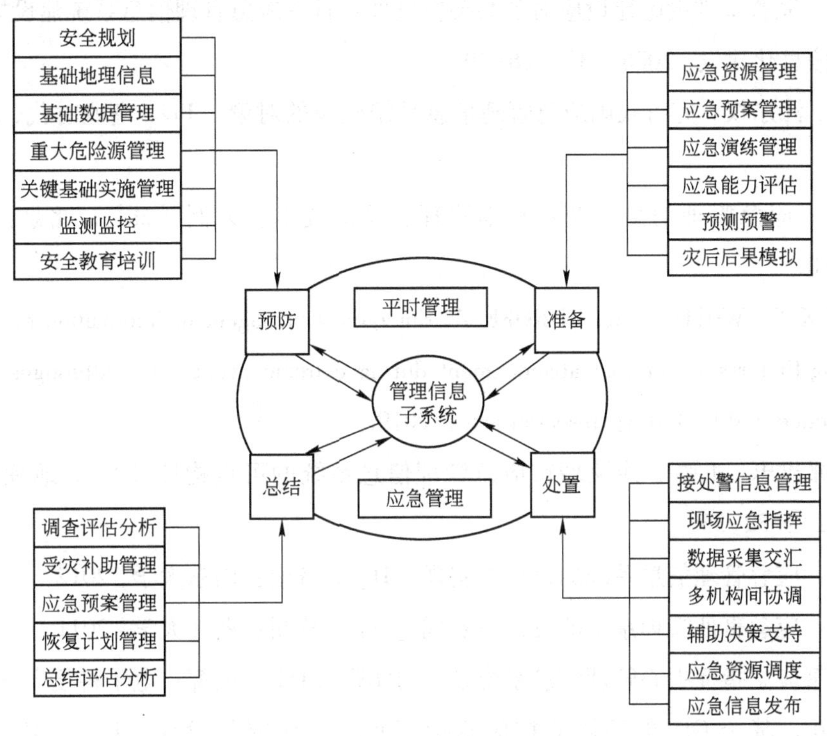

图 8-30　应急管理信息功能图

8.4.4　系统实施

铁路应急管理信息系统根据用户特点，采用 C/S 架构；应用服务器统一采用 Windows 平台；数据库采用 Oracle。系统在开发架构上共划分为基础设施层、数据层、中间层和系统应用层 4 层。

（1）基础设施层：包括网络和硬件设备、操作系统和相关软件。

（2）数据层：包括集中数据库、本地相关信息系统接口、外部相关信息系统数据接口和提供信息共享与交换的处理机制。

（3）中间层：提供支持上层应用的领域框架、工作流引擎、基础类库和通用模版等。

（4）系统应用层：提供应急指挥业务和应用系统配置与管理的相关功能。

参考文献

[1] 刘莹．应急管理信息系统的设计与实现［D］．北京：北京工业大学，2016.

[2] 姚国章．完善基础设施建设应对公共突发事件：日本应急管理信息系统建设模式及借鉴［J］．信息化建设，2006（3）：26-29.

[3] 岳大波，江东权．完善我国应急管理信息系统建设的对策［J］．商业时代，2007（1）：54-55.

[4] 王延章．应急管理信息系统：基本原理、关键技术、案例［M］．北京：科学出版社，2010.

[5] NOBLE K T, WHITE C M, TUROFF M. Emergency management information system support rectifying first responder role abandonment during extreme events：breakthroughs in research and practice［M］. Berlin：research gate，2019.

[6] 林莉，郭建忠，王强．浅谈城市应急管理信息系统的可重构性［J］．地理信息世界，2007（1）：32-35.

[7] 宫敬民．应急管理信息系统的设计与实现［D］．济南：山东大学，2012.

[8] 李牧声．应急事件管理系统的设计与实现［D］．杭州：浙江大学，2011.

[9] 高松．某应急指挥中心管理信息系统设计与实现［D］．成都：电子科技大学，2016.

[10] 杨铁勇．基于 GIS 的环境监控应急指挥系统的研究与设计［D］．厦门：厦门大学，2011.

[11] 潘峰．环境应急管理信息系统的设计与实现［D］．北京：北京邮电大学，2011.

[12] WANG L Z. Research on the environmental information disclosure system in sudden environmental pollution incidents in China［J］. Berlin：philosophy and social sciences，2012.

[13] CHEN Y，JIE X U，QIAO Y C. Application of RIA technology based on flex in environmental risk emergency response decision support system［J］. Washington DC ：American chemical society，2010.

[14] 梁彬．突发事件应急救助指挥系统的设计与实现［D］．成都：电子科技大学，2010.

[15] 李大帅．突发公共事件中应急信息管理研究［D］．郑州：郑州大学，2009.

[16] 贾鹏．基于信息系统的铁路突发事件应急管理辅助决策研究［D］．兰州：兰州交通大学，2016.

[17] SIMA F, MOHAMMADREZA J N, ABDOLLAHI K A, et al. A volunteered geographic information system for managing environmental pollution of coastal zones: A case study in Nowshahr, Iran [J]. Amsterdam: ocean & coastal management, 2018.

[18] 赵越超. 铁路线下工程突发事件应急管理信息分析与系统构建 [D]. 长沙: 中南大学, 2010.

[19] SOUZA J H, SOARES C, SANTOS G, et al. Web - based emergency management information system for landslides occurrences [J]. Dubai: American journal of environmental sciences, 2017.

[20] DING X, WANG X Q. Development of an earthquake field emergency management information system based on GIS [J]. Beijing: Earthquake, 2014.

[21] 蔡刚. 四川省地震应急管理信息系统的分析与设计 [D]. 成都: 电子科技大学, 2011.

[22] ZUO Q. The current situation of sudden natural disaster emergency management of our government [J]. Quebec: Studies in sociology of science, 2013.

[17] [illegible] S, MOHAMMADREZA J N, ABDOLLAHI S A, et al. A [illegible] for managing environmental pollution of coastal areas: A case study in [illegible], Iran [J]. Amsterdam: Ocean & Coastal Management, 2018.

[18] [illegible] [D]. [illegible]: 中[illegible]大学, 2010.

[19] SOUZA J D, SOARES G, SANTOS C, et al. Web-based emergency management information system for landslide [illegible] [J]. [illegible]: European journal of [illegible] sciences, 2017.

[20] DING X, WANG X Q. Development of an earthquake field emergency [illegible] information system based on GIS [J]. Beijing: Earthquake, 2014.

[21] [illegible]